TEMAS ESPECIAIS EM
PSICOLOGIA POSITIVA

Dados Internacionais de Catalogação na Publicação (CIP)
(Câmara Brasileira do Livro, SP, Brasil)

Temas especiais em Psicologia Positiva / Claudia Hofheinz Giacomoni, Fabio Scorsolini-Comin, (organizadores). – Petrópolis, RJ : Vozes, 2020.
Vários autores.
Bibliografia.
ISBN 978-85-326-6508-9
1. Psicologia Positiva I. Giacomoni, Claudia Hofheinz. II. Scorsolini-Comin, Fabio.

20-35320   CDD-150.192

Índices para catálogo sistemático:
1. Psicologia Positiva   150.192

Cibele Maria Dias – Bibliotecária – CRB-8/9427

Claudia Hofheinz Giacomoni
Fabio Scorsolini-Comin
(ORGANIZADORES)

TEMAS ESPECIAIS EM
PSICOLOGIA
POSITIVA

EDITORA
VOZES

Petrópolis

© 2020, Editora Vozes Ltda.
Rua Frei Luís, 100
25689-900 Petrópolis, RJ
www.vozes.com.br
Brasil

Todos os direitos reservados. Nenhuma parte desta obra poderá ser reproduzida ou transmitida por qualquer forma e/ou quaisquer meios (eletrônico ou mecânico, incluindo fotocópia e gravação) ou arquivada em qualquer sistema ou banco de dados sem permissão escrita da editora.

CONSELHO EDITORIAL

Diretor
Gilberto Gonçalves Garcia

Editores
Aline dos Santos Carneiro
Edrian Josué Pasini
Marilac Loraine Oleniki
Welder Lancieri Marchini

Conselheiros
Francisco Morás
Ludovico Garmus
Teobaldo Heidemann
Volney J. Berkenbrock

Secretário executivo
João Batista Kreuch

Editoração: Elaine Mayworm
Diagramação: Sheilandre Desenv. Gráfico
Revisão gráfica: Alessandra Karl
Capa: Érico Lebedenco

ISBN 978-85-326-6508-9

Editado conforme o novo acordo ortográfico.

Este livro foi composto e impresso pela Editora Vozes Ltda.

Sumário

Apresentação, 7

Prefácio, 11

Parte I – Aspectos teóricos e conceituais da Psicologia Positiva, 15

1 Psicologia Positiva – A solidificação do campo, seus movimentos e ondas futuras, 17
Fabio Scorsolini-Comin e Claudia Hofheinz Giacomoni

2 Sentido de vida ao longo do desenvolvimento humano, 28
Ana Cristina Garcia Dias, Inajá Tavares, Mikael Almeida Correa e Grazielli Padilha Vieira

3 Covitalidade – Compreendendo a saúde mental positiva de adolescentes, 42
Carla Regina Santos Almeida e Claudia Hofheinz Giacomoni

4 Criatividade – Crenças criativas e implicações para a Psicologia Positiva, 58
Isabela Menezes Oliveira, Clarissa Pinto Pizarro Freitas e Marco Antônio Pereira Teixeira

5 A "Segunda Onda" da Psicologia Positiva – PP 2.0 e a importância dos afetos negativos, 72
Dyane Lombardi-Rech e Claudia Hofheinz Giacomoni

Parte II – Psicologia Positiva em diferentes contextos, 87

6 Psicologia Positiva aplicada à Psicologia da Saúde, 89
Doralúcia Gil da Silva, Claudia Hofheinz Giacomoni e Fabio Scorsolini-Comin

7 Acolhimento estudantil na Universidade – Como a Psicologia Positiva pode contribuir com o desenvolvimento de programas inovadores?, 103
Fabio Scorsolini-Comin e Carmen Silvia Gabriel

8 A Psicologia do Trânsito na contemporaneidade – Contribuições da Psicologia Positiva, 116
Leonardo Régis de Paula e Claudia Hofheinz Giacomoni

9 É possível trabalhar aspectos positivos no contexto escolar?, 126
Cyntia Mendes de Oliveira e Carla Regina Santos Almeida

10 Como se preparar para a aposentadoria? Apontamentos para uma intervenção clínica inspirada na Psicologia Positiva, 137
Mayara Colleti, Michele Poletto e Fabio Scorsolini-Comin

Parte III – Psicologia Positiva e temas especiais, 151

11 Jogos eletrônicos – Potencializadores do bem-estar?, 153
Fabio Spricigo Coser

12 Psicologia Positiva e uma pitada de problematização – Felicidades, direitos LGBTT, interseccionalidades, 170
Leonardo Régis de Paula, Vincent Pereira Goulart e Fernanda dos Santos de Macedo

13 Desenvolvimento de um Programa de Psicologia Positiva para a Promoção de Saúde de Aposentados – Programa Vem Ser, 188
Helen B. Durgante, Liriel W. Mezejewski e Débora D. Dell'Aglio

14 A religiosidade/espiritualidade na Psicologia Positiva – Uma força de caráter relacionada à transcendência, 203
Vivian Fukumasu da Cunha, Luciana Fernandes Marques, Anne Marie Germaine Victorine Fontaine e Fabio Scorsolini-Comin

15 A parentalidade diante do adoecimento crônico do(a) filho(a) por adoção – Como a Psicologia Positiva pode contribuir nas adoções necessárias, 217
Camila Aparecida Peres Borges e Fabio Scorsolini-Comin

16 O para sempre nem sempre acaba – Casamentos de longa duração na compreensão da Psicologia Positiva, 230
Suzana Oliveira Campos, Manoel Antônio dos Santos e Fabio Scorsolini-Comin

Sobre os autores, 245

Apresentação

FABIO SCORSOLINI-COMIN
CLAUDIA HOFHEINZ GIACOMONI

> *Eu fui aparelhado*
> *para gostar de passarinhos.*
> *Tenho abundância de ser feliz por isso.*
> *Meu quintal é maior do que o mundo*
> (Manoel de Barros. *O apanhador de desperdícios*).

Manoel de Barros é uma das maiores expressões da poesia brasileira do século XX, nascido em 1916 e falecido em 2014. Uma das marcas da sua escrita é a busca por subverter a palavra, valendo-se de metáforas que desafiam a nossa percepção e nos convidam a um olhar diferente para aquilo que nos é uma imagem cotidiana, cristalizada, aparentemente saturada de um sentido já construído, dado. Ao buscar a imagem de animais em paisagens, ao dar vida a esses animais formados pelos contornos geográficos, por exemplo, Manoel de Barros nos convida a um importante exercício: por que não mudamos o modo de olhar e nos atrevemos a uma transgressão de sentido? A partir dessa metáfora, a Psicologia tem buscado se reiventar a cada novo referencial que foi sendo construído ao longo do tempo e a partir de seus marcadores históricos, a partir de rupturas, inovações e constantes convites a mudanças: de olhar, de sentir, de corporificar, de apreender os sentidos. Foi e tem sido assim com a Psicologia Positiva. Mas o que a Psicologia Positiva tem proposto de novo que justifique essa mudança e nos convide a esse exercício de sentido?

A Psicologia Positiva tem recebido cada vez mais destaque no cenário brasileiro. Desde a maior divulgação dessa abordagem, a partir da década de 1990, impulsionada pelo então presidente da *American Psychological Association*, Martin Seligman, os estudos nesse campo têm sido promovidos como forma de ruptura com um modelo de saúde focado essencialmente no déficit, no adoecimento e nas condições que promovem o sofrimento, o desprazer e a vulnerabilidade. Para além desses elementos, priorizados na maior parte dos estudos publicados até o final do século XX, e buscando ultrapassar o modelo biomédico e hegemônico, a Psicologia Positiva despontou como uma resposta científica ao priorizar os aspectos que promovem a saúde, as estratégias de enfrentamento e os fatores associados ao bem-estar e à felicidade.

8 Apresentação

Essa narrativa de ruptura da Psicologia Positiva tem sido a base para diversas ações em nosso contexto que não apenas se inspiram nesse referencial como buscam contribuir para a consolidação desse campo em diálogo com outras abordagens e diferentes intervenções nas áreas de educação, de saúde e do trabalho. A Psicologia Positiva tem se mostrado uma abordagem potente no sentido de oferecer respostas a muitos impasses que ocorrem no momento do desenvolvimento de novas intervenções. Ao buscar novas formas de questionamento e evocando aquilo que os sujeitos possuem de mais especial e potente – as suas forças –, opera-se uma radicalidade que precisa não apenas de tempo para ser mais amadurecida, como de incentivos para a constante evolução dos seus conceitos, das suas técnicas e de sua própria epistemologia. A presente obra, nesse sentido, pretente contribuir com esse movimento.

Em nosso contexto, a Associação Brasileira de Psicologia Positiva tem sido uma entidade que tem fomentado a divulgação de conhecimentos nessa área não apenas para a formação de estudantes e docentes, mas também como forma de instrumentalizar profissionais das diferentes áreas para uma atuação que se baseie nos pressupostos dessa abordagem, o que equivale a adotar também o foco nos aspectos positivos e adaptativos como um norte no fazer profissional. Em 2018 foi realizada a terceira edição do Congresso Brasileiro de Psicologia Positiva, reunindo centenas de pesquisadores, profissionais e entusiastas da área. Esse movimento revela a necessidade e o compromisso dos pesquisadores em Psicologia Positiva não apenas com a divulgação de estudos e iniciativas que vêm sendo desenvolvidas, mas, sobretudo, com a consolidação da área e a manutenção de elementos como cientificidade e de prática baseada em evidências, tão caras à solidificação do campo. A partir disso, justifica-se a produção e a veiculação de materiais que possam subsidiar o processo formativo desse público.

Embora a maior parte do conhecimento na área da Psicologia Positiva seja divulgada em periódicos científicos, a publicação de livros e manuais tem sido especialmente importante no sentido de pulverizar conhecimentos e práticas com uma linguagem mais palatável e também ampliando o diálogo entre diferentes comunidades interessadas nessas referências, como educadores, empresários, profissionais liberais e psicólogos que atuam em diferentes segmentos. A presente publicação cumpre essa necessidade e se debruça sobre temáticas emergentes e que vêm sendo incorporadas por pesquisadores da Psicologia Positiva.

Esta obra, considerada uma referência recente, pode ser um norteador, convidando os interlocutores a novas investigações, intervenções e reflexões. A formação em Psicologia Positiva tem sido cada vez mais discutida e é premente a existência de uma obra atual, de caráter científico e que apresente cenários com os quais os profissionais irão se deparar em sua atuação, mantendo o compromisso ético e político com a solidificação do campo.

Entre os diferenciais da obra está a diversidade de cenários apresentados, com capítulos que tratam, por exemplo, da Psicologia Positiva em contextos como os de saúde, educação, trabalho e trânsito. Além desses cenários de pesquisa e de prática, as temáticas especiais se entrelaçam a vertentes relacionadas à adoção de crianças com adoecimento crônico, aos direitos da população LGBTT (Lésbica, Gay, Bissexual, Transgênero e Travestis), religiosidade/espiritualidade, criatividade, aposentadoria e jogos eletrônicos, por exemplo, temáticas essas consideradas contemporâneas e em emergência. Esses chamados "temas especiais" revelam mais do que possibilidades de emprego da Psicologia Positiva: potencializam o crescimento desse movimento e permitem uma maior aplicabilidade em cenários reais, em demandas que estão sendo produzidas na contemporaneidade. Como exercícios de proximidade com os pressupostos da Psicologia Positiva, opera-se uma contribuição inequívoca para a área, que não desponta mais como uma novidade, mas como um referencial em franco processo de amadurecimento.

Além dessas temáticas, a primeira parte do livro traz aspectos históricos e contemporâneos acerca desse referencial, com a problematização de alguns dos conceitos-chave, como o de bem-estar e o de sentido de vida, fundamentais para estudiosos do tema. Ao tratar dos temas especiais em Psicologia Positiva, ainda, visa-se a sistematizar conhecimentos que não apenas retratem uma diversidade de aplicações desse referencial, mas também convidar os leitores para diferentes incursões em campo, sempre de posse de conhecimentos científicos basais nesse processo. A fim de instrumentalizar tal processo, este livro emerge como uma potencialidade dentro do campo.

O livro é recomendado para profissionais envolvidos na área da Psicologia Positiva, tanto em termos da docência, da pesquisa e da intervenção. Como os saberes da Psicologia Positiva não são exclusivos da atuação em Psicologia, espera-se que a obra possa ser do interesse de profissionais de saúde (como enfermeiros, fisioterapeutas, terapeutas ocupacionais e médicos), além de profissionais que atuam em cenários educacionais e jurídicos (como professores, assistentes sociais e juristas). Destina-se, portanto, a profissionais e estudantes que mantenham interesse em uma abordagem científica da Psicologia Positiva, fortalecendo a consolidação de uma literatura densa na área e que esteja atenta às características do contexto brasileiro, haja vista que a maior produção acerca desse referencial ainda é desenvolvida por pesquisadores europeus e norte-americanos. Assim, este livro também visa a consolidar o campo no contexto nacional, funcionando como referência para estudos e intervenções.

Os autores convidados para a presente obra possuem diferentes perspectivas sobre o tema, são oriundos de diferentes instituições de todo o país e mostram leituras provocadoras acerca da Psicologia Positiva. Assim, reafirma-se que a Psicologia Positiva no Brasil não é uníssona, mas justamente diversa. Essa diversidade deve ser convidativa a importantes incursões nesses temas especiais e em outros que se revelem relevantes ao longo do tempo, na perspectiva de uma abordagem em movimento perene.

Como sabemos, o diálogo multidisciplinar é fundamental em uma área na qual o psicólogo atua diretamente com outros profissionais. Mesmo dentro da própria Psicologia deve-se reconhecer a pluralidade de orientações. Por essa razão, a coletânea apresentada

10 Apresentação

reúne psicólogos de diferentes orientações teóricas, promovendo um maior diálogo e possibilitando que o leitor se identifique com essa pluralidade. O grupo de trabalho reúne profissionais ligados a várias instituições e de diferentes estados brasileiros, de modo a atender ao critério de heterogeneidade dessas comunicações, considerando os cenários existentes e suas realidades, como pode ser observado na leitura dos currículos dos autores que compõem a obra.

Assim, pretende-se com este livro proporcionar ao leitor não apenas um retrato da Psicologia Positiva na contemporaneidade, como dialogar com esses diferentes interlocutores no sentido de promover práticas adequadas e que atendam às necessidades experienciadas por pesquisadores e professores brasileiros engajados na consolidação da Psicologia Positiva, anunciando seus próximos movimentos. Como todo conhecimento, provisório, este livro mostra-se aberto à emergência de outros tantos temas especiais com os quais os saberes aqui reunidos possam dialogar, iniciando outras propostas de trabalho e de contribuição ao campo da Psicologia Positiva em nosso país.

A quem está entrando em contato com a Psicologia Positiva, esperamos que este livro possa ser suficientemente convidativo e, quiçá, inspirador. Como uma obra composta por evidências científicas, que estas sejam sempre empregadas no delineamento de propostas e intervenções que possam se lançar a um olhar mais propositivo e adaptativo às questões humanas e interacionais, na promoção da saúde, do amadurecimento e do desenvolvimento. Desejamos a todas e todos uma boa e proveitosa leitura deste livro. Que possam se sentir motivados, provocados e convidados ao diálogo aqui disparado a cada capítulo.

Prefácio

Haja luz

Passo os olhos, curiosos e atentos, por esta obra.

Folheio as páginas em voo de pássaro, depois aprofundo a proposta, a história e o contexto do livro, e mergulho nos conceitos e autores que tão bem conheço, e tão significantes são na minha vida acadêmica e, mesmo, na minha vida pessoal. Sou apresentada a autores novos, o que é sempre um fascínio e uma aventura boa.

Depois de mais de duas décadas dedicada à Psicologia Positiva, acredito ser difícil, numa área científica tão prolífera como esta, encontrar surpresas.

Ao ler, relembro que tivemos décadas de uma Psicologia obscurecida pela hegemonia da necessidade de sarar. Um bosque noturno, tão necessário como qualquer bosque, mas que foi infiltrando o nosso modo de ver os seres humanos e a vida. Pintou monocromaticamente a realidade humana a tinta da China, numa imagem tingida pelos jogos de sombra, mais do que de luz.

Demoramos a despertar, a vibrar com o amanhecer. A decidir-nos por um olhar ontológico que postula a condição profundamente virtuosa e talentosa das pessoas, dos grupos, das comunidades, até das nações. Adiamos a escolha em ver e acalentar, com o rigor da ciência, a grandeza humana.

Começamos em sussurros, em laboratórios em que era tênue – e tantas vezes malvisto – o estudo do positivo, mas sempre com o olhar focado na claridade humana. Com uma perseverante elegância, fomos demonstrando que o melhor das pessoas é tão passível de ser estudado cientificamente quanto as suas penumbras. Fizemos face aos descrentes. Separamo-nos do superficial e do esotérico.

Aberta a fresta de ar renovado, foram-se multiplicando os frenéticos produtores da ciência positiva. Aqueles que escolheram esta via rejubilaram, extasiados, com a possibilidade de apontar caminhos de felicidade a quem os quisesse conhecer e palmilhar.

Os amantes desta nova dimensão foram por isso convocados a serem militantes (como se estuda a felicidade sem a espalhar?). De tal forma que foi impossível travar a eclosão, vinda de muitos cantos do mundo, de um crescente número de agentes do conhecimento virados para a luz. Todos se decidiram por algo difícil: testemunhar a capacidade da ciência em transformar o mundo, mais do que em apenas o descrever e, ao fazê-lo, partir do bom, do belo, do ético.

Percebemos que não é o mesmo estudar objetivamente a experiência humana positiva que vivê-la. Melhor, descobrimos que não é possível passar por uma, sem a outra.

E começamos a colocar marcos no caminho, para entender de onde vínhamos e para onde íamos. Foi aí que surgiram as metáforas. Como a do florescimento; como a das ondas. Em certo momento, a narrativa da Psicologia Positiva trouxe-nos a "segunda onda" (depois da "primeira onda" sublinhar que, na Psicologia, nos tínhamos esquecido do positivo). A "segunda onda" servia agora para nos lembrar que todo o positivo vive em dialética com o negativo.

Volto ao livro. Deleito-me. Saborei-o.

Ao manusear agora mais lentamente cada capítulo, acabo ricamente surpreendida (eu, que sempre amei surpresas).

Espanto-me logo com a poesia que abre as asas nas folhas primeiras. Que auspiciosa forma de começar, fazendo as pontes urgentes da linguagem científica com a das artes. Depois, apercebo-me do enraizamento teórico, com estirpes profundas e com grande angular, e regozijo-me com a iluminação do caminho histórico da Psicologia Positiva. Só com esse abraçar compreensivo do passado o futuro emerge.

Saltam à vista, depois, os temas novos e corajosos – por isso é tão coerente o título auspicioso do livro: *Temas especiais em Psicologia Positiva*.

Desperto em particular para alguns desses assuntos, por tão transformadores e direi, mesmo, regenerativos: o trânsito, a aposentoria, os direitos LGBTT, os jogos eletrônicos, a adoção e a doença crônica em crianças, as relações de longa duração.

Sendo complexos, potencialmente desafiantes, dançam página a página, elegantemente, com o positivo.

Então, rejubilo por este domínio da Psicologia Positiva, pelas mãos tecedoras da Claudia Hofheinz Giacomoni e do Fabio Scorsolini-Comin, afinal me mostrar que ainda há tanto para me surpreender.

Nesta obra se esculpe um pouco mais do futuro, sendo o futuro a inquietação mais ambígua e sublime que podemos abraçar.

Por isso ela, a obra, esta obra, é tão importante.

E é-o também porque continua a expor acadêmicos brasileiros decididos em mostrar esta ciência e alargar as raias do conhecimento.

É importante, também, porque estes são tempos de vigilância.

Anestesiados com bem-estares falsificados, como o individualismo, a competitividade e o consumismo, sucumbimos à infelicidade e fragilizamos o mais vital: os nossos laços fraternos e cidadãos, respeitosos por tudo o que é vivo.

Peguem neste livro e descubram como podemos ser sentinelas da qualidade de vida, da democracia, da saúde mental, da equidade, das relações humanas dignificantes, da felicidade pública, da paz.

Aí está o enclave da "terceira onda" da Psicologia Positiva, já a chegar, e que continuará a ser rica em renovação, inovação e autocrítica, sensível às culturas e às diferenças, e que este livro tão bem já prenuncia, em forma de anunciação.

Helena Águeda Marujo
Professora Associada do Instituto Superior de Ciências Sociais e Políticas
Titular da Cátedra Unesco em Educação para a Paz Global Sustentável
Investigadora Integrada do Centro de Administração e Políticas Públicas
Coordenadora-adjunta da Unidade de Coordenação em Gestão e Desenvolvimento
de Recursos Humanos
Coordenadora executiva da Pós-Graduação em Psicologia Positiva Aplicada
Coordenadora científica da Pós-Graduação em Educação para a Paz Global Sustentável
Coordenadora do *ISCSP-Well-being*
Coordenadora das Unidades Curriculares de Psicologia/ISCSP

Universidade de Lisboa
Lisboa, 13 de fevereiro de 2020.

Parte I

Aspectos teóricos e conceituais da Psicologia Positiva

1
Psicologia Positiva
A solidificação do campo, seus movimentos e ondas futuras

FABIO SCORSOLINI-COMIN
CLAUDIA HOFHEINZ GIACOMONI

> *Deus sabe o que faz: acho que está certo o estado de graça não nos ser dado frequentemente. [...] também é bom que não venha tantas vezes quanto eu queria. Porque eu poderia me habituar à felicidade – esqueci de dizer que em estado de graça se é muito feliz. Habituar-se à felicidade seria um perigo. Ficaríamos mais egoístas, porque as pessoas felizes o são, menos sensíveis à dor humana, não sentiríamos a necessidade de procurar ajudar os que precisam – tudo por termos na graça a compensação e o resumo da vida* (Clarice Lispector. Estado de graça, 2012, p. 43).

O estado de graça apresentado por Clarice Lispector corresponderia a uma posição de extrema lucidez, em que as coisas se tornariam claras sem que houvesse qualquer esforço na tentativa de compreender os fenômenos. Nesse estado de graça, o ser humano experimentaria a sensação de felicidade e de leveza, sendo, portanto, não um objetivo a ser perseguido na vida, mas uma possibilidade que nos colocaria diante de um cenário prazeroso e de abertura ao novo. O estado de graça, assim como a felicidade, não seriam, desse modo, metas ou objetivos a serem alcançados ao longo do viver: o estado de graça nos assaltaria sem mais nem menos, promovendo uma sensação de prazer, de clareza e de potência.

Por muito tempo, a Psicologia Positiva esteve associada a um referencial que visava exclusivamente à busca da felicidade, desconsiderando todo o processo que circunda essa sensação e que, na maioria das vezes, não podemos controlar, mas, simplesmente, permitir a sua fruição em nossas experiências e em nossos relacionamentos interpessoais. Como uma perspectiva em processo de solidificação, tais confusões foram importantes para, primeiramente, atraírem a atenção para esse modo de se pensar o

18 Parte I – Aspectos teóricos e conceituais da Psicologia Positiva

humano e, em um segundo momento, para permitirem que pesquisas fossem conduzidas e evidências fossem produzidas no sentido de reafirmar epistemologicamente o sentido desse corpo teórico. Mas, retomando Clarice Lispector, o estado de graça nos seria algo a ser vivenciado sem que pudéssemos atuar em sua promoção? Em outras palavras, não possuiríamos qualquer potência na busca por experiências de prazer ou do chamado "estado de graça"? Qual o nosso papel diante dessas experiências positivas e repletas de sentido?

A Psicologia Positiva está completando 20 anos. Duas décadas de um movimento que iniciou demarcado na virada do milênio. Época de muita discussão e reflexão em todas as áreas da ciência. Impulsionados por inúmeros fatores, como, por exemplo, o receio do *bug* do milênio, a discussão sobre o futuro da ciência e o aumento da preocupação com a qualidade de vida de uma população mundial que crescia exponencialmente, grandes pesquisadores e entidades científicas passaram a revisar seus propósitos. E não foi diferente com a Psicologia.

No entanto, essa revisão não ocorreu de modo datado, apenas na virada no milênio, mas acompanhou uma série de movimentos que foram acolhidos por diferentes abordagens e referenciais teóricos. A favor da Psicologia Positiva talvez tenha pesado a sua aparente cisão com um modo de se fazer Psicologia até então, focado nos aspectos desadaptativos. A originalidade da Psicologia Positiva parecia ser, então, assumir aquilo que outros referenciais já anunciavam, ainda que de modo tangencial e sem a devida atenção. Mas não se tratava de eleger uma obviedade como foco interventivo – se assim fosse, outras abordagens já teriam se debruçado sobre esses aspectos e promovido avanços que acompanharíamos até hoje. Assim, a Psicologia Positiva mostrava a sua relevância. E isso passaria a ser compreendido como algo, de fato, original: tratar e priorizar os aspectos positivos e adaptativos era uma proposta que realmente rompia com o modo de se fazer e se pensar a ciência psicológica até então. Além disso, outro fator importante da demarcação do movimento foi a necessidade do uso do método científico, sendo premente diferenciar essa perspectiva da literatura de autoajuda, emergente à época e que hoje segue em expansão.

Quando afirmamos que essa ruptura não era propriamente uma novidade na Psicologia estamos retomando as origens desse movimento na abordagem humanista, por exemplo, principalmente com os estudos de Carl Rogers e Abraham Maslow. O que podia promover a satisfação humana? Como considerar o humano em sua potência para o crescimento, para o desenvolvimento, para a busca pelo bem-estar e, quiçá, pela felicidade? A Psicologia Humanista já trazia à baila esses questionamentos na segunda metade do século XX, de modo que a Psicologia Positiva possui uma ancoragem nesse período e na produção desses autores, ainda que muito dessa produção tenha sido revisitada, modificada e aprimorada. As origens humanistas da Psicologia Positiva são importantes para que possamos discutir a chamada "primeira onda" desse movimento, ainda em vigor, que tem promovido importantes conquistas nesses quase 20 anos de sua oficialização.

1 Psicologia Positiva – A solidificação do campo, seus movimentos e ondas futuras **19**

Como principal contribuição da Psicologia Humanista à Psicologia Positiva podemos destacar o olhar positivo aos fenômenos humanos e ao nosso desenvolvimento. Quando retomamos a noção de consideração positiva incondicional desenvolvida por Rogers (1977) no contexto da psicoterapia, por exemplo, estamos corporificando um dos elementos centrais da Psicologia Positiva: ao acreditarmos que uma pessoa é capaz de mudar, de crescer e de se desenvolver, estamos modificando o modo como olhamos para essa pessoa: passamos, então, a encará-la de modo potente, como alguém que pode atuar, como alguém que pode se desenvolver, crescer e amadurecer. Nesse sentido, o profissional de Psicologia coloca-se como alguém que pode caminhar ao lado dessa pessoa e despertar-lhe para essa necessidade: a de confiar na melhor expressão do seu potencial. A mudança de foco e de olhar não residiria, portanto, no fato de desconsiderar o que ainda precisa ser desenvolvido, mas na confiança em que a pessoa pode se desenvolver. Essa consideração mudaria o modo de estar junto de nossos pacientes/clientes e no modo deles se sentirem aptos às mudanças que elencaram para as suas vidas.

A Psicologia Humanista, quase 50 anos antes da oficialização da Psicologia Positiva, já trabalhava tendo em mente esse novo olhar, esse novo foco. No entanto, esse olhar não era o que avivava toda e qualquer intervenção, constituindo o centro desse movimento (Feist, Feist, & Roberts, 2008). Desse período, portanto, a Psicologia Positiva tomou de empréstimo o início de uma maior sistematização em torno do que pode promover o desenvolvimento saudável, o crescimento pessoal e o amadurecimento. Essa sistematização passou a ser alvo de intervenções corporificadas sob a égide da Psicologia Positiva. E, então, esse movimento deixa de ser algo mencionado ou sugerido em uma abordagem ou em outros referenciais e ganha corpo como uma perspectiva distinta, com seus próprios conceitos e com a proposta de rever o que a ciência psicológica vinha estudando até então. Tratava-se, desse modo, de uma ruptura com a ciência psicológica da época (Scorsolini-Comin, 2014).

Há que se considerar, portanto, que ainda que goze desses 20 anos desde a sua oficialização, a Psicologia Positiva, muitas vezes, é apresentada como uma novidade na ciência psicológica. Essa novidade é expressa fundamentalmente em países que tiveram um desenvolvimento considerado tardio desse referencial ou que assumiram mais recentemente a tarefa de rever muito do que havia sido produzido e que podia ser alocado dentro das contribuições dessa área emergente. O Brasil é um país que, desde o início, recebeu a Psicologia Positiva não apenas como uma novidade, mas como uma nova possibilidade de se pensar os fenômenos psicológicos e, fundamentalmente, as intervenções nos campos da educação e da saúde (Dell'Aglio, Koller, & Yunes, 2006; Giacomoni & Hutz, 2009; Hutz & Reppold, 2018; Paludo & Koller, 2007; Scorsolini-Comin & Santos, 2011; Seibel, Poletto, & Koller, 2016). Como a Psicologia Positiva poderia contribuir na atuação em Psicologia da Saúde? A Psicologia Positiva poderia ser desenvolvida em contexto psicoterápico? A Psicologia Positiva seria um referencial, uma perspectiva ou uma abordagem psicológica? Como poderia ser aplicada em escolas, hospitais, comunidades e corporações?

20 Parte I – Aspectos teóricos e conceituais da Psicologia Positiva

Esse movimento de aplicação da Psicologia Positiva tem sido um importante balizador desde o seu início, encontrando no cenário nacional um importante terreno para o seu desenvolvimento. Aqui as intervenções desenvolvidas no exterior, sobretudo nos Estados Unidos, tiveram que ser adaptadas, repensadas, modificadas, construídas, delineadas a partir de circunscritores locais, sociais, históricos e culturais. Longe de propor uma universalização do ser humano, a Psicologia Positiva, desde o seu início, chama-nos a atenção para a necessidade de nos aproximarmos do que, de fato, pode promover o desenvolvimento humano.

A construção de intervenções a partir dos pilares da Psicologia Positiva foi e tem sido um desafio assumido por todos os pesquisadores desse campo, notadamente no Brasil, em que esse referencial foi apresentado, desde o início, como uma inovação. E, enquanto inovação, o que haveria de novo no modo de abordar o ser humano e promover o seu bem-estar? Mas voltemos ao início da Psicologia Positiva enquanto um movimento organizado e em diálogo com a ciência psicológica em vigência ao final do século XX.

Em 1998, ao assumir a presidência da Associação Americana de Psicologia, a maior associação de psicólogos do mundo, Martin Seligman propõe um novo domínio da Psicologia (Ben-Shahar, 2007; Giacomoni & Hutz, 2009; Seligman & Csikszentmihalyi, 2000; Srinivasan, 2015), ou melhor, chama-nos a atenção para aspectos que, até então, podiam ser considerados como negligenciados pelas perspectivas em vigência. Era importante compreender em que ponto esses aspectos salutares e promotores de desenvolvimento passaram a não mais ser priorizados pelos pesquisadores da época, dando tônus a uma Psicologia excessivamente comprometida com o adoecimento, o déficit, o que o ser humano não possuiria e deveria tentar desenvolver.

Seligman e Csikszentmihalyi (2000) apresentam o artigo introdutório nomeado de "Psicologia Positiva" no número especial comemorativo da virada do milênio da *American Psychologist*, principal revista da Associação Americana de Psicologia. Segundo os autores, a Psicologia deveria investir no estudo do que seria e promoveria uma vida feliz, das condições que proporcionariam o bem-estar, dos indivíduos positivos e das sociedades e organizações que florescem ou que contribuem para o florescimento dos seus membros.

Novamente: essa proposta não se tratava de uma novidade, algo que nunca tivesse sido aventado, mas era justamente um convite sistematizado, enquanto área, e gozando do prestígio que a posição de presidência da APA permitia, para que esses aspectos reforçadores, saudáveis e fontes de satisfação fossem assumidos e pesquisados como centro e não mais como aspectos tangenciais e associados. Era, portanto, uma real mudança de foco, ainda que o foco no positivo não fosse uma inovação. A inovação residia em mudar o sentido dessa rota e os aspectos envolvidos nessa guinada. Como o ser humano poderia ser mais propositivo nesse processo? Uma das respostas possíveis é justamente utilizando métodos científicos de ponta e delineamentos robustos.

1 Psicologia Positiva – A solidificação do campo, seus movimentos e ondas futuras **21**

A partir da congregação de psicólogos que vinham investigando temas de pesquisa relacionados a essas temáticas consideradas "mais positivas", a Psicologia Positiva foi demarcada como um campo e, mais especificamente, como um "novo" campo. Seligman apresenta os pormenores dessa história da fundação da Psicologia Positiva, bem como a análise de sua progressão da área no artigo intitulado "Positive Psychology: A Personal History" (2019), um importante guia para os pesquisadores da área ou até mesmo interessados na investigação dos aspectos históricos relacionados a um campo emergente: como algo novo começa a despontar e se organizar enquanto um movimento maior? Gozando do seu prestígio enquanto presidente da APA, Seligman criou condições que propiciaram uma rápida expansão desse movimento para além dos Estados Unidos. Assim, cada vez mais pesquisadores se reuniam em torno do que agora era um lugar de pertencimento: a Psicologia Positiva. Embora Seligman seja referido, muitas vezes, como o "pai" da Psicologia Positiva, é importante resgatar que nada de novo foi criado, mas sim que um novo modo de conceber o humano foi sendo assumido como norte.

Para explicitar o nosso posicionamento de modo bastante objetivo, portanto, concordamos com o caráter pioneiro de Seligman na proposição da Psicologia Positiva e suas inequívocas contribuições para a visibilidade da área e para a produção do conhecimento na mesma, embora consideremos que muitas das concepções trazidas por esse referencial já haviam sido alvo de estudos e mesmo de perspectivas anteriores, como é o caso da Psicologia Humanista. Ou seja, buscamos, aqui, delimitar as raízes desse movimento que ficou conhecido, a partir de então, como sendo a Psicologia Positiva. Assim, podemos tratar o final da década de 1990 como o período não de criação da Psicologia Positiva, mas de oficialização desse referencial a partir de um histórico construído ao longo do tempo e em função da contribuição de diferentes movimentos na ciência psicológica.

Desde esse início do movimento, então década de 1990, podemos já identificar dois ou mesmo até três períodos históricos nessa pequena vida histórica. Os primeiros oito a dez anos foram dedicados à pesquisa básica, de caráter experimental, envolvendo os construtos elementares da Psicologia Positiva, como os conceitos de satisfação e de bem-estar.

Os anos seguintes apresentam os primeiros investimentos nos estudos de aplicações e desenvolvimento de grandes programas de intervenções em Psicologia Positiva que pudessem demonstrar de que modo os construtos teóricos podiam ser empregados para, de fato, promoverem mudanças positivas nas vidas de pessoas e comunidades. Assim, o objetivo desse período era o de se distanciar de uma consideração eminentemente teórica acerca da Psicologia Positiva, o que poderia ser evocado pela divulgação da chamada "ciência da felicidade" e desenvolver o potencial para a produção de evidências a partir desse paradigma. O que essa "ciência da felicidade" promoveria, na prática? Quais os seus avanços? As intervenções desenvolvidas a partir desse segundo momento são consideradas importantes balizas para a consolidação científica do campo, o que se baseou, em grande parte, nos estudos de importantes autores como Seligman (2002,

22 Parte I – Aspectos teóricos e conceituais da Psicologia Positiva

2011, 2019), Diener (Diener et al., 2017), Peterson (2006) e Fredrickson (2003), apenas para citar alguns exemplos.

E, atualmente, no chamado terceiro momento, observa-se uma expansão e a aplicação dos conhecimentos já identificados em outras áreas da Psicologia, o que tem sido assumido pela presente coletânea organizada por autores brasileiros e que recupera, nos capítulos que compõem este livro, importantes contribuições no sentido de fortalecer esse movimento no cenário brasileiro. Ao elegermos os temas especiais, estamos apontando para algumas possibilidades de aplicação e para o desenvolvimento de novos diálogos, novas interfaces, novos conhecimentos nascidos a partir da Psicologia Positiva.

Ao longo desse período, importantes mudanças em termos dos construtos investigados foram ocorrendo. Como exemplo, citamos a própria redefinição do foco da Psicologia Positiva que, no seu início, remetia-se à busca da felicidade (Seligman, 2002) e que foi redefinida pelo próprio Seligman como a busca pelo bem-estar (Seligman, 2011). O conceito de bem-estar, desse modo, seria mais palatável e poderia ser alvo de mensuração, constituindo uma variável que poderia ser explorada de modo mais objetivo quando comparada à complexa definição de felicidade (Scorsolini-Comin, Fontaine, Koller, & Santos, 2013).

Embora não possamos falar de um abandono do termo felicidade, é importante considerarmos que este se trata de um conceito de complexo manejo que, por vezes, apresenta-se como próximo da filosofia e de discussões que se afastam dos objetivos apregoados pela Psicologia Positiva. Desse modo, ao longo da história recente da Psicologia Positiva, essas mudanças foram sendo significadas como um processo de constante amadurecimento deste referencial. Todas essas mudanças revelam uma Psicologia Positiva viva, em acontecimento, de modo que não se trata mais de uma "novidade", mas de uma perspectiva jovem do ponto de vista do tempo, mas com sólidas evidências que conferem respaldo aos seus pressupostos e um caráter de amadurecimento constante, fundamental ao desenvolvimento do campo científico.

A chamada "segunda onda" da Psicologia Positiva, que neste livro foi desenvolvida de modo mais particular em um de seus capítulos, escrito por Dyane Lombardi-Rech e Claudia Hofheinz Giacomoni, da Universidade Federal do Rio Grande do Sul, vem sendo um movimento importante para a descaraterização da Psicologia Positiva como um movimento que investiga "apenas" ou "exclusivamente" os aspectos positivos do ser humano e de suas interações, desconsiderando os aspectos por vezes identificados como negativos ou desadaptativos. Essa compreensão equivocada gerou alguns problemas, sobretudo entre os críticos mais vorazes da Psicologia Positiva: ora, a Psicologia Positiva estaria comprometida com a busca de um mundo ideal, pois apenas em um mundo ideal não teríamos os efeitos de aspectos negativos do desenvolvimento ou a consideração exclusiva dos aspectos positivos.

No entanto, em um mundo real e submetido às práticas baseadas em evidências, é mister que possamos considerar que os aspectos negativos e desadaptativos também compõem o humano, suas interações e seus fenômenos, podendo também promover aspectos considerados positivos. Assim, a "segunda onda" da Psicologia Positiva, ao debruçar-se sobre fenômenos como a tristeza, a raiva e o ódio, mostra que esse movimento não se exime da necessidade de olhar para o que, de fato, deve ser olhado: o ser humano, em todos os seus aspectos. O foco, no entanto, permanece o mesmo, o da potencialização dos aspectos considerados positivos.

Isso, em nenhum momento, significa desconsiderar que coisas ruins acontecem, que eventos negativos nos assolam e que também possuímos aspectos que precisam ser trabalhados, desenvolvidos e modificados em nosso modo de ser e nos relacionar. A "segunda onda" da Psicologia Positiva deixa claro esse movimento, assumindo que boa parte da crítica recebida nesses 20 anos deveu-se ao modo como os próprios pesquisadores do campo se posicionaram epistemologicamente na defesa de um novo movimento. Abrir-se à audiência dos aspectos negativos, desadaptativos e que dificultam o crescimento, o desenvolvimento e o amadurecimento é também promover uma escuta para aquilo que pode desencadear o que tem sido o foco da Psicologia Positiva desde a sua oficialização.

Em que pesem as críticas sofridas pela Psicologia Positiva, há que se destacar que, muitas vezes, esse referencial foi confundido com a literatura de autoajuda. A literatura não científica sobre a busca de qualidade de vida e o aumento de felicidade tomou um espaço que a Psicologia não havia investido. Atualmente, muitos pesquisadores da área trabalham nesse distanciamento e na clarificação para a população dessas diferenças. No entanto, ainda pairam confusões que, por vezes, enfraquecem todo um investimento no sentido de desenvolver e veicular práticas que gozam de respaldo científico e que constituem evidências para a prática. A autoajuda, que muitas vezes se aproxima de aspectos desenvolvidos pela Psicologia Positiva, em nada apresenta esse compromisso científico. Aqui, há que se considerar novamente: o estudo do que promove o bem-estar não é nem nunca foi exclusivo da Psicologia Positiva. No entanto, há que se diferenciar movimentos baseados em pesquisas, controlados e com rigor metodológico de incursões que não se comprometem com esse tipo de cuidado e com as consequências dessa falta. Embora legítimos, ambos se tratam de movimentos distintos.

Retomando o histórico da Psicologia Positiva, contribuições significativas foram realizadas nesse curto período de vida, com destaque para a área da educação, por exemplo. São inúmeros estudos transculturais comprovando que, ao investirmos no bem-estar de alunos e professores, os indicadores objetivos de desempenho escolar aumentam e, o melhor, mantêm-se ao longo do tempo (Bolier et al., 2013; Kern et al., 2015).

Ao longo dessa jovem história, se considerarmos o tempo galgado por outras abordagens clássicas da Psicologia, podemos vicejar uma perspectiva que vem ganhando cada vez mais corpo, despertando não mais o interesse de quem queria inicialmente promover ainda de modo muito romantizado a "felicidade" ou compreender como as pessoas poderiam ser mais felizes, mas de como, efetivamente, contribuir para que as pessoas possam, primeiramente, identificar os seus recursos pessoais, empregá-los mais ativamente e fazer frente aos complexos processos do viver, como as vulnerabilidades

24 Parte I – Aspectos teóricos e conceituais da Psicologia Positiva

e os processos de adoecimento, por exemplo, desenvolvendo estratégias e repertórios adequados à busca, sim, de uma vida mais digna e repleta de sentido.

A busca por esses aspectos pode se dar a partir de diferentes caminhos e técnicas, científicas ou não. A contribuição da Psicologia Positiva, nesse processo, é de oferecer ferramentas cientificamente válidas para que essas buscas, mais do que simplesmente possam ocorrer, deem-se dentro de um processo em que o indivíduo se apresente de modo integral, cônscio de suas potencialidades e limitações, permitindo-se uma experiência significativa e, quiçá, transformadora. Acessar as potencialidades e os recursos existentes, assumindo conjuntamente as limitações existentes e os aspectos desadaptativos que também nos acompanham, não simplesmente focando exclusivamente "no positivo" e desconsiderando outras expressões do viver igualmente válidas, é um norte que vem sendo assumido por todos os estudiosos e entusiastas da Psicologia Positiva. E qual a próxima "onda" desse movimento, então?

Futuro da Psicologia Positiva – O que esperar, pelo que lutar?

Falar no futuro da Psicologia Positiva é um desafio e isso não constitui um lugar-comum. A tarefa de vicejar o que vem pela frente, sobretudo em uma área que vem se consolidando e encontra na contemporaneidade seu ponto de pertencimento, pode ser muito arriscada. Assumindo os riscos inerentes a esse processo, atrevemo-nos a pensar nas possíveis conexões desse referencial com temas e abordagens que vêm se mostrando relevantes nesse início de século.

No cenário brasileiro, é mister que os grupos de pesquisa existentes possam dialogar. Esses grupos priorizam determinados aspectos da Psicologia Positiva, o que deve disparar o diálogo e não justamente o distanciamento entre os mesmos. No Brasil, muito da produção científica nesse campo ainda se mostra atrelada à avaliação psicológica ou com forte herança dessa área. Assim, novas apropriações podem permitir inovações no modo de discutir os construtos da Psicologia Positiva que lancem novas possibilidades, para além da avaliação psicológica, da psicometria e da própria tendência a mensurar os construtos assumidos pela área. Embora esse movimento tenha se mostrado muito importante na construção do campo, é mister que novas contribuições sejam trazidas à baila, permitindo uma maior diferenciação em relação a campos mais tradicionais do saber psicológico. Assim, a chamada Psicologia Positiva Brasileira pode assumir uma história própria, diferenciando-se da importação de intervenções de sucesso no exterior e permitindo o surgimento de modelos e práticas que tomem como ponto de partida as nossas questões locais, a nossa cultura e as nossas características.

No campo da psicoterapia, a Psicologia Positiva ainda carece de uma maior fundamentação, podendo se diferenciar de suas ancoragens tanto no humanismo como na abordagem cognitivo-comportamental. Criando as próprias intervenções psicoterápicas, esse campo ainda pode se desenvolver, podendo ser referência também quando se

1 Psicologia Positiva – A solidificação do campo, seus movimentos e ondas futuras **25**

trata da Psicologia Clínica, um campo de particular interesse do profissional de Psicologia em nosso contexto.

No domínio da formação em Psicologia Positiva, a penetração desse referencial nos cursos de graduação em saúde e educação em nosso país, notadamente na Psicologia, pode contribuir para uma divulgação mais competente desse referencial e dos seus avanços. Temos encontrado importantes contribuições em disciplinas de pós-graduação, mas o movimento ainda se mostra tímido. Explorar a Psicologia Positiva enquanto um corpo teórico e também como campo de atuação, interventivo, pode trazer ganhos importantes não apenas no sentido da ampliação da audiência desse movimento, mas da possibilidade de divulgar informações cientificamente respaldadas, ampliando o alcance de uma ciência séria, comprometida e em constante acabamento. Esse movimento de fomento a uma formação mais competente em Psicologia Positiva pode contribuir para que, cada vez mais, opere-se um adensamento no modo como essa perspectiva tem sido apresentada ao público, à mídia e à própria ciência psicológica. As entidades científicas relacionadas, como a Associação Brasileira de Psicologia Positiva (ABP+), podem e devem continuar a desenvolver um importante papel nesse sentido.

Por fim, a abertura ao diálogo com outros referenciais deve ser sempre fomentada. A consolidação da Psicologia Positiva não precisa ocorrer em oposição ao que foi proposto anteriormente ou em oposição às abordagens mais tradicionais da Psicologia, visando a "dar conta" do que possivelmente outros referenciais não conseguiram operacionalizar. Essa postura nos colocaria diante de uma atividade que simplesmente não poderia ser levada a cabo: nenhuma abordagem, perspectiva ou conhecimento pode se colocar como melhor, mais avançado ou simplesmente superior ao outro.

Quando trabalhamos com a Psicologia Positiva estamos propondo um olhar que parte de um determinado posicionamento, que prioriza uma determinada lente para corporificar esse olhar. Assim, a Psicologia Positiva não se apresenta enquanto um campo de disputas. A Psicologia Positiva não se propõe e não deve se propor a responder de um modo mais satisfatório às questões que atravessam os diferentes referenciais construídos na ciência psicológica. Como abordagem que busca o diálogo, esse movimento deve ser priorizado no futuro próximo da Psicologia Positiva, a começar pelo fato de assumir plenamente as suas interfaces com outras abordagens, a exemplo do humanismo e da perspectiva cognitivista. Assim, o convite futuro-presente parece ser o do diálogo que promove o encontro e não o da descoberta que promove a ruptura.

Nesse diálogo, abertos à possibilidade e à potência da visitação do estado de graça antevisto por Clarice Lispector na apresentação deste capítulo, colocamo-nos de forma comprometida com a promoção do que, de fato, faz-nos viver e experienciar de modo positivo esse acontecimento: "Há dias que são tão áridos e desérticos que eu daria anos da minha vida em troca de uns minutos de graça" (Lispector, 2012, p. 45). Para além dessa espera pela contemplação, a Psicologia Positiva persiste, curiosa pelo encontro e pela narrativa desse(s) momento(s).

Referências

Ben-Shahar, T. (2007). *Happier: Learn the secrets to daily joy and lasting fulfillment.* McGraw-Hill.

Bolier, L., Haverman, M., Westerhof, G. J., Riper, H., Smit, F., & Bohlmeijer, E. (2013). Positive psychology interventions: A meta-analysis of randomized controlled studies. *BMC Public Health, 13*(119). https://doi: 10.1186/1471-2458-13-119

Dell'Aglio, D. D.; Koller, S. H., & Yunes, M. A. M. (orgs.) (2006). *Resiliência e psicologia positiva: Interfaces do risco à proteção.* Casa do Psicólogo.

Diener, E., Heintzelman, S. J., Kushlev, K., Tay, L., Wirtz, D., Lutes, L. D., & Oishi, S. (2017). Findings All Psychologists Should Know From the New Science on Subjective Well-Being. *Canadian Psychology, 58*(2), 87-104. https://doi: 10.1037/cap0000063

Feist, J., Feist, G. J., & Roberts, T.-A. (2008). *Teorias da personalidade* (6a ed.). McGraw-Hill.

Fredrickson, B. L. (2003). The value of positive emotions. *American Scientist, 91*(4), 330-335.

Giacomoni, C. H., & Hutz, C. S. (2009). Psicologia Positiva: Uma nova perspectiva em saúde. In A. C. G. Dias (org.). *Psicologia e Saúde: Pesquisas e reflexões.* Ed. UFSM.

Hutz, C. S., & Reppold, C. T. (orgs.) (2018). *Intervenções em Psicologia Positiva aplicadas à saúde.* Leader.

Kern, M. L., Waters, L. E., Adler, A., & White, M. A. (2015). A multidimensional approach to measuring well-being in students: Application of the *Perma* framework. *The Journal of Positive Psychology, 10*(3), 262-271. https://doi: 10.1080/17439760.2014.936962

Lispector, C. (2012). *Crônicas para jovens: De bichos e pessoas.* Rocco [Jovens Leitores].

Paludo, S. S., & Koller, S. H. (2007). Psicologia Positiva: uma nova abordagem para antigas questões. *Paideia, 17*(36), 9-20.

Peterson, C. (2006). *A Primer in Positive Psychology.* Oxford University Press.

Rogers, C. R. (1977). *Tornar-se pessoa.* Morais.

Scorsolini-Comin, F. (2014). Aconselhamento psicológico com casais: Interlocuções entre Psicologia Positiva e Abordagem Centrada na Pessoa. *Contextos Clínicos, 7,* 192-206.

Scorsolini-Comin, F., Fontaine, A. M. G. V., Koller, S. H., & Santos, M. A. (2013). From authentic happiness to well-being: The flourishing of Positive Psychology. *Psicologia: Reflexão e Crítica, 26*(4), 663-670.

Scorsolini-Comin, F., & Santos, M. A. (2011). *Casamento e satisfação conjugal: um olhar da Psicologia Positiva.* Annablume.

Seibel, B., Poletto, M., & Koller, S. H. (orgs.) (2016). *Psicologia Positiva: teoria, pesquisa e intervenção.* Juruá.

Seligman, M. E. P. (2019). Positive Psychology: A Personal History. *Annual Review of Clinical Psychology, 15*, 1-23.

Seligman, M. E. P. (2011). *Florescer: uma nova compreensão sobre a natureza da felicidade e do bem-estar* (C. P. Lopes, Trad.). Objetiva.

Seligman, M. E. P. (2002). *Authentic happiness: Using the new Positive Psychology to realize your potential for lasting fulfillment.* Nicholas Brealey.

Seligman, M. E. P., & Csikszentmihalyi, M. (2000). Positive Psychology: An introduction. *American Psychologist, 55*, 5-14.

Srinivasan, T. S. (2015). *The 5 Founding Fathers and A History of Positive Psychology* [acesso em 04/02/2017; recuperado de https://positivepsychologyprogram.com/founding-fathers/].

2
Sentido de vida ao longo do desenvolvimento humano

ANA CRISTINA GARCIA DIAS
INAJÁ TAVARES
MIKAEL ALMEIDA CORREA
GRAZIELLI PADILHA VIEIRA

Ao longo da história, diferentes abordagens teóricas e correntes filosóficas buscaram conceituar o sentido de vida, o que torna complexo o seu estudo. Há, no entanto, um interesse crescente em compreender o papel do sentido de vida na saúde mental dos indivíduos, seja para promover o autoconhecimento e o planejamento de vida, seja para ressignificar o sofrimento diante de perdas e tragédias.

A Psicologia Positiva contribuiu para uma maior popularização do conceito de sentido de vida nos últimos anos, trazendo novos entendimentos sobre o mesmo e se diferenciando das concepções iniciais propostas por Viktor Frankl (1905-1997). Este autor é reconhecido como um pioneiro no estudo da tendência humana de buscar sentido na vida (Baumeister & Vohs, 2002). Este capítulo pretende refletir sobre as diferenças existentes entre ambas as concepções de sentido de vida, além de apresentar estudos que demonstram como o senso de sentido de vida pode se manifestar nas diferentes etapas do desenvolvimento humano.

Viktor Frankl desenvolveu sua compreensão sobre o sentido de vida a partir de sua experiência como prisioneiro em campos de concentração nazistas, durante a Segunda Guerra Mundial (Frankl, 2006). O autor percebeu que certas pessoas, apesar de estarem vivenciando grande sofrimento e a iminência da morte, permaneciam vinculadas aos seus valores éticos, religiosos ou culturais, o que lhes conferia um senso de continuidade e projeção no futuro. Em síntese, Frankl postula que essas pessoas persistiram em seus ideais, pois estes lhe atribuíam um sentido para a vida, e que a vontade de sentido (i. e., encontrar e realizar seus propósitos de vida) é força motriz da vida humana (Frankl, 2011; Santos, 2016).

A partir de uma perspectiva existencialista, Frankl entende que cada indivíduo tem seu próprio sentido de vida, e que este se relaciona com as suas maiores preocupações sobre sua condição enquanto ser humano e às deliberações feitas a partir disso (Jurica, Barenz, Shim, Graham, & Steger, 2014). O sentido se realiza através de valores, que se manifestam por meio de atitudes, vivências ou pelo ato de criar/trabalhar. A concepção de Frankl sobre o sentido de vida e a condição humana são as bases para o desenvolvimento do seu sistema psicoterápico – a Logoterapia (ou Análise Existencial).

Diferente da perspectiva existencialista, a Psicologia Positiva tende a estudar o sentido de vida com base no acúmulo de evidências empíricas, buscando conceituá-lo de forma mais objetiva enquanto construto psicológico (Jurica et al., 2014). Para Seligman, o sentido é um dos elementos principais da felicidade autêntica (Seligman, 2002) e do seu modelo *PERMA* de bem-estar (Seligman, 2011). Viver uma vida com sentido consiste em fazer uso das forças e virtudes pessoais a fim de obter gratificações autênticas e em serviço de algo que seja maior do que o próprio indivíduo (Seligman, 2002). Portanto, a Psicologia Positiva compreende o sentido como um fator fundamental para o funcionamento e florescimento humano, o que justifica a produção de diferentes modelos explicativos e evidências empíricas voltadas a esse construto (Jurica et al., 2014).

Ao longo deste capítulo, serão utilizados dois termos que merecem uma distinção, que são *busca* por sentido e *presença* de sentido. A busca por sentido pode ser compreendida como o processo de estabelecer ou aumentar a compreensão e percepção de sentido na vida, através de diferentes meios (Steger, Kashdan, Sullivan, & Lorentz, 2008). Portanto, um indivíduo que busca sentido não está, necessariamente, "desprovido" de sentido, e sim engajado nesse processo contínuo de descoberta e compreensão do sentido. Já a presença de sentido é entendida como o quanto o indivíduo percebe e compreende o sentido em sua vida, e se percebe como tendo propósitos claros aos quais ele está seguindo. Ou seja, a busca e a presença também não são excludentes e ambas podem ter diferentes níveis de importância ao longo do desenvolvimento humano, como será demonstrado nas próximas seções.

O sentido de vida pode se manifestar de diferentes formas durante o desenvolvimento humano, tanto nas maneiras utilizadas para a busca de sentido quanto nos fatores que se associam à percepção e presença de sentido. Compreender como esse fenômeno ocorre nas diferentes etapas da vida pode auxiliar na promoção de uma saúde mental positiva ao longo do desenvolvimento, uma vez que o sentido de vida é um elemento importante para o florescimento dos indivíduos. Nas próximas seções deste capítulo serão apresentadas as principais mudanças e tarefas desenvolvimentais que podem influenciar a busca e a presença de sentido, na adolescência, na vida adulta e na velhice.

O sentido de vida na adolescência

Os processos em busca de sentido e as percepções da presença de sentido de vida se iniciam na adolescência, quando o desenvolvimento cognitivo permite ao indivíduo elaborar melhor questões abstratas e temporais (Brizio, Gabbatore, Tirassa, & Bosco, 2015). DeVogler e Ebersole (1983) foram os pioneiros no estudo do sentido de vida em adolescentes. Através de autorrelatos, no contexto norte-americano, investigaram o entendimento que jovens estudantes californianos de 13 e 14 anos possuíam sobre o

30 Parte I – Aspectos teóricos e conceituais da Psicologia Positiva

tema. Através de uma escrita simples, concreta e não defensiva, os adolescentes entendiam o sentido de vida por meio de noções similares aos dos adultos, que contemplavam ideias de: crenças (viver de acordo com suas ideias sociais, políticas e religiosas), crescimento (um esforço para desenvolver potenciais), saúde (manter a saúde física), obtenção (uma preferência puramente materialista), prazer (a felicidade, o contentamento e a vivência cotidiana), relacionamentos (interações com a família, amigos e pares românticos) e serviço (uma orientação para ajudar).

Três noções, porém, eram características desta fase do desenvolvimento e parecem pesar mais do que em outras etapas: atividades (lazer e *hobbies*), aparência (itens de identificação pessoal perante os outros) e escola (notas e avanço escolar). No caso, a última diz respeito a um papel referente à preparação para o posterior ingresso no mundo do trabalho, categoria que esteve ausente nos adolescentes e presente em faixas etárias posteriores.

Desde então, percebemos que os adolescentes possuem suas particularidades no que concerne ao entendimento do sentido de vida. Este pode ser um ponto central para uma transição de sucesso para a adultez, apesar do tema não ser tão estudado nesta etapa e em etapas anteriores do desenvolvimento. Por isso, é importante investigar a maneira como o construto é percebido pelos adolescentes, uma vez que assim podemos relacionar o tema ao percurso desenvolvimental e às características próprias dessa população.

Os estudos sobre o sentido de vida entre adolescentes, no entanto, também são realizados em contextos culturais diferentes do norte-americano, como veremos nos exemplos a seguir. Em 2007, Rathi e Rastogi investigaram se haveria diferenças na maneira como os jovens percebem o sentido de vida, comparando dois grupos: um de pré-adolescentes (entre 12 e 15 anos de idade) e um de adolescentes (entre 16 e 18 anos), oriundos de diferentes escolas públicas na Índia. Os pesquisadores não encontraram diferenças significativas na maneira como esses grupos percebiam o sentido de vida, sendo identificadas somente diferenças entre gêneros. De maneira geral, as meninas possuíam mais tendências para vincular esse construto aos relacionamentos, à autoaceitação, a um tratamento justo e intimidade. Essas características eram mais presentes entre as adolescentes, enquanto as pré-adolescentes valorizavam mais os relacionamentos, a realização e a autoaceitação.

Desta forma, observa-se que o gênero parece ser uma variável que, durante a adolescência, exerce influência importante, apesar de não serem encontradas diferenças nos níveis de sentido entre os sexos. No estudo de Brassai, Piko e Steger (2011), realizado na Romênia (sudeste europeu), também foram observadas diferenças entre meninos e meninas de 15 a 19 anos nas relações estabelecidas entre sentido de vida e comportamentos de saúde, embora esse tenha sido um fator protetivo para ambos os grupos. Nos meninos, o sentido de vida esteve relacionado ao menor uso de drogas e menor uso de sedativos, enquanto que, nas meninas, esteve associado a um menor beber problemático e realização de sexo desprotegido, e à falta de exercício e de controle na dieta. A partir

2 Sentido de vida ao longo do desenvolvimento humano **31**

desse estudo podemos perceber uma função que essa variável pode ter impacto positivo no desenvolvimento.

Da mesma forma, o sentido de vida impacta em variáveis psicológicas (Brassai, Piko, & Steger, 2011). Brouzos e Vassilopoulos (2016), em um estudo realizado com adolescentes gregos de diferentes realidades socioeconômicas, encontraram associações positivas entre sentido de vida e bem-estar subjetivo (que é composto pela percepção de afetos positivos, de afetos negativos e de satisfação de vida), e associações negativas entre sentido de vida e afeto negativo (que é um preditor de sintomas psicopatológicos). Nesse estudo, também se encontrou que as fontes de sentido de vida que mais contribuem para o bem-estar dos jovens são o tratamento justo (uma crença de que existe justiça na vida e nos relacionamentos) e a obtenção de realização (o que significa).

Entre os fatores que sabemos que influenciam nos níveis de sentido de vida e bem-estar psicológico, podemos citar o desenvolvimento pessoal, a família, o ambiente social, os relacionamentos, a educação, a orientação de carreira, o ano escolar e o gênero (Rathi & Rastogi, 2007). Dado o impacto que o construto pode ter no desenvolvimento positivo e saudável dos adolescentes, é relevante pensar também nas possibilidades oferecidas por intervenções que o promovam.

Apesar de serem escassos na literatura nacional estudos de intervenções para promoção de sentido da vida em adolescentes, sabe-se que existem indícios favoráveis às mesmas. Recentemente, Luz, Murta e Aquino (2017) realizaram uma intervenção com jovens brasileiros entre 15 e 17 anos cujos resultados sugeriram um aumento na percepção de sentido de vida, bem como uma diminuição de afetos negativos e uma existência de planos futuros específicos. Com adolescentes que compreenderam e se engajaram de forma positiva na intervenção obtiveram-se indicadores de evidências favoráveis à eficácia de intervenções do mesmo âmbito.

Dessa forma, considera-se o sentido nos jovens associado a variáveis positivas e a fatores protetivos de saúde, seja ela física ou mental, o que se percebe em estudos realizados em diferentes contextos culturais. Adolescentes que experienciam uma vida com mais significado também experienciam altos níveis de bem-estar subjetivo e psicológico (Brouzos & Vassilopoulos, 2016), sendo a saúde psicológica em si fortemente relacionada com o sentido de vida nesta e nas demais etapas da vida (Brassai, Piko, & Steger, 2011).

Sentido na vida adulta

De modo geral, a percepção de sentido de vida está associada a um maior bem-estar nos diferentes períodos da vida. No entanto, o sentido de vida se manifesta de formas diferentes de acordo com as etapas desenvolvimentais. Steger, Oishi e Kashdan (2009) realizaram um estudo sobre o sentido de vida ao longo do desenvolvimento, com 8.756 participantes de diferentes países (mais especificamente: 63,6% dos Estados Unidos; 13% do Reino Unido; 8,5% do Canadá; 7,3% da Austrália/Nova Zelândia;

3,4% de outros países europeus; 1% de países asiáticos; 0,7% de países da América Latina; 0,2% do Oriente Médio; e menos de 0,1% de países africanos). Estes participantes foram distribuídos em subgrupos conforme os estágios desenvolvimentais propostos por Erikson, considerando também o conceito de adultez emergente de Arnett (Arnett, 2000). O estudo demonstrou que durante a juventude (compreendendo a adultez emergente até a meia-idade), os indivíduos se concentram mais na *busca* por sentido, enquanto na velhice há uma maior *presença* de sentido. Na mesma direção, o estudo evidenciou que a busca de sentido tende a reduzir ao longo do desenvolvimento, enquanto, inversamente, a presença de sentido tende a aumentar. Ainda, os autores apontam que alta presença de sentido está associada a maior bem-estar e saúde mental (García-Alandete, Martínez, Nohales, & Lozano, 2018; Glaw, Kable, Hazelton, & Inder, 2017; Steger, 2018), enquanto alta busca está associada a maiores índices de ansiedade, afeto negativo e menor bem-estar (Yek, Olendzki, Kekecsz, Patterson, & Elkins, 2017).

Percebe-se que a busca por sentido não implica diretamente em sua presença, o que pode parecer paradoxal, mas que mostra-se coerente com as tarefas desenvolvimentais necessárias ao crescimento do indivíduo (Steger, Kashdan, Sullivan, & Lorentz, 2008). O adulto jovem e/ou do início da meia-idade encontra-se bastante envolvido na busca por realizações, tanto pessoais quanto profissionais. Ainda na adolescência, também surgem questionamentos mais profundos e críticos sobre a realidade, sobre a condição humana e sobre os valores recebidos pela cultura e família e os próprios valores individuais. Nesse sentido, pode-se dizer que o processo de "tornar-se adulto" é bastante marcado pelo processo de buscar sentido, em diferentes âmbitos da vida.

Já na velhice, espera-se que o adulto de outrora tenha desenvolvido uma maior percepção de sentido de vida ao longo dos anos, de modo que a presença de sentido torna-se mais saliente com o avanço da maturidade. Com a velhice é possível ao indivíduo ter certa percepção sobre sua história de vida, permitindo uma melhor compreensão de sua trajetória, o que agrega coerência à existência e leva à maior percepção de sentido na vida (George & Park, 2016).

Desde a transição da adolescência para a vida adulta, os indivíduos iniciam o processo de buscar metas pessoais mais amplas e ambiciosas, que desempenham um papel fundamental na construção de sua identidade. A transição para a universidade ou para o mundo do trabalho, por exemplo, são eventos que se associam a mudanças de perspectivas e de objetivos de vida. A busca por sentido, em meio a tais transições, torna-se importante, a fim de que os indivíduos se sintam congruentes com suas vidas e com os esforços exigidos, e não apenas levados pelas circunstâncias externas, literalmente, "sem um sentido" (Furlong, 2016).

A relação do indivíduo com os grupos sociais exerce grande influência nesse processo de transição e de busca por sentido. Silva, Aquino, Melo e Damásio (2008), por exemplo, realizaram um estudo com universitários brasileiros a fim de investigar

2 Sentido de vida ao longo do desenvolvimento humano **33**

a relação entre a integração social e o sentido de vida nessa etapa do desenvolvimento. Entre as instituições sociais incluídas no estudo, estão a família, os amigos, a igreja, o movimento estudantil e os partidos políticos. O estudo demonstrou que o sentimento de anomia está positivamente correlacionado com o desespero e o vazio existencial, talvez indicando um processo de desligamento das tradições e questionamento das normas sociais. E, apesar da tendência de maior engajamento político e de identificação com ideologias nesse período, a anomia também esteve positivamente correlacionada ao movimento estudantil, e a integração social esteve negativamente relacionada aos partidos políticos. Os autores argumentam que isso talvez seja reflexo das instabilidades políticas do Brasil, de modo que tais circunstâncias também podem trazer desafios para a busca de sentido e de identificação com os grupos sociais. Desse modo, é possível os indivíduos se voltarem, gradativamente, aos seus interesses e propósitos individuais, em detrimento dos coletivos.

Ao mesmo tempo, as instituições sociais que foram percebidas como de maior importância foram a família, os amigos, namorado(a) e a igreja. É possível que, apesar do processo de distanciamento e diferenciação com a família, esta instituição permaneça sendo importante para os indivíduos, especialmente conforme os indivíduos desenvolvem um equilíbrio entre o distanciamento e a aproximação com os pais e familiares. A relação com os amigos e parceiros também torna-se importante, pois são pessoas com as quais deliberaram por conviver de forma mais íntima e tendem a compartilhar propósitos e valores em comum. Já quanto à igreja, além de sua importância, essa também esteve negativamente relacionada ao desespero, ao vazio existencial e à anomia (Silva et al., 2008). Os autores afirmam que, por constituir sistemas de normas, valores e dogmas, essa instituição pode promover maior integração entre os seus membros, além de contribuir para que esses atribuam maior sentido às suas vidas, por exemplo, no que se refere às reflexões sobre a transcendência e a conexão a uma "causa maior".

O jovem adulto pode vir a passar também pelo ambiente universitário, o qual pode ser uma grande fonte de sentido ou não. O ambiente universitário pode ser percebido pelo jovem como um ambiente competitivo, de alta exigência, o que pode gerar muita ansiedade. Um estudo conduzido nos Estados Unidos apontou que estudantes universitários que experimentam mais afeto positivo em sua rotina tendem a apresentar maiores índices de sentido e menos sintomas depressivos, assim como aqueles que percebem o ambiente universitário como capaz de oferecer suporte à sua busca por sentido tendem a relatar maiores índices de presença de sentido (Machell et al., 2014; Shin & Steger, 2016). Por outro lado, estudantes que vivenciam mais afeto negativo e experiências sociais menos satisfatórias, e percebem o ambiente universitário como menos apoiador, apresentam maiores índices de depressão, ansiedade e menores escores de presença de sentido. Dessa forma, podemos perceber a importância que o ambiente universitário tem no desenvolvimento saudável deste jovem.

Destaca-se, porém, que a presença de sentido tem se mostrado um importante redutor de ansiedade e estresse, contribuindo para que o universitário possa lidar de

34 Parte I – Aspectos teóricos e conceituais da Psicologia Positiva

forma mais organizada com as novas demandas que enfrenta e o ambiente competitivo e, por vezes, não acolhedor que encontra na universidade (Crocker, Canevello, Breines, & Flynn, 2010; Schnell, Gerstner, & Krampe, 2018; Wang, Wu, & Gan, 2015). Presença de sentido também se mostra um importante fator para a decisão de carreira tomada pelo estudante, desempenhando o papel de auxiliar o mesmo neste processo de escolha profissional, aumentando a tolerância e a incerteza e diminuindo a ansiedade característica deste período (Duffy & Sedlacek, 2010; Miller & Rottinghaus, 2014).

Assim, podemos perceber o papel protetor que exerce o sentido de vida em relação à saúde mental dos estudantes universitários, prevenindo sintomas depressivos, ansiedade, estresse e contribuindo para que eles consigam organizar-se melhor em sua trajetória acadêmica. Perceber a vida como dotada de sentido oferece maior segurança em relação às decisões tomadas sobre a carreira e o futuro profissional desse jovem. Cabe destacar, então, que o ambiente da universidade gera impactos relevantes na percepção, busca e presença de sentido de vida do estudante.

A relação entre o sentido de vida e a adaptação social também pode variar de acordo com a cultura. Esta pode ser uma fonte importante de sentido de vida, fornecendo aos indivíduos uma rede complexa de signos e possibilidades, moldando suas identidades, hábitos, tradições e visões de mundo (Chao & Kasebir, 2013). Outra característica valiosa da cultura é ser capaz de conectar as pessoas com um sentimento de transcendência, através da conexão entre passado, presente e futuro. Ao conectar os indivíduos com algo maior que eles mesmos (como as tradições, hábitos e mesmo aspectos históricos de constituição de um povo), a cultura torna-se um recurso para a construção, inclusive, de valor de si mesmo. Ela agrega à existência a ideia transcendente de um legado, algo maior que o próprio indivíduo, algo da ordem coletiva. Dessa forma, é capaz de proporcionar esperança ao oferecer às pessoas a possibilidade de conceber o mundo e a existência como transcendente e duradouro (Chao & Kasebir, 2013).

Considerando tais aspectos, Steger, Kawabata, Shimai e Otake (2008), por exemplo, pesquisaram o sentido de vida em indivíduos norte-americanos e japoneses. O estudo demonstrou que os americanos, inseridos em uma cultura que valoriza independência, demonstram maior presença de sentido na vida adulta do que os japoneses, que estão inseridos em uma cultura que valoriza a interdependência. Os japoneses, por outro lado, demonstram uma maior busca de sentido. Esses dados podem ser interpretados, por exemplo, como uma indicação de que os americanos sejam mais estimulados a buscar realização em conquistas objetivas (e. g., relacionadas à carreira) e, portanto, acabam por perceber maior sentido em suas vidas ao conquistá-las. Já os japoneses podem ser mais estimulados a transcender a si próprios e buscar propósitos que vão além dos seus próprios (e. g., relacionados à família, comunidade ou religião), de modo que demonstram-se mais inclinados à busca de sentido enquanto um processo constante. Em ambas as culturas, porém, o sentido de vida esteve associado ao maior bem-estar dos indivíduos.

2 Sentido de vida ao longo do desenvolvimento humano **35**

A busca por realizações e conquistas mais objetivas é bastante valorizada em países ocidentais e desempenham um fator importante para a atribuição de sentido na vida. A realização existencial está inversamente relacionada ao desespero e ideações suicidas (Silva et al., 2008), de modo que a busca por realização torna-se importante para a saúde mental dos indivíduos. A busca por metas e objetivos pessoais contribui fundamentalmente para a percepção de sentido, especialmente quando são orientados por valores e propósitos relevantes (Emmons, 2003).

Na vida adulta, tal realização está intimamente associada à carreira e à adaptação ao mundo do trabalho. A Psicologia Positiva contribuiu muito para que, atualmente, o sentido de vida seja levado em consideração no campo da orientação profissional e do planejamento de carreira (Dik et al., 2014). Os papéis desempenhados no trabalho constituem um domínio no qual o indivíduo pode vivenciar e externalizar suas forças e virtudes, buscando seus propósitos e construindo sentido de vida (Dik & Duffy, 2012). Dik et al. (2014), no entanto, comentam sobre uma diferença existente entre o sentido *no* trabalho e o sentido *do* trabalho. Por exemplo, uma pessoa pode julgar que seu trabalho é desestimulante e não tem sentido ou relevância por si (i. e., não percebe sentido *no* trabalho), mas pode perceber claramente que há um sentido maior no ato de trabalhar e no significado que esse emprego atual pode ter em sua trajetória de vida (i. e., percebe o sentido *do* trabalho). Em ambas as situações, contudo, é evidente a centralidade do trabalho na percepção de sentido durante a vida adulta, seja como meio para busca de sentido, ou como sendo a própria fonte de sentido.

Conforme os indivíduos se aproximam da meia-idade, tendem a desenvolver uma maior necessidade de generatividade e encontrar sentido no exercício desses anseios. Para Erikson (1971), a generatividade consiste no anseio por guiar as próximas gerações, por exemplo, transmitindo seus conhecimentos para os mais jovens. A generatividade não necessariamente implica ter filhos, ainda que essa seja uma forma na qual a generatividade tradicionalmente se manifesta. Além do papel de pai ou mãe, a generatividade também pode ser exercida através do auxílio aos mais jovens, formal ou informal, ou mesmo pelo engajamento em causas políticas. A seguir, será abordado como a generatividade e demais fatores se relacionam ao sentido de vida na velhice.

Sentido de vida na velhice

O exercício da generatividade é importante para um envelhecimento saudável e pode ser uma das formas de revisar as experiências de vida e perceber um senso de unidade e coerência em sua história pessoal (Hofer et al., 2014). Hofer et al. (2014) realizaram uma pesquisa sobre a generatividade na velhice, com 856 participantes, de idade acima de 60 anos, de quatro culturas diferentes (camaroneses, tchecos, alemães e chineses de Hong Kong). O estudo demonstrou que uma postura positiva sobre a generatividade contribui para a percepção de sentido de vida, uma vez que os indivíduos se engajam em objetivos e metas relacionados a essa generatividade. Dessa forma, essa

36 Parte I – Aspectos teóricos e conceituais da Psicologia Positiva

se torna um meio de manter a pessoa idosa ativa, interagindo socialmente, sentindo-se valorizada e com mais bem-estar.

Solinge e Henkens (2018) destacam que a geração de *baby boomers* (i. e., nascidos até a metade dos anos de 1960) estão, atualmente, aproximando-se do período de aposentadoria. Contudo, essa geração desfruta de uma qualidade de vida superior às gerações que a antecederam, de modo que a aposentadoria se torna uma oportunidade para explorar novos papéis sociais e se engajar em atividades que talvez não foram possíveis em outras épocas da vida. Em um estudo realizado com 6.800 trabalhadores *baby boomers*, Solinge e Henkens (2018) identificaram que o sentido que atribuem à aposentadoria, em geral, é o de um período para relaxamento e expansão de experiências. Embora essas expectativas pareçam comuns na atualidade, essa forma de vivenciar a aposentadoria e a velhice contrasta com uma realidade não tão distante, na qual a terceira idade era associada apenas ao adoecimento e a estados de humor negativos.

Vimos que, ao se aproximarem da velhice, os indivíduos tendem a reduzir a busca por sentido, que dá espaço a uma maior presença de sentido (Steger et al., 2014). Nesta etapa da vida, as preocupações voltam-se mais para o momento presente e para a revisão do passado, em contraste com a orientação para o futuro que caracteriza as etapas anteriores. Ao invés dos projetos ambiciosos, a pessoa idosa tende a encontrar sentido na própria forma de conduzir a vida, no aqui-agora. Uns dos motivos que podem contribuir para essa percepção de sentido, mais associada ao estilo de vida e ao cotidiano, é o declínio gradativo da capacidade física e a perda de pessoas próximas ou da mesma geração. Perceber a sua própria finitude e a das pessoas que participaram de suas vidas pode contribuir para que os indivíduos passem a valorizar mais os pequenos momentos da vida e os hábitos prazerosos que ainda lhes são possíveis.

No entanto, o sentido de vida na velhice também está intimamente associado às ideias dos indivíduos sobre a morte. As intensas reflexões sobre a iminência da própria morte foram justamente o ponto de partida para as concepções de Viktor Frankl sobre o sentido da vida. Apesar de muitas controvérsias, profissionais da área da saúde trabalham atualmente com o conceito de uma "boa morte", entendida como a forma menos estressante possível de morrer, considerando o impacto da morte para os indivíduos e para suas famílias e/ou cuidadores (Meier et al., 2016). Além disso, a "boa morte" refere-se aos valores culturais e religiosos em questão, que influenciam, por exemplo, na forma com que os indivíduos pensam sobre a morte e as preferências por ritos específicos a serem realizados após a morte. Em resumo, preparar-se para uma "boa morte" pode ser uma forma dos indivíduos se conectarem com os valores profundos, que lhe dão sentido à vida, geralmente associados à autotranscendência (com ou sem conotação religiosa).

O sentido de vida é um elemento importante do *coping* religioso (Krok, 2014), que é entendido como uma estratégia de enfrentamento relacionada às crenças e práticas religiosas do indivíduo (Abu-Raiya & Pargament, 2015). O *coping* religioso pode se basear nos ensinamentos e práticas das diferentes tradições religiosas e espiritualistas. Essas cosmovisões por vezes oferecem maneiras para o indivíduo lidar com o sofrimento e o medo associado à morte ou ao adoecimento, conectando-se a um sentido maior, de acordo com as crenças em questão. Em uma fase do desenvolvimento em que as preocupações com a morte são mais esperadas e frequentes, tais crenças podem ter uma função positiva para os indivíduos. A presença de sentido e o *coping* religioso positivo estão associados a maior bem-estar (Krok, 2014), e é possível que aqueles que adotem uma visão de mundo religiosa/espiritualista possam experimentar maior bem-estar durante essa fase final da vida.

Cabe considerar que tanto ter contato com alguma religião quanto exercer alguma prática voltada à espiritualidade são importantes fontes de sentido (McDonald, Wong, & Gingras, 2012; Park, 2013). Inclusive, a religião e a espiritualidade têm como principal função cultural fornecer sentido a uma existência, especialmente em meio a mudanças drásticas (George & Park, 2017).

Desta forma, espiritualidade e religião têm sido avaliadas como relevantes para a construção tanto da saúde física quanto psíquica dos indivíduos e um indicador de saúde mental populacional (George, Larson, Koenig, & Mccullough, 2000; Zimmer et al., 2016). Ou seja, de modo geral, pessoas que relatam algum tipo de prática religiosa ou espiritual tendem a ter maiores índices de sentido de vida. A presença de sentido parece funcionar como um mediador entre religiosidade, bem-estar e saúde mental, podendo ser um fator protetivo contra o estresse em pacientes idosos (Bernard et al., 2017; Steger & Frazier, 2005). Assim, há indicativos de que espiritualidade e religiosidade aumentam a percepção de sentido de vida e diminuem sintomas severos de depressão, ansiedade, estresse e vazio existencial em idosos (Bamonti et al., 2016).

Considerações finais

Por fim, podemos observar que tanto a presença quanto a busca por sentido exercem um papel importante para o desenvolvimento saudável dos indivíduos ao longo de sua trajetória de vida. Perceber a vida como dotada de sentido influencia as experiências cotidianas dos indivíduos e sua saúde mental, levando-os a apresentar maior ou menor bem-estar, sentirem-se mais seguros em suas escolhas, compreendendo sua história.

Busca e presença de sentido acompanham o indivíduo desde sua adolescência até sua velhice e, possivelmente, sua morte. É esta possibilidade de construir uma jornada com sentido que permite que o indivíduo floresça ao longo da mesma, buscando deixar sua marca no mundo. O desenvolvimento saudável assume a necessidade do crescimento como uma jornada de busca e presença de sentido, incluindo significados e a necessidade de transcendência que guiam o ser humano através de uma rede infinita de possibilidades e conexões chamada cultura. É nesta trama que o indivíduo se desenvolve, circulando por diversos papéis, assumindo lugares e posições diferentes em cada contexto, mas unindo-os em sua narrativa em busca de coerência e na tentativa infinita de construção de significado para sua existência.

Referências

Abu-Raiya, H., & Pargament, K. I. (2015). Religious coping among diverse religions: Commonalities and divergences. *Psychology of Religion and Spirituality, 7*(1), 24-33.

Arnett, J. J. (2000). Emerging adulthood: A theory of development from the late teens through the twenties. *American Psychologist, 55*, 469-480.

Baumeister, R. F., & Vohs, K. D. (2002). The pursuit of meaningfulness in life. In C. R. Snyder & S. J. Lopez (eds.). *Handbook of positive psychology* (pp. 608-628). Oxford University Press.

Bernard, M., Strasser, F., Gamondi, C., Braunschweig, G., Forster, M., Kaspers-Elekes, K., & Smile Consortium Team (2017). Relationship Between Spirituality, Meaning in Life, Psychological Distress, Wish for Hastened Death, and Their Influence on Quality of Life in Palliative Care Patients. *Journal of Pain and Symptom Management, 54*(4), 514-522. https://doi.org/10.1016/j.jpainsymman.2017.07.019

Brassai, L., Piko , B. F., & Steger, M. F. (2011). Meaning in Life: Is It a Protective Factor for Adolescents' Psychological Health? *International Journal of Behavioral Medicine, 18*(1), 44-51.

Brouzos, A., & Vassilopoulos, S. P. (2016). Adolescents' subjective and psychological well-being: The role of meaning in life. *Hellenic Journal of Psychology, 13*(3), 153-169.

Chao, M. M., & Kesebir, P. (2013). Culture: The grand web of meaning. *The experience of meaning in life* (pp. 317-331). Springer.

Crocker, J., Canevello, A., Breines, J. G., & Flynn, H. (2010). Interpersonal goals and change in anxiety and dysphoria in first-semester college students. *Journal of Personality and Social Psychology, 98*(6), 1.009-1.024. https://doi.org/10.1037/a0019400

DeVogler, K. L., & Ebersole, P. (1983). Young Adolescents' Meaning in Life. *Psychological Reports, 52*(2), 427-431.

Dik, B. J., & Duffy, R. D. (2012). *Make your job a calling: How the psychology of vocation can change your life at work.* Templeton Press.

Dik, B. J., Duffy, R. D., Allan, B. A., O'Donnell, M. B., Shim, Y., & Steger, M. F. (2014). Purpose and Meaning in Career Development Applications. *The Counseling Psychologist, 43*(4), 558-585.

Duffy, R. D., & Sedlacek, W. E. (2010). The Salience of a Career Calling Among College Students: Exploring Group Differences and Links to Religiousness, Life Meaning, and Life Satisfaction. *The Career Development Quarterly, 59*(1), 27-41. https://doi.org/10.1002/j.2161-0045.2010.tb00128.x

Erikson, E. H. (1971). *Infância e sociedade.* Zahar.

Emmons, R. A. (2003). Personal goals, life meaning, and virtue: Wellsprings of a positive life. In C. L. M. Keyes & J. Haidt (eds.). *Flourishing: Positive psychology and the life well-lived* (pp. 105-128). American Psychological Association.

Frankl, V. E. (2011). *A vontade de sentido: fundamentos e aplicações da Logoterapia*. Paulus.

Frankl, V. E. (2006). *Em busca de sentido: um psicólogo no campo de concentração*. Vozes.

Furlong, A. (ed.) (2016). *Routledge handbook of youth and young adulthood*. Taylor & Francis. https://doi.org/10.4324/978131575308

García-Alandete, J., Rosa Martínez, E., Sellés Nohales, P.; & Soucase Lozano., B. (2018). Meaning in Life and Psychological Well-Being in Spanish Emerging Adults. *Acta Colombiana de Psicología, 21*(1), 196-205. https://https://doi.org/10.14718/ACP.2018.21.1.9

Glaw, X., Kable, A., Hazelton, M., & Inder, K. (2017). Meaning in life and meaning of life in mental health care: An integrative literature review. *Issues in Mental Health Nursing, 38*(3), 243-252.

George, L. B., Larson, D., Koenig, H., & Mccullough, M. (2000). Spirituality and Health: What We Know, What We Need to Know. *Journal of Social and Clinical Psychology, 19*, 102-116. https://doi.org/10.1521/jscp.2000.19.1.102

George, L. S., & Park, C. L. (2017). Does spirituality confer meaning in life among heart failure patients and cancer survivors? *Psychology of Religion and Spirituality, 9*(1), 131-136. https://doi.org/10.1037/rel0000103

George, L. S., & Park, C. L. (2016). Meaning in Life as Comprehension, Purpose, and Mattering: Toward Integration and New Research Questions. *Review of General Psychology, 20*(3), 205-220. https://doi.org/10.1037/gpr0000077

Hofer J., Busch, H., Au, A., Poláčková Šolcová, I., Tavel, P., & Tsien Wong, T. (2014). For the benefit of others: Generativity and meaning in life in the elderly in four cultures. *Psychology and Aging, 29*(4), 764-775.

Jurica J., Barenz J., Shim Y., Graham K., & Steger M. F. (2014). Ultimate Concerns from Existential and Positive Psychological Perspectives. In A. Batthyany, & P. Russo-Netzer (eds.). *Meaning in Positive and Existential Psychology* (pp. 115-128). Springer.

Krok, D. (2014). The Role of Meaning in Life Within the Relations of Religious Coping and Psychological Well-Being. *Journal of Religion and Health, 54*(6), 2.292-2.308. https://doi.org/10.1007/s10943-014-9983-3

Luz, J. M., Murta, S. G., & Aquino, T. A. (2017). Avaliação de resultados e processo de uma intervenção para promoção de sentido da vida em adolescentes. *Trends in Psychology, 25*(4), 1.795-1.811.

Machell, K., Kashdan, T., Short, J., & Nezlek, J. (2014). Relationships Between Meaning in Life, Social and Achievement Events, and Positive and Negative Affect in Daily Life. *Journal of Personality, 83*, 287-298. https://doi.org/10.1111/jopy.12103

McDonald, M., Wong, P., & T. Gingras, D. (2012). Meaning-in-Life Measures and Development of a Brief Version of the Personal Meaning Profile. *The Human Quest for Meaning: A Handbook of Psychological Research and Clinical Applications* (pp. 357-381). Routledge.

Meier, E. A., Gallegos, J. V., Thomas, L. P. M., Depp, C. A., Irwin, S. A., & Jeste, D. V. (2016). Defining a good death (successfull dying): Literature review and a call for research and public dialogue. *American Journal of Geriatric Psychiatry, 24*(4), 261-271.

Miller, A. D., & Rottinghaus, P. J. (2014). Career Indecision, Meaning in Life, and Anxiety: An Existential Framework. *Journal of Career Assessment, 22*(2), 233-247. https://doi.org/10.1177/1069072713493763

Park, C. L. (2013). The Meaning Making Model: A framework for understanding meaning, spirituality, and stress-related growth in health psychology. *The European Health Psychologist, 15*(2), 40-47.

Rathi, N., & Rastogi, R. (2007). Meaning in Life and Psychological Well-Being in Pre-Adolescents and Adolescents. *Journal of the Indian Academy of Applied Psychology, 33*(1), 31-38.

Santos, D. M. B. (2016). Logoterapia: Compreendendo a teoria através de mapa de conceitos. *Arquivos Brasileiros de Psicologia, 68*(2), 128-142.

Schnell, T., Gerstner, R., & Krampe, H. (2018). Crisis of meaning predicts suicidality in youth independently of depression. *Crisis: The Journal of Crisis Intervention and Suicide Prevention, 39*(4), 294-303. https://doi.org/10.1027/0227-5910/a000503

Seligman, M. E. P. (2011). *Florescer: uma nova compreensão sobre a natureza da felicidade e do bem-estar*. Objetiva.

Seligman, M. E. P. (2002). *Authentic happiness: Using the new Positive Psychology to realize your potential for lasting fulfillment*. Nicholas Brealey Publishing.

Shin, J. Y., & Steger, M. F. (2014). Promoting meaning and purpose in life. *The Wiley Blackwell handbook of positive psychological interventions* (pp. 90-110). https://doi.org/10.1002/9781118315927.ch5

Silva, J. P., Aquino, T. A. A., Melo, S. A., & Damásio, B. F. (2008). Integração social e sentido de vida em estudantes universitários brasileiros. *Revista Fórum Identidades, 2*(4), 121-129.

Solinge, H. V., & Henkens, K. (2018). The meaning of retirement – How late career baby boomers envision their retirement. *Innovation in Aging, 2*(1), 585-586.

Steger, M. F. (2018). Meaning and well-being. In E. Diener, S. Oishi, & L. Tay (eds.). *Handbook of well-being* (pp. 1-10). DEF.

Steger, M. F., & Frazier, P. (2005). Meaning in Life: One Link in the Chain From Religiousness to Well-Being. *Journal of Counseling Psychology, 52*(4), 574-582. https://doi.org/10.1037/0022-0167.52.4.574

Steger, M., Kashdan, T. B., Sullivan, B. A., & Lorentz, D. (2008). Understanding the Search for Meaning in Life: Personality, Cognitive Style, and the Dynamic Between Seeking and Experiencing Meaning. *Journal of Personality 76*(2), 199-228.

Steger, M. F., Kawabata, Y., Shimai, S., & Otake, K. (2008). The meaningful life in Japan and the United States: Levels and correlates of meaning in life. *Journal of Research in Personality, 42*, 660-678.

Steger, M. F., Oishi, S., & Kashdan, T. B. (2009). Meaning in life across the life span: Levels and correlates of meaning in life from emerging adulthood to older adulthood. *Journal of Positive Psychology, 4*(1), 43-52.

Wang, Y., Wu, X.-Y., & Gan, Y.-Q. (2015). Effect of search for meaning and perspective change on depression in college students: A mediated moderation model. *Chinese Mental Health Journal, 29*(11), 858-863.

Yek, M. H., Olendzki, N., Kekecs, Z., Patterson, V., & Elkins, G. (2017). Presence of meaning in life and search for meaning in life and relationship to health anxiety. *Psychological Reports, 120*(3), 383-390. https://doi.org/10.1177/0033294117697084

Zimmer, Z., Jagger, C., Chiu, C.-T., Ofstedal, M. B., Rojo, F., & Saito, Y. (2016). Spirituality, religiosity, aging and health in global perspective: A review. *SSM – Population Health, 2*, 373-381. https://doi.org/10.1016/j.ssmph.2016.04.009

3
Covitalidade
Compreendendo a saúde mental
positiva de adolescentes

CARLA REGINA SANTOS ALMEIDA
CLAUDIA HOFHEINZ GIACOMONI

Já se questionou se as suas qualidades (ou forças) são independentes umas das outras? Por exemplo, acreditar que é capaz de desempenhar uma tarefa pode aumentar as chances de persistir ao se deparar com um obstáculo? Se sim, quais as consequências dessa interação para a saúde mental? Este capítulo apresenta um modelo de saúde socioemocional de adolescentes que investiga essas questões por meio de um conceito denominado "covitalidade". Além de explicar o modelo, será apresentado um instrumento baseado nele, o *Social and Emotional Health Survey*.

A covitalidade como um conceito-chave na Psicologia Positiva

Desde o surgimento da Psicologia Positiva, tem-se pesquisado com maior frequência os recursos psicológicos positivos. Muito já se tem avançado sobre traços e recursos específicos, suas relações e seus impactos para a saúde mental. Entretanto, nos últimos anos, mostra-se uma demanda por modelos teóricos mais complexos e intervenções que considerem um conjunto de variáveis positivas. Nesta direção, tem-se investido no conceito de covitalidade. Apontada como uma anti-imagem da comorbidade, refere-se à observação de que traços positivos tendem a coexistir em indivíduos (Weiss, King, & Enns, 2002; Weiss & Luciano, 2015).

O termo foi proposto por Weiss et al. (2002) ao observarem traços de personalidade e bem-estar em chimpanzés. Um dos objetivos do estudo era investigar se dominância e bem-estar estavam geneticamente correlacionados. Para tanto, cuidadores em um zoológico avaliaram 128 chimpanzés, por meio de questionários baseados em observação do comportamento, além de terem sido realizadas análises genéticas. Os pesquisadores perceberam que os mesmos genes afetavam os dois construtos. A partir disso, fizeram um paralelo com a comorbidade e, em sentido oposto, sugeriram o termo "covitalidade".

3 Covitalidade – Compreendendo a saúde mental positiva de adolescentes **43**

Um grupo de pesquisadores da Universidade da Califórnia, liderados por Michael Furlong, aplicou esse conceito à Psicologia Escolar. Compreendendo a demanda de adotar uma abordagem que não focasse apenas em patologias e comportamentos disfuncionais, propuseram modelos de recursos psicossociais positivos que contribuem para desfechos desejáveis, como bom desempenho acadêmico e menores taxas de sintomas de depressão.

Especificamente, definiram a covitalidade como a co-ocorrência de recursos positivos que interagem resultando em um efeito sinérgico na saúde mental (Furlong, You, Renshaw, Smith, & O'Malley, 2014). Ou seja, recursos psicológicos, como autoeficácia e persistência, que tendem a contribuir para o bem-estar. Após análises de dados oriundos de *surveys* amplamente aplicados em escolas da Califórnia, os recursos que mais contribuem para o bem-estar subjetivo dos estudantes foram elencados. Os modelos e os instrumentos que os investigam em crianças, adolescentes e universitários têm sido adaptados para diversos países, como Reino Unido, Lituânia, Japão e Espanha. Trataremos especificamente do modelo direcionado a adolescentes, aqui considerados como os indivíduos com idades entre 12 e 18 anos.

Bases teóricas e empíricas

Embora seja um modelo essencialmente empírico de base cognitiva, é importante compreender as bases teóricas e os movimentos nos quais se fundamenta. A seguir, estão listadas as influências mais marcantes na elaboração do modelo.

Modelo bidimensional da saúde mental

Tradicionalmente foi dominante, na área da saúde, uma visão patogênica, em que a saúde seria o resultado da ausência de doenças. Entretanto, essa é uma abordagem que apresenta limitações e foi sendo substituída pelo foco na prevenção. Hoje, as ciências da saúde têm se encaminhado para a adoção de uma abordagem mais completa, na qual há uma preocupação com a prevenção e o tratamento de doenças, mas também um investimento em promoção de saúde (Keyes, 2007).

Na Psicologia, evidências têm direcionado para a compreensão de que adoecimento e saúde mental não são dicotômicos, sendo encontradas correlações apenas moderadas entre ambos (Keyes, 2007). Assim, não seriam polos opostos do mesmo *continuum*, mas dimensões diferentes, embora correlacionadas. Não apresentar um transtorno não garante que o indivíduo tenha altos índices de bem-estar subjetivo. Diante disso, boas estratégias para investir na saúde mental devem considerar dois polos: (1) prevenir e tratar aspectos disfuncionais e (2) promover o florescimento das pessoas (Keyes, 2007). Para Keyes e Haidt (2003), o florescimento refere-se a uma condição em que há um desenvolvimento biopsicossocial pleno e saudável.

44 Parte I – Aspectos teóricos e conceituais da Psicologia Positiva

Psicologia Positiva

Na direção de investigar o que proporciona saúde mental e promover recursos, surgiu o movimento científico da Psicologia Positiva. Esta resgata os objetivos de identificar e nutrir potencialidades, a fim de melhorar a qualidade de vida (Seligman & Csikszentmihalyi, 2000). Essas metas foram deixadas de lado após a Segunda Guerra Mundial, quando a Psicologia se voltou para o tratamento de patologias. A retomada do interesse por aquilo que contribui para o florescimento permite uma compreensão mais completa do ser humano, atentando também para as potencialidades do indivíduo.

Dentre as suas contribuições, destaca-se a oferecida à área escolar. O movimento propõe que a escola não seja um local de desenvolvimento apenas de habilidades cognitivas e acadêmicas, mas também esteja preocupada com o bem-estar dos alunos (Seligman, Ernst, Guilham, Reivich, & Linkins, 2009). Assim, é um local propício para avaliar traços positivos e promover intervenções que visem ao bem-estar e ao aperfeiçoamento das habilidades socioemocionais.

Desenvolvimento Positivo de Jovens

Outra fonte para o trabalho dos psicólogos escolares da Califórnia é o *Positive Youth Development* (Desenvolvimento Positivo de Jovens, em português). Esta perspectiva é caracterizada por uma abordagem baseada em forças, entendendo a adolescência como um período que não é necessariamente problemático (Lerner, Almerigi, Theokas, & Lerner, 2005). Nesta fase, os jovens podem desenvolver-se satisfatoriamente em todos os domínios (pessoal, social, acadêmico) e oferecer contribuições para as suas comunidades caso estabeleçam relações positivas e mutuamente benéficas com pessoas e instituições. Assim, profissionais e pesquisadores desse campo buscam compreender e promover desfechos positivos para o desenvolvimento de adolescentes (Leman, Smith, Petersen, & SRCD Ethnic-Racial Issues and International Committees, 2017).

Essa perspectiva está ancorada em estudos que demonstram a plasticidade, ou seja, potencial para uma mudança sistemática ao longo do desenvolvimento, além da possibilidade de otimizar essa mudança a partir do contexto. Além disso, é coerente com um entendimento de saúde menos focado em doenças, mas que investe, primariamente, em prevenção (Lerner et al., 2005). Tem ainda uma forte influência da teoria bioecológica de Bronfenbrenner, considerando os diversos contextos em que o adolescente está inserido (Leman et al., 2017).

Aprendizagem socioemocional

Uma das formas de promover o desenvolvimento positivo de jovens é por meio da aprendizagem socioemocional. O termo foi cunhado em um encontro de pesquisadores, educadores e interessados no desenvolvimento infantil ocorrido no Fetzer Institute

(EUA), em 1994 (Weissberg, Durlak, Domitrovich, & Gullotta, 2015). A aprendizagem socioemocional (*Social and Emotional Learning* – SEL) é uma abordagem que busca promover as competências sociais, emocionais e acadêmicas de jovens e desenvolver programas de intervenção direcionados à escola, à família e à comunidade (Elias et al., 1997). Os objetivos consistem, ainda, em investir na cidadania e prevenir e reduzir problemas de saúde geral e mental.

A partir dos encontros no Fetzer Institute, foi criada a Collaborative for Academic, Social, and Emotional Learning (CASEL), organização cuja missão é auxiliar na inserção da SEL na educação escolar, baseando-se em evidências científicas (Weissberg & Cascarino, 2013). Visando a orientar os estudos e programas em SEL, a CASEL sugere cinco domínios de competências como fundamentais para o desenvolvimento positivo de jovens: (1) autoconsciência, referente à compreensão dos próprios objetivos pessoais, valores e emoções; (2) autogerenciamento, que abrange habilidades e atitudes que facilitam a autorregulação emocional e comportamental; (3) consciência social, que abrange habilidades de tomada de perspectiva, que permitem experienciar empatia e compaixão; (4) habilidades de relacionamento, que permitem estabelecer e manter relações saudáveis e agir de acordo com as normas sociais; e (5) tomada de decisão responsável, que se refere a conhecimentos, habilidades e atitudes que levam a escolhas construtivas tanto em relação ao comportamento individual quanto a interações sociais (Weissberg et al., 2015).

Teoria unificada do desenvolvimento

Nota-se, na construção do modelo da covitalidade, uma influência direta das propostas de Arnold Sameroff. Pesquisador contemporâneo da área do desenvolvimento, Sameroff propôs uma teoria unificada do desenvolvimento. Esta se baseia na ideia de que é fundamental articular aspectos individuais e contextuais para compreender trajetórias desenvolvimentais (Sameroff, 2010). Para o autor, a Psicologia do Desenvolvimento deve abarcar pelo menos quatro modelos: (a) mudança pessoal, que investiga a progressão de competências ao longo do ciclo vital; (b) contextual, que analisa as fontes de experiências que interferem positiva ou negativamente no desenvolvimento da pessoa; (c) modelo de regulação, abrangendo sistemas dinâmicos de interação entre indivíduo e contexto; e (d) representacional, relacionado às experiências do aqui-e-agora individuais e como são representadas cognitivamente (Sameroff, 2010).

Estudos sobre resiliência

A resiliência é a capacidade humana de obter sucesso apesar de adversidades ou ameaças à adaptação ou ao desenvolvimento (Masten, 2001). O interesse em estudá-la emergiu com a Segunda Guerra Mundial, momento em que os pesquisadores atentaram para as crianças que foram afetadas pelo conflito. Questionaram-se: o que diferenciava os indivíduos que conseguiam reestruturar-se após a guerra daqueles que não conseguiam? Para identificar os fatores importantes nessa distinção, os pesquisadores debruçaram-se sobre teorias sobre desenvolvimento humano, estudos clínicos e de diferenças individuais (Masten, 2014).

Com o avanço das pesquisas, a resiliência passou a ser compreendida enquanto um processo fortemente influenciado por variáveis contextuais, ao invés de vista como uma habilidade inerente ao indivíduo (Masten, 2001). O processo é complexo e envolve tanto fatores internos (cognitivos e de personalidade) quanto fatores protetivos externos, como o suporte social. Nesta perspectiva processual, há a abordagem de recursos cumulativos, na qual Furlong et al. (2014) inspiraram-se. Quanto mais recursos internos e externos, maiores as chances de o indivíduo ser resiliente diante de determinada adversidade (Masten & Reed, 2002).

California Healthy Kids Survey

O modelo de saúde socioemocional teve como base empírica análises do *Resilience Youth Development Module* (RYDM; Benard, & Slade, 2009; Hanson & Kim, 2007), componente do *California Healthy Kids Survey* (CHKS). Coordenado pelo Departamento de Educação da Califórnia, o CHKS foi desenvolvido no final da década de 1990 e é aplicado anualmente em escolas. O *survey* consiste em um questionário de autorrelato que investiga a percepção do ambiente escolar e fatores de risco e de proteção dos estudantes. Seu módulo sobre resiliência busca acessar recursos internos e ambientais vinculados a um desenvolvimento positivo (Hanson & Kim, 2007).

Indicadores de covitalidade

A partir das bases conceituais e empíricas já citadas, Furlong et al. (2014) propuseram um modelo de saúde socioemocional que converge para a covitalidade, levando a maiores níveis de bem-estar subjetivo. Parte-se do pressuposto de que a combinação de recursos tem efeito cumulativo e potencializador. Por exemplo, um adolescente empático e grato tende a estabelecer relações interpessoais mais significativas. Consequentemente, é esperado que tenha maior suporte social.

O modelo possui 12 recursos, que possuem evidências de contribuição para o bem-estar. Esses indicadores se agrupam em quatro domínios (crença em si, crença em outros, competência emocional e vida engajada), que convergem em outra variável latente: a covitalidade (Fig. 1). Cada um dos indicadores é descrito a seguir.

a) Crença em si

O primeiro domínio refere-se à autopercepção e ao senso geral de competência pessoal, sendo composto por:

Autoconsciência: Processo de perceber aspectos do *self*, tanto privados quanto públicos (Abrams & Brown, 1989). Isso ocorre quando o indivíduo foca a atenção em si mesmo, observando suas ações e seus pensamentos. A autoconsciência impacta positivamente no bem-estar subjetivo de jovens (Ciarrochi, Kashdan, Leeson, Heaven, & Jordan, 2011).

Persistência: Perseverança com objetivos de longo prazo. Engloba o trabalho intenso direcionado a desafios e a manutenção de esforços e interesses apesar das adversidades (Duckworth, Peterson, Matthews, & Kelly, 2007). É vista como um facilitador do sucesso escolar (Tough, 2012).

Figura 1 – Componentes do modelo de saúde socioemocional para adolescentes e seus domínios

Autoeficácia: Mecanismo de agência pessoal relacionado à crença do indivíduo em sua capacidade para exercer controle sobre o seu nível de funcionamento e as demandas ambientais (Bandura, 1977). Uma das bases para a motivação, a autoeficácia contribui para o bem-estar dos indivíduos (Bandura, Barbaranelli, Capara, & Pastorelli, 1996) ao aumentar a satisfação com diversas áreas da vida.

48 Parte I – Aspectos teóricos e conceituais da Psicologia Positiva

b) *Crença em outros*

Refere-se a processos de trocas com colegas, professores ou familiares que auxiliam no desenvolvimento de padrões comportamentais, cognições e valores (Farmer & Farmer, 1996). Os estudos sobre resiliência em jovens têm indicado que o suporte de outras pessoas constitui um importante fator de proteção nessa etapa da vida. Por exemplo, professores podem criar climas escolares de empoderamento que favorecem os processos de resiliência (Benard & Slade, 2009). Com o apoio de terceiros, os jovens podem desenvolver suas capacidades, atingindo desfechos desenvolvimentais positivos.

c) *Competência emocional*

A competência emocional diz respeito a habilidades necessárias para lidar com as demandas do contexto social, incluindo respostas emocionais (Saarni, 1999). Dentre as habilidades, pode-se mencionar a consciência dos próprios estados emocionais, a percepção dos estados emocionais de outros e utilizar a autorregulação como estratégia de *coping* (Saarni, 2000). Esse conjunto contribui para que a pessoa alcance seus objetivos, lide com desafios, maneje emoções, discrimine o que os pares sentem e responda coerentemente e reconheça como a comunicação emocional e a autoapresentação afetam os relacionamentos interpessoais (Saarni, 1999).

Na adolescência, o desenvolvimento cognitivo tem impacto nas experiências emocionais, permitindo o reconhecimento de emoções mais complexas e múltiplas em si e nos outros. Além disso, os multideterminantes das emoções são melhor percebidos (Rosenblum & Lewis, 2006). No modelo proposto por Furlong et al. (2014), são consideradas as seguintes habilidades:

Regulação emocional: Habilidade de regular respostas emocionais (Bandura, 1999), expressando emoções positivas e monitorando as negativas (Fry et al., 2012).

Empatia: Habilidades afetivas e cognitivas para notar e considerar estados emocionais de outras pessoas (Garaigordobil, 2004).

Regulação comportamental: Capacidade de acessar opções comportamentais alternativas mesmo em situações estressantes (Hofer, Busch, & Kartner, 2011).

d) *Vida engajada*

Formado por construtos oriundos da Psicologia Positiva, esse domínio avalia como o indivíduo aborda a vida e percebe os eventos. Abrange:

Otimismo: O grau em que uma pessoa possui expectativas positivas para o futuro, percebendo metas de vida como atingíveis (Utsey, Hook, Fischer, & Belvet, 2008). Tem como base teórica o otimismo disposicional (Scheier & Carver, 1985), ou seja, uma tendência estável a acreditar que coisas boas acontecerão. Portanto, mesmo diante de adversidades, otimistas tendem a ser mais persistentes e confiantes. Como consequência de suas expectativas, tendem a vivenciar mais afetos positivos (Carver & Scheier, 2002).

Entusiasmo: Abordar a vida com entusiasmo e energia. Esse vigor, que constitui uma das forças de caráter, tem sido relacionado a maior satisfação de vida, bem como a menos sintomas internalizantes (Park & Peterson, 2006).

Gratidão: Sensação de agradecimento que surge ao receber algum benefício, seja ele material ou não (Emmons, 2007). Por exemplo, uma pessoa pode sentir-se grata ao encontrar alguém ou ao entrar em contato com a natureza. Estudos têm apontado correlações positivas entre gratidão e afetos positivos, satisfação de vida, percepção do suporte social e desempenho acadêmico (Froh et al., 2011).

Tanto os recursos isoladamente (para uma revisão, cf. Rebelez, 2015) quanto a covitalidade (e. g., Boman, Mergler, & Pennell, 2017; Furlong et al., 2014) apresentam correlações positivas com o bem-estar subjetivo e o desempenho acadêmico, e negativas com depressão e uso de álcool e outras drogas. Tais correlações oferecem evidências de validade da covitalidade como um indicador útil da saúde mental de jovens, sendo interessante mensurá-la.

Social and Emotional Health Survey – Secondary (SEHS-S): Um instrumento para a avaliação de recursos psicológicos

Para investigar aspectos positivos da saúde mental de jovens no contexto escolar a partir do modelo descrito, foi desenvolvido o *Social and Emotional Health Survey – Secondary* (SEHS-S), que é uma modificação e extensão do *Resilience Youth Development Module* (Furlong et al., 2014). O instrumento é composto por 12 subescalas, que representam recursos psicológicos que contribuem para a manutenção do bem-estar subjetivo. Estes agrupam-se em quatro domínios, referentes aos domínios de saúde socioemocional (crença em si, crença em outros, competência emocional, vida engajada). Por sua vez, os domínios compõem um traço latente denominado covitalidade.

Para criar as subescalas, foram utilizados o RYDM e outras escalas que já apresentavam evidências de validade (Tabela 1). A fim de manter um instrumento breve e facilitar a aplicação em larga escala, optou-se por selecionar os três itens que melhor representaram cada construto. A seleção ocorreu por meio de revisões de literatura e, quando não havia dados suficientes disponíveis, inclusão de todos os itens da subescala na versão inicial para posterior seleção daqueles com maiores cargas fatoriais. Ao final do processo, 36 itens compuseram o instrumento, que apresentou alta fidedignidade (α=0,92) (Furlong et al., 2014).

50 Parte I – Aspectos teóricos e conceituais da Psicologia Positiva

Tabela 1 – *Domínios e origens dos itens do SEHS-S*

Domínios	Indicador de covitalidade	Origem dos itens
Crença em si	Autoconsciência	*Resilience Youth Developmental Module* (RYDM; Hanson, & Kim, 2007)
	Persistência	*Persistence Scale for Children* (Lufi & Cohen, 1987)
	Autoeficácia	RYDM (Hanson & Kim, 2007)
Crença em outros	Suporte escolar	RYDM (Hanson & Kim, 2007)
	Suporte dos pares	RYDM (Hanson & Kim, 2007)
	Suporte familiar	*Family Functioning Scales* (Bloom, 1985)
Competência emocional	Regulação emocional	Versão para estudantes do *Behavioral Emotional Rating Scale* – Bers (Furlong, Sharkey, Boman, & Caldwell, 2007)
	Empatia	RYDM (Hanson & Kim, 2007)
	Regulação comportamental	*Child Self-Control Rating Scale* – CSCRS (Rohrbeck, Azar, & Wagner, 1991)
Vida engajada	Gratidão	*Gratitude Adjective Checklist* – GAC (Froh, Yurkewicz, & Kashdan, 2009)
	Entusiasmo	*Mood measure for adolescents* (Terry, Lane, Lane, & Keohane, 1999)
	Otimismo	*Youth Life Orientation Test* – YLOT (Ey et al., 2005)

O SEHS-S foi adaptado para diversas culturas (Lee, You, & Furlong, 2015; Ito, Smith, You, Shimoda, & Furlong, 2015; Telef & Furlong, 2016), apresentando boa consistência interna (Tabela 2), além de resultados adequados nas análises fatoriais e de invariância entre os gêneros e diferentes grupos socioculturais norte-americanos. Boas propriedades psicométricas também foram encontradas na versão brasileira: o Questionário de Saúde Socioemocional – Ensino Fundamental e Médio (Almeida, 2019; Almeida, Castillo, & Giacomoni, 2019).

Tabela 2 – *Fidedignidade das versões do SEHS-S*

Referência	País	Alfa de Cronbach para o SEHS-S
Furlong et al. (2014) – original	Estados Unidos	0,92
Lee, You, & Furlong (2015)	Coreia do Sul	0,94
Ito, Smith, You, Shimoda, & Furlong (2015)	Japão	0,93
Telef & Furlong (2016)	Turquia	0,89

As potencialidades do instrumento são demonstradas pelas evidências de que a co-vitalidade está associada a maior bem-estar subjetivo e menos sintomas de depressão. Essas relações foram testadas em um estudo realizado por Pennell, Boman e Mergler

3 Covitalidade – Compreendendo a saúde mental positiva de adolescentes **51**

(2015) com 361 estudantes australianos (M=14,1 anos, DP=1,3; 79% do sexo feminino). Ao testar modelos de regressão, os pesquisadores notaram relações negativas entre cada um dos quatro componentes e sintomas de depressão. Também foram encontradas relações positivas com o bem-estar subjetivo. Este teve 47% da sua variância explicada pela covitalidade, ao passo que a depressão teve 25% da variância associada ao construto.

Aplicações do SEHS-S

O SEHS insere-se no movimento da avaliação baseada em forças, que é a mensuração de traços, habilidades e comportamentos que contribuem para desfechos desenvolvimentais positivos (Epstein & Sharma, 1998). Há uma tendência, nas últimas décadas, de incluir recursos psicológicos na avaliação. Essa prática oferece novos caminhos ao planejar a intervenção quando aliada à avaliação tradicional de transtornos e comportamentos disfuncionais. Portanto, pode ser um dos instrumentos utilizados para realizar uma avaliação da saúde mental baseada no modelo bidimensional.

Utilizando o SEHS-S como um dos instrumentos, Moffa, Dowdy e Furlong (2016) verificaram, em escolas da Califórnia, se a realização de *screening* baseado no modelo bidimensional da saúde mental ajudaria na predição do bem-estar um ano após a avaliação. Os resultados do estudo longitudinal apontaram que a satisfação de vida e os sintomas de estresse explicaram juntos 27% da variância da variável desfecho na amostra. *Screenings* dos quais o SEHS-S faz parte também são descritos por Dowdy et al. (2015) e Moore et al. (2015).

Apesar de ser recente, há relatos da sua utilidade para avaliar intervenções. Dougherty e Sharkey (2017) buscaram verificar, em escolas da Califórnia, a efetividade do *Reconnecting Youth*, um programa para redução do uso de drogas e do estresse e aumento da *performance* escolar por meio do treinamento de habilidades e do suporte social. Para tanto, empregaram um delineamento quase experimental, no qual o instrumento de *screening* da saúde mental positiva foi aplicado tanto ao grupo-controle quanto ao experimental em dois momentos: pré e pós-intervenção.

Outros modelos de *Social and Emotional Health*

Antes da versão para adolescentes, foi elaborado um instrumento para crianças (Furlong, You, Renshaw, O'Malley, & Rebelez, 2013). Inicialmente denominado *Positive Experiences at School Scale*, hoje é conhecido como *Social and Emotional Health Survey – Primary* (SEHS-P). A escala pressupõe que estes quatro construtos são relevantes para um bom funcionamento psicológico: gratidão, entusiasmo, otimismo e persistência. A covitalidade, fator de segunda ordem em que os construtos se agruparam, foi um forte preditor de indicadores positivos, como engajamento em comportamentos pró-sociais e relações de cuidado (Furlong et al., 2013).

Em 2016, devido ao aumento dos estudos com o SEHS-P e o SEHS-S, Furlong, You, Shishim e Dowdy publicaram a versão do instrumento para universitários: *Social and Emotional Health Survey – Higher Education* (SEHS-HE). Assim como o SEHS-S, é composto por 12 construtos, agrupados em quatro domínios: crença em si, crença em outros, competência emocional e vida engajada. Embora sejam muitos semelhantes, as versões para adolescentes e universitários apresentam diferenças nos componentes da competência emocional. Para ser coerente com as demandas da nova fase, "regulação emocional" foi substituída por "reavaliação cognitiva" e "regulação comportamental" foi denominada "autorregulação" (para detalhes, cf. Furlong et al., 2016). Com esta escala, a covitalidade também foi preditora do bem-estar subjetivo dos estudantes.

Conclusão

Compreender forças e potencialidades de jovens permite elaborar estratégias mais eficazes para um desenvolvimento social, emocional e acadêmico saudável, nutrindo esses recursos pessoais (Huebner, Gilman, & Furlong, 2009). Além disso, propor e testar modelos holísticos para o funcionamento psicológico atual do indivíduo embasa a elaboração de explicações e predições sobre o desenvolvimento saudável (Magnusson & Mahoney, 2003). Um local propício para avaliar as forças de adolescentes e as estimular por meio de intervenções é a escola. Nesse sentido, o modelo de saúde socioemocional e o SEHS-S surgem como recursos que podem auxiliar nessas práticas. Há evidências de que o instrumento é útil para pensar e planejar formas de fomentar o bem-estar e o desenvolvimento positivo dos estudantes. Instrumentos de *screening* são também fundamentais para avaliar programas de intervenção, mensurando seus impactos nas variáveis-desfecho. Assim, psicólogos escolares podem aprimorar sua atuação ao considerar os aspectos positivos da saúde mental e as interações entre os recursos psicológicos.

Referências

Abrams, D., & Brown, R. (1989). Self-Consciousness and social identity: Self-regulation as a group member. *Social Psychology Quarterly, 52*, 311-318. https://doi:10.2307/2786994

Almeida, C. R. S. (2019). *Modelo de saúde socioemocional: Avaliação da saúde mental positiva em adolescentes*. Dissertação de Mestrado, Universidade Federal do Rio Grande do Sul.

Almeida, C. R. S., Castillo, S. A. L., & Giacomoni, C. H. (2019). Adaptação e evidências de validade do Social and Emotional Health Survey-Secondary para o português brasileiro [artigo submetido].

Bandura, A. (1999). Social cognitive theory of personality. In L. Pervin, & O. John (eds.). *Handbook of personality: Theory and research* (2nd ed., pp. 154-196). Guilford.

Bandura, A. (1977). Self-efficacy: Toward a unifying theory of behavioral change. *Psychological Review, 84*(2), 191-215. https://doi:10.1037/0033-295X.84.2.191

Bandura, A., Barbaranelli, C., Capara, G. V., & Pastorelli, C. (1996). Multifaceted impact of self-efficacy beliefs on academic functioning. *Child Development, 67*, 1.206-1.222. https://doi:10.2307/1131888

Benard, B., & Slade, S. (2009). Listening to students: Moving from resilience research to youth development practice and school connectedness. In R. Gilman, E. S. Huebner, & M. J. Furlong (eds.). *Handbook of positive psychology in the schools* (pp. 353-370). Routledge.

Bloom, B. L. (1985). A factor analysis of self-report measures of family functioning. *Family Process, 24*(2), 225-239. https://doi: 10.1111/j.1545-5300.1985.00225.x

Boman, P., Mergler, A., & Pennell, D. (2017). The effects of covitality on well-being and depression in Australian high school adolescents. *Clinical Psychiatry, 3*(2:15), 1-4. https://doi:10.21767/2471-9854.100046

Carver, C. S., & Scheier, M. F. (2002). Optimism. In C. R. Snyder, & S. J. Lopez (eds.). *Handbook of positive psychology* (pp. 231-243). Oxford University Press.

Ciarrochi, J., Kashdan, T. B., Leeson, P., Heaven, P., & Jordan, C. (2011). On being aware and accepting: A one-year longitudinal study into adolescent well-being. *Journal of Adolescence, 34*, 695-703. https://doi:10.1016/j.adolescence.2010.09.003

Dougherty, D., & Sharkey, J. (2017). Reconnecting Youth: Promoting emotional competence and social support to improve academic achievement. *Children and Youth Services Review, 74*, 28-34. https://doi:10.1016/j.childyouth.2017.01.021

Dowdy, E., Furlong, M., Raines, T. C., Bovery, B., Kauffman, B., Kamphaus, R. W., ... & Murdock, J. (2015). Enhancing school-based mental health services with a preventive and promotive approach to universal screening for complete mental health. *Journal of Educational and Psychological Consultation, 25*, 178-197. https://doi: 10.1080/10474412.2014.929951

Duckworth, A. L., Peterson, C., Matthews, M. D., & Kelly, D. R. (2007). Grit: Perseverance and passion for long-term goals. *Personality Processes and Individual Differences, 92*, 1.087-1.101. https://doi:10.1037/0022-3514.92.6.1087

Elias, M. J., Zins, J. E., Weissberg, R. P., Frey, K. S., Greenberg, M. T., Haynes, N. M., ... & Shriver, T. P. (1997). *Promoting social and emotional learning: Guidelines for educators.* Association for Supervision and Curriculum Development.

Emmons, R. A. (2007). *Thanks!: How the new science of gratitude can make you happier.* Houghton-Mifflin.

Epstein, M. H., & Sharma, J. (1998). *The Behavior and Emotional Rating Scale: A strength, based approach to assessment.* PRO-ED.

Ey, S., Hadley, W., Allen, D. N., Palmer, S., Klosky, J., Deptula, D., & Cohen, R. (2005). A new measure of children's optimism and pessimism: The Youth Life Orientation Test. *Journal of Child Psychology and Psychiatry, 46*, 548-558. https://doi:10.1111/j.1469-7610.2004.00372.x

Farmer, T. W., & Farmer, E. (1996). Social relationships of students with exceptionalities in mainstream classrooms: Social networks and homophily. *Exceptional Children, 62*, 431-450. https://doi:10.1007/s10803-010-1076-x

Froh, J. J., Fan, J., Emmons, R. A., Bono, G., Huebner, E. S., & Watkins, P. (2011). Measuring gratitude in youth: Assessing the psychometric properties of adult gratitude scales in children and adolescents. *Psychological Assessment, 23*, 311-324. https://doi:10.1037/a0021590

Froh, J. J., Yurkewicz, C., & Kashdan, T. B. (2009). Gratitude and subjective well-being in early adolescence: Examining gender differences. *Journal of Adolescence, 32*, 633-650. https://doi:10.1016/j.adolescence.2008.06.006

Fry, M. D., Guivernau, M., Kim, M. S., Newton, M., Gano-Overway, L. A., & Magyar, T. M. (2012). Youth perceptions of a caring climate, emotional regulation, and psychological well-being. *Sport, Exercise, and Performance Psychology, 1*, 44-57. https://doi:10.1037/a0025454

Furlong, M. J., Sharkey, J. D., Boman, P., & Caldwell, R. (2007). Cross-validation of the Behavioral and Emotional Rating Scale-2 Youth Version: An exploration of strength-based latent traits. *Journal of Child and Family Studies, 16*(5), 696-711. https://doi:10.1007/s10826-006-9117-y

Furlong, M. J., You, S., Renshaw, T. L., O'Malley, M. D., & Rebelez, J. (2013). Preliminary development of the Positive Experiences at School Scale for elementary school children. *Child Indicators Research, 6*, 753-775. https://doi:10.1007/s12187-013-9193-7

Furlong, M. J., You, S., Renshaw, T. L., Smith, D. C., & O'Malley, M. D. (2014). Preliminary development and validation of the Social and Emotional Health Survey for secondary school students. *Social Indicators Research, 117*(3), 1.011-1.032. https://doi:10.1007/s11205-013-0373-0

Furlong, M. J., You, S., Shishim, M., & Dowdy, E. (2016). Development and validation of the Social Emotional Health Survey – Higher Education Version. *Applied Research in Quality of Life, 12*(2), 343-367. https://doi:10.1007/s11482-016-9464-9

Garaigordobil, M. (2004). Effects of a psychological intervention on factors of emotional development during adolescence. *European Journal of Psychological Assessment, 20*(1), 66-80. https://doi:10.1027/1015-5759.20.1.66

Hanson, T. L., & Kim, J. O. (2007). *Measuring resilience and youth development: The psychometric properties of the Healthy Kids Survey* (Issues & Answers Report, REL 2007/n. 034). U.S. Department of Education/Institute of Education Sciences/National Center for Education Evaluation and Regional Assistance/Regional Educational Laboratory West [Recuperado de http://ies.ed.gov/ncee/edlabs].

Hofer, J., Busch, H., & Kartner, J. (2011). Self-regulation and well-being: The influence of identity and motives. *European Journal of Personality, 25*, 211-224. https://doi:10.1002/per.789

Huebner, E. S., Gilman, R., & Furlong, M. J. (2009). A conceptual model for research in positive psychology in children and youth. In R. Gilman, E. S. Huebner, & M. J. Furlong (eds.). *Handbook of positive psychology in schools* (pp. 3-8). Routledge.

Ito, A., Smith, D. C., You, S., Shimoda, Y., & Furlong, M. J. (2015). Validation and utility of the social emotional health survey – Secondary for Japanese students. *Contemporary School Psychology, 4*(19), 243-252. https://doi:10.1007/s40688-015-0068-4

Keyes, C. L. M. (2007). Promoting and protecting mental health as flourishing: A complementary strategy for improving national mental health. *American Psychologist, 62*, 95-108. https://doi:10.1037/0003-066X.62.2.95

Keyes, C. L. M., & Haidt, J. (2003). *Flourishing: Positive psychology and the life well lived.* American Psychological Association.

Lee, S. Y., You, S., & Furlong, M. J. (2015). Validation of the Social Emotional Health Survey – Secondary for Korean Students. *Child Indicators Research, 9*, 73-92. https://doi:10.1007/s12187-014-9294-y

Leman, P., Smith, E. P., Petersen, A. C., & SRCD Ethnic-Racial Issues and International Committees (2017). Introduction to the special section of Child Development on positive youth development in diverse and global contexts. *Child Development, 88*(4), 1.039-1.044. https://doi:10.1111/cdev.12860

Lerner, R. M., Almerigi, J. B., Theokas, C., & Lerner, J. V. (2005). Positive youth development: A view of the issues. *Journal of Early Adolescence, 25*(1), 10-16. https://doi:10.1177/0272431604273211

Lufi, D., & Cohen, A. (1987). A scale for measuring persistence in children. *Journal of Personality Assessment, 51*, 178-185. https://doi:10.1207/s15327752jpa5102_2

Magnusson, D. & Mahoney, J. L. (2003). A holistic person approach for research on positive development. In L. G. Aspinwall & U. M. Staudinger (eds.). *A psychology of human strengths: Fundamental questions and future directions for a positive psychology* (pp. 227-243). American Psychological Association.

Masten, A. S. (2001). Ordinary magic: Resilience processes in development. *American Psychologist, 56*(3), 227-238. https://doi:10.1037/0003-066X.56.3.227

Masten, A. S. (2014). Global perspectives on resilience in children and youth. *Child Development, 85*(1), 6-20. https://doi:10.1111/cdev.12205

Masten, A. S., & Reed, M. G. J. (2002). "Resilience in development". In C. R. Snyder, & S. J. Lopez (eds.). *Handbook of positive psychology* (pp. 74-88). Oxford University Press.

Moffa, K., Dowdy, E., & Furlong, M. J. (2016). Exploring the Contributions of School Belonging to Complete Mental Health Screening. *The Educational and Developmental Psychologist, 33*(1), 16-32. https://doi:10.1017/edp.2016.8

Moore, S. A., Widales-Benitez, O., Carnazzo, K. W., Kim, E. K., Moffa, K., & Dowdy, E. (2015). Conducting universal complete mental health screening via student self-report. *Contemporary School Psychology, 19*(4), 253-267. https://doi:10.1007/s40688-015-0062-x

Park, N., & Peterson, C. (2006). Moral competence and character strengths among adolescents: The development and validation of the Values in Action Inventory of Strengths for Youth. *Journal of Adolescence, 29*, 891-909. https://doi:10.1016/j.adolescence.2006.04.01

56 Parte I – Aspectos teóricos e conceituais da Psicologia Positiva

Pennell, C., Boman, P., & Mergler, A. (2015). Covitality constructs as predictors of psychological well-being and depression for secondary school students. *Contemporary School Psychology, 19*(4), 276-285. https://doi:10.1007/s40688-015-0067-5

Rebelez, J. L. (2015). *Capturing complete mental health among adolescents: Investigation of latent class typologies of covitality.* Tese de Doutorado, University of California [Recuperado de https://www.alexandria.ucsb.edu/lib/ark:/48907/f3bv7dsf].

Rohrbeck, C. A., Azar, S. T., & Wagner, P. E. (1991). Child Self-Control Rating Scale: Validation of a child self-report measure. *Journal of Clinical Child and Adolescent Psychology, 20,* 179-183. https://doi:10.1207/s15374424jccp2002_9

Rosenblum, G. D., & Lewis, M. (2003). Emotional development in adolescence. In G. R. Adams, & M. D. Berzonsky (eds.). *Blackwell handbook of adolescence* (pp. 269-289). Blackwell Publishing.

Saarni, C. (2000). Emotional competence: A developmental perspective. In R. Bar-On & J. D. Parker (eds.). *The handbook of emotional intelligence: Theory, development, assessment, and application at home, school, and in the workplace* (pp. 68-91). Jossey-Bass.

Saarni, C. (1999). *The development of emotional competence.* Guilford Press.

Sameroff, A. (2010). A unified theory of development: A dialectic integration of nature and nurture. *Child Development, 81*(1), 6-22. https://doi:10.1111/j.1467-8624.2009.01378.x

Scheier, M. F., & Carver, C. S. (1985). Optimism, coping, and health: Assessment and implications of generalized outcome expectancies. *Health Psychology, 4*(3), 219-247. https://doi:10.1037/0278-6133.4.3.219

Seligman, M. E., & Csikszentmihalyi, M. (2000). Positive psychology: An introduction. *American Psychological Association, 55*(1), 5-14. https://doi:10.1037/0003-066X.55.1.5

Seligman, M. E., Ernst, R. M., Gillham, J., Reivich, K., & Linkins, M. (2009). Positive education: Positive psychology and classroom interventions. *Oxford Review of Education, 35*(3), 293-311. https://doi:10.1080/03054980902934563

Telef, B. B., & Furlong, M. J. (2016). Adaptation and validation of the Social and Emotional Health Survey – Secondary into Turkish culture. *International Journal of School & Educational Psychology,* 1-11. https://doi: 10.1080/21683603.2016.1234988

Terry, P. C., Lane, A. M., Lane, H. J., & Keohane, L. (1999). Development and validation of a mood measure for adolescents. *Journal of Sports Sciences, 17,* 861-872. https://doi:10.1080/026404199365425

Tough, P. (2012). *How children succeed: Grit, curiosity, and the hidden power of character.* Houghton Mifflin Harcourt.

Utsey, S. O., Hook, J. N., Fischer, N., & Belvet, B. (2008). Cultural orientation, ego resilience, and optimism as predictors of subjective well-being in African Americans. *The Journal of Positive Psychology, 3*(3), 202-210. https://doi:10.1080/17439760801999610

Weiss, A., King, J. E., & Enns, R. M. (2002). Subjective well-being is heritable and genetically correlated with dominance in chimpanzees (Pan trogolodytes). *Journal of Personality and Social Psychology, 83*, 1.141-1.149. https://doi:10.1037/0022-3514.83.5.1141

Weiss, A., & Luciano, M. (2015). The genetics and evolution of covitality. In A. Weiss (ed.). *Genetics of psychological well-being: The role of heritability and genetics in positive psychology* (pp. 146-160). Oxford University Press.

Weissberg, R. P., & Cascarino, J. (2013). Academic learning + social-emotional learning = national priority. *Phi Delta Kappan, 95*(2), 8-13.

Weissberg, R. P., Durlak, J. A., Domitrovich, C. E., & Gullotta, T. P. (2015). Social and emotional learning: Past, present, and future. In J. A. Durlak, C. E. Domitrovich, R. P. Weissberg, & T. P. Gullotta (eds.). *Handbook for social and emotional learning: Research and practice* (pp. 3-19). Guilford.

Dicas de sites:

Collaborative for Academic, Social, and Emotional Learning (Casel) [Disponível em www.casel.org].

Projeto CoVitality [Disponível em http://www.project-covitality.info – http://michaelfurlong.info/research/covitality.html].

4
Criatividade
Crenças criativas e implicações para a Psicologia Positiva

ISABELA MENEZES OLIVEIRA
CLARISSA PINTO PIZARRO FREITAS
MARCO ANTÔNIO PEREIRA TEIXEIRA

Sabe-se que o século XXI é marcado por um contexto dinâmico, instável, em que as pessoas precisam estar mais preparadas a lidar com mudanças. Isto faz com que as características pessoais positivas sejam valorizadas, pois elas facilitam a adaptação dos indivíduos a situações de maior incerteza. Nesta perspectiva, a Psicologia Positiva, fundada como um campo de estudo a partir do final da década de 1990 (Seligman & Csikszentmihalyi, 2000), tem contribuído no avanço do conhecimento e identificação e compreensão das características pessoais positivas que podem contribuir ao desenvolvimento ótimo dos indivíduos (Gruber, Kogan, Quoidbach, & Mauss, 2013; Keyes & Haidt, 2003) e uma vida mais saudável (Gelkopf, Bergera, Bleicha, & Silverf, 2012).

O estabelecimento da Psicologia Positiva como um campo de estudo específico origina-se da necessidade de serem investigados os aspectos saudáveis do ser humano (Paludo & Koller, 2007; Snyder & Lopez, 2009). A Psicologia Positiva possui três pilares: as características pessoais positivas, as experiências e os afetos positivos e as instituições e as comunidades positivas (Snyder & Lopez, 2009). O presente capítulo centra-se nas características pessoais positivas, uma vez que essas assumem um papel central no processo de adaptação dos indivíduos em diferentes contextos, na busca por novas trajetórias de vida, desenvolvimento de competências acadêmicas, no trabalho e no desenvolvimento positivo da adolescência à idade adulta (Bartley & Robitschek, 2000; Luyckx & Robitschek, 2014). De um modo geral, estas características contribuem para os indivíduos vivenciarem maiores índices de bem-estar (Hutz, Midgett, Pacico, Bastianello, & Zanon, 2014; Zhao, Wang, & Kong, 2014) e possuírem uma vida saudável (Gelkopf et al., 2012).

As características pessoais positivas podem ser compreendidas como as habilidades e avaliações positivas do indivíduo sobre sua capacidade em controlar e produzir um impacto sobre seu ambiente. Estes recursos são intrínsecos, caracterizam-se como dimensões independentes, os quais não são fixos, podem ser desenvolvidos e são influenciados por mudanças no ambiente (Seligman & Csikszentmihalyi, 2000).

4 Criatividade – Crenças criativas e implicações para a Psicologia Positiva **59**

Muitos estudos têm buscado investigar as características pessoais positivas que favoreçam o desenvolvimento dos estudantes desde a educação infantil até a universidade, para que estejam mais preparados para a construção de suas trajetórias de vida e trabalho (Baer, 2017; Bartley & Robitschek, 2000; Lai & Viering, 2012; Luyckx & Robitschek, 2014). Entre as características positivas que contribuem para o desenvolvimento ótimo, as habilidades relacionadas à criatividade têm sido identificadas como importantes promotores de bem-estar e fatores que contribuem ao desenvolvimento de novas habilidades, contribuindo para a adaptação a diferentes contextos (Barnes, 2015; Moore & Russ, 2008; Tamannaeifar & Motaghedifard, 2014).

A criatividade se destaca como uma habilidade de alta importância para o desenvolvimento acadêmico e profissional (Baer, 2017; Lai & Viering, 2012; National Research Council, 2012). Países que investem em criatividade também são os que apresentam maiores índices de igualdade social e levam em conta aspectos como tolerância, talento e tecnologia (Florida, Mellander, & King, 2015). Países mais criativos tendem a ter indivíduos mais tolerantes em relação à diversidade étnica e de gênero, a registrarem mais patentes, terem mais atitudes empreendedoras, investirem em inovação e desenvolvimento humano (Florida et al., 2015). Esta habilidade, então, está associada a desfechos positivos tanto para o indivíduo quanto para a sociedade (Poon, Au, Tong, & Lau, 2014).

A criatividade é definida como a geração de produtos novos, úteis e adequados ao contexto (Hennessey & Amabile, 2010; Simonton, 2015; Kozbelt, Begetto, & Runco, 2010). Na Psicologia, os primeiros estudos sobre a criatividade datam dos anos de 1950, quando J. P. Guilford, à época presidente da American Psychological Association (APA), alertou para a necessidade de estudar a criatividade e diferenciá-la de outros fenômenos, como a inteligência (Kozbelt et al., 2010). De lá para cá, a criatividade tem sido um fenômeno interpretado por diferentes abordagens teóricas (Baer, 2017; Kozbelt et al., 2010). Para a Psicologia Positiva, ela tem sido estudada a partir da ênfase em processos cognitivos, como crenças e estilos de pensamentos caracterizados por diferenças individuais (Simonton, 2015).

Nas últimas duas décadas, o estudo das crenças referentes à criatividade tem recebido destaque. As pesquisas sobre criatividade que enfocam nesta perspectiva relatam evidências de que as crenças desempenham um papel significativo na expressão e exercício da criatividade (Karwowski & Barbot, 2016). A criatividade é um fenômeno multidimensional que recebe influência de aspectos individuais, cognitivos e contextuais. As crenças são apenas um aspecto deste fenômeno, mas que podem influenciar a propensão dos indivíduos a se engajarem em comportamentos de expressão criativa (Karwowski & Lebuda, 2016).

As crenças que têm sido mais estudadas na literatura são a autoeficácia criativa, a metacognição criativa e a identidade criativa (Karwowski & Lebuda, 2017). Algumas pesquisas nessa perspectiva dão suporte à relação entre metacognição e criatividade em contextos educacionais, destacando a importância dessas habilidades para desfechos

60 Parte I – Aspectos teóricos e conceituais da Psicologia Positiva

positivos em relação à criatividade e ao desenvolvimento de outras habilidades que favoreçam a aprendizagem no contexto universitário (e. g., Puryear, 2015).

Dada a complexidade em entender a criatividade em sua totalidade, os modelos sobre criatividade podem focar em aspectos diferentes desse construto (Kozbelt et al., 2010). Dessa forma, observa-se que as teorias sobre criatividade são agrupadas de acordo com a ênfase que fornecem sobre a criatividade pelo modelo dos 4Ps (pessoa (*person*), processo (*process*), produto (*product*) e lugar (*place*) (Kozbelt et al., 2010; Rhodes, 1962; Runco, 2004). Além do enfoque do estudo da criatividade, avaliada por meio dos 4Ps, sugere-se que a criatividade também seja avaliada em relação ao seu nível de notoriedade. Este seria o modelo dos 4Cs, classificando a relevância das teorias nas categorias *"mini-c"*, *"little-c"*, *"pro-c"* e *"big-c"*.

Ao observar a relevância das diferentes facetas da criatividade como uma característica pessoal positiva, este capítulo objetiva apresentar conceitualmente três crenças criativas: autoeficácia criativa, metacognição criativa e identidade criativa. Para isso, serão apresentados os modelos dos 4Ps e 4Cs e, posteriormente, a partir das definições das crenças criativas, discutir como a investigação destas crenças pode ser útil na compreensão da criatividade dos indivíduos.

Avaliação da criatividade por meio do modelo 4Ps e do modelo 4Cs

O modelo dos 4Ps é uma metateoria proposta por Rhodes (1962) e Runco (2004) que organizam as teorias da criatividade a partir de quatro enfoques: pessoa (*person*), processo (*process*), produto (*product*) e lugar (*place*). Estes autores indicam dificuldades para medir a criatividade como um traço geral das diferenças individuais. A falta de consenso em relação a como a criatividade é medida é justificada pelas diferentes formas em que ela pode se manifestar: podemos avaliar a criatividade levando em consideração os processos cognitivos, as caracterizações das pessoas criativas, em relação aos produtos gerados e aos lugares propícios para exercê-la (Runco, 2014).

A categorização das teorias sobre criatividade no modelo dos 4Ps é útil para observar sistematicamente o enfoque de cada abordagem sobre o construto. O nível da pessoa (*person*) busca entender como os aspectos mais rígidos (i. e., identidade e traços de personalidade) interferem na criatividade. Já o nível processo (*process*) visa a estudar o papel das crenças, processos cognitivos e habilidades que estão envolvidos no modo em que a criatividade é manifestada. O produto (*product*) é a *performance* criativa em geral levando em consideração o julgamento do contexto em que a pessoa desenvolve e aplica sua criatividade. Por fim, o lugar (*place*) objetiva entender as relações que o ambiente tem sob a *performance* criativa dos indivíduos (Kozbelt et. al., 2010).

Kozbelt et al. (2010), ao descreverem as teorias sobre criatividade, mapearam mais de dez categorias que propunham aspectos diferentes de investigação da criatividade, diferenciando-as quanto à ênfase dos 4Ps. Alguns modelos se preocupam com focos específicos da criatividade, investigando exclusivamente aspectos relacionados à pessoa, ao processo ou ao produto; outras teorias abarcam a pessoa e o processo de forma interativa, mas ainda nesses casos haverá um foco predominante em uma dessas dimensões (Beghetto & Kaufman, 2010; Kozbelt et al., 2010).

Por exemplo, a teoria dos sistemas de Mihalyi Csikszentmihalyi enfatiza a avaliação de um produto criativo como consequência dos processos e do contexto (Beghetto & Kaufman, 2010), mas em geral avalia apenas os produtos criativos que causam algum impacto no grupo em que está inserido. Outras teorias, como o modelo componencial, estão mais preocupadas com o trajeto de desenvolvimento da criatividade, enfatizando mais as pessoas e os processos, e dão um viés mais sociológico à interpretação do fenômeno (Beghetto & Kaufman, 2010). O modelo dos 4Cs se diferencia de outras abordagens que até então avaliavam a criatividade de forma dicotomizada (*little-c* ou *big-c*), pois as avaliações das habilidades criativas eram centradas apenas na relevância contextual. Essa divisão dicotômica (*little-c* ou *big-c*) ignorava que os níveis de criatividade podem ser modificados pelas crenças que as pessoas têm da importância dos seus comportamentos criativos no contexto.

O modelo dos 4Cs organiza a criatividade em função de sua magnitude e reforça que os indivíduos percebem a relevância dos seus produtos criativos influenciados pelas crenças que possuem de si referentes à criatividade. O modelo 4Cs propõe que a notoriedade dos produtos seja classificada nas categorias "*mini-c*", "*little-c*", "*pro-c*" e "*big-c*" (Beghetto & Kaufman, 2009). Essas quatro categorias subdividem a criatividade por níveis de notoriedade na população, mas indicando que o primeiro estágio para o exercício da criatividade se inicia no pensamento individual e que muitos pensamentos criativos podem ficar restritos às ideias de cada pessoa, sem necessariamente alcançarem uma grande relevância para o contexto, mas ainda assim serem importantes (Beghetto & Kaufman, 2009).

O nível "*mini-c*" geralmente se refere à criatividade exercida todos os dias, que pode ser relevante para a pessoa, mas são de baixa importância para o contexto. Já o nível "*little-c*" envolve ter conhecimento da própria habilidade relacionada ao criar e identificar as oportunidades para manifestá-la (Kaufman & Beghetto, 2009). O nível "*pro-c*" pode ser identificado como o aprimoramento de uma habilidade ao ponto de ter o reconhecimento da comunidade em que vive. Por último, temos o nível "*big-c*", em que as criações são consideradas de grande impacto para a população (Kaufman & Beghetto, 2009).

A criatividade, segundo o modelo dos 4Cs, deve ser avaliada em relação a tarefas ou domínios específicos, pois uma pessoa pode ter notoriedade para a criatividade em um contexto, mas não em outro (Beghetto & Karwowski, 2017). Além disso, a evolução de uma criatividade do tipo "*mini-c*" para o tipo "*little-c*", e assim por diante, além das influências contextuais, seria mediada pelos processos de autoeficácia criativa, metacognição criativa (identificada como processos regulatórios e de acurácia) assim como da construção da identidade criativa (Karwowski & Lebuda, 2017).

62 Parte I – Aspectos teóricos e conceituais da Psicologia Positiva

Observa-se que as diversas teorias existentes sobre criatividade podem ser classificadas de acordo com a ênfase pelo modelo dos 4Ps e a magnitude da criatividade pelo modelo dos 4Cs (Kozbelt et al., 2010). Em razão da ausência de consenso em relação aos paradigmas mais utilizados na área, os estudiosos (Kozbelt et al., 2010; Runco, 2014) indicam que esses dois modelos devem ser levados em consideração quanto ao objetivo da investigação nas pesquisas.

A evolução teórica dos modelos de processos cognitivos da criatividade nos permite observar que existe uma relação importante entre cognição e criatividade. No entanto, aderindo à perspectiva de que esta é um fenômeno multidimensional, é importante enfatizar o papel de aspectos emocionais, ambientais e de motivação. A criatividade deve ser vista, portanto, como mais do que a soma dessas partes, a partir de uma perspectiva que contemple essas multiplicidades (Hennessey & Amabile, 2010).

Crenças referentes à criatividade

Avaliar a criatividade como um produto tem uma relevância contextual que poderá atestar uma habilidade partindo de um critério externo. Contudo, ao avaliar as crenças referentes à criatividade que as pessoas têm, torna-se possível compreender como construir uma crença favorável para que as pessoas utilizem a criatividade como recurso e como sistema de crenças que embasam a criatividade, que se relaciona com crenças de outros domínios da vida dos indivíduos (Tierney & Farmer, 2011). Isto é, a criatividade é uma consequência de um sistema de crenças que ainda precisa ser explorado (Puente-Diaz, 2015).

As crenças dos indivíduos são englobadas como um dos pilares da Psicologia Positiva, referente ao estudo das características pessoais positivas (Seligman & Csikszentmihalyi, 2000; Snyder & Lopez, 2009). O estudo das crenças associadas à criatividade por meio do enfoque da Psicologia Positiva fortalece a relevância das características pessoais positivas e permite ampliar a compreensão de como os indivíduos podem desenvolver comportamentos proativos, agir em favor de seus objetivos pessoais e buscar o seu desenvolvimento pessoal.

Existem três crenças que serão apresentadas nesta seção: autoeficácia criativa, metacognição criativa e identidade criativa. Elas estão inter-relacionadas e trabalham juntas na composição de um sistema de crenças (Beghetto & Karwowski, 2017).

Identidade criativa

A identidade criativa tem sido observada por duas perspectivas. Como identidade pessoal criativa (*Creative Personal Identity*) e como papel social da identidade criativa (*Creative Role Identity*). A primeira é definida como a tendência que as pessoas têm de identificarem a criatividade como uma parte importante da definição de quem elas são. Para Jaussi, Randel e Dionne (2007), as pessoas que possuem uma alta identidade criativa vão se engajar em mais atividades dessa natureza por acreditarem que a criatividade é uma característica importante da autodefinição.

Já a segunda perspectiva, referente ao papel social da identidade criativa, define a identidade criativa como o quanto é importante para aquele indivíduo ser criativo em um determinado contexto. É uma definição mais dinâmica, que leva em consideração a importância da criatividade para a autodefinição, mas assumindo que ela pode adquirir um papel mais central na vida da pessoa em alguns contextos do que em outros (Farmer, Tierney, & Kung-Mcintyre, 2003).

Segundo Karwowski (2013), a identidade criativa quando presente no indivíduo potencializa a autoeficácia criativa. Logo, indivíduos que valorizam a criatividade como uma parte de si tendem a acreditar mais no potencial para serem criativos. Dessa forma, confiar nas habilidades criativas e considerá-las importantes para si podem estar relacionadas, mas operam como construtos independentes.

Alguns estudos apresentam evidências de que a identidade criativa e a autoeficácia criativa apresentam padrões de mudanças ao longo da vida (e. g., Karwowski, 2016). Durante o início da adolescência até o meio da vida adulta, há um aumento significativo, atingindo um pico até os 35 anos. Após esta idade, foi encontrado um padrão decrescente tanto da autoeficácia criativa quanto da identidade criativa (Karwowski, 2016).

A identidade criativa também tem sido investigada em relação a traços de personalidade. Em meta-análise conduzida por Karwowski e Lebuda (2016), o objetivo foi investigar o quanto das crenças referentes à criatividade (autoeficácia criativa e identidade criativa) estaria relacionada a traços de personalidade. Devido ao histórico em se associar a criatividade com fatores como personalidade e traços disposicionais (como o traço de curiosidade), resgataram-se estudos que relacionavam crenças referentes a criatividade e traços de personalidade de acordo com o modelo dos Cinco Grandes Fatores de Personalidade (*Big-Five*).

Foi observado que o traço abertura à experiência é o que está mais relacionado às crenças sobre criatividade, representando 27% da variância explicada. Em seguida, o traço de personalidade que mais se associou à criatividade foi a conscienciosidade, com 15% da variância explicada, e extroversão, com 12% da variância explicada (Karwowski & Lebuda, 2016). Karwowski e Lebuda (2016) destacam a relação com a abertura à experiência ($r = 0,34$), conscienciosidade ($r = 0,16$), extroversão ($r = 0,17$), amabilidade ($r = -0,07$) e neuroticismo ($r = -0,20$). Esses resultados expõem que é possível identificar que existem traços individuais mais estáveis, tais como a personalidade, que se relacionam com as crenças sobre a criatividade e que devem ser valorizados nos estudos sobre o desenvolvimento de habilidades criativas.

Autoeficácia criativa

A autoeficácia refere-se à capacidade dos indivíduos compreenderem e acreditarem que possuem um conjunto de conhecimentos, habilidades e atitudes que os tornam

64 Parte I – Aspectos teóricos e conceituais da Psicologia Positiva

capazes de serem bem-sucedidos no planejamento e alcance de suas metas (Bandura, 2001). Tendo em vista as constantes mudanças e exigências de novas habilidades, confiar em suas habilidades e capacidade de desenvolver soluções criativas para as situações enfrentadas, a autoeficácia criativa torna-se uma característica pessoal positiva relevante (Tierney & Farmer, 2002).

A autoeficácia apresenta quatro fontes principais de suas crenças: experiências bem-sucedidas que envolvem superação de obstáculos e esforços para alcançar um determinado objetivo; aprendizagem vicária a partir dos modelos sociais expostos por pessoas semelhantes; a persuasão social por terceiros, que verbalmente procuram convencer o indivíduo de que ele é capaz; e, por último, os estados fisiológicos e emocionais das pessoas em julgar suas próprias capacidades, como os afetos positivos que predizem níveis mais altos de autoeficácia (Bandura, 2001).

O construto da autoeficácia em si não fornece dados sobre as habilidades que um indivíduo tem, mas sobre crenças que ele possui sobre a capacidade de realizar uma tarefa. Salienta-se que a relação da autoeficácia com a real competência em executar uma determinada tarefa vem sendo empiricamente sustentada, indicando que o construto é uma importante medida para avaliar habilidades específicas (Bandura, 2001).

Apesar de a autoeficácia ser apontada como um fator importante para o exercício da criatividade desde o início da Teoria Social Cognitiva na década de 1970, ela só foi definida como um construto no início dos anos 2000, ao se operacionalizar a autoeficácia criativa no ambiente de trabalho (Puente-Diaz, 2015). Dessa forma, ela foi definida como a crença na capacidade de desempenhar uma *performance* criativa em um determinado contexto (Tierney & Farmer, 2002).

Ao longo dos anos, a definição do construto foi refinada e o que se sustenta até então é que a autoeficácia criativa deve ser avaliada com orientação para o futuro, com caráter dinâmico, pois varia de acordo com a tarefa, o que a torna uma crença específica sobre a autoavaliação que as pessoas fazem de suas habilidades em exercer uma *performance* criativa em um contexto específico (Beghetto & Karwowski, 2017). A autoeficácia criativa deve ser compreendida como uma parte do processo que leva ao comportamento criativo. Ela tem sido apontada como um componente importante da motivação intrínseca de um indivíduo a se engajar em um comportamento criativo (Farmer & Tierney, 2017).

Atualmente, tem sido discutido o quanto medidas de autorrelato referentes à criatividade culminam em um comportamento criativo (e. g., Haase, Hoff, Panel, & Innes-Ker, 2018). O que parece mais apropriado até o momento é interpretar esses indicadores motivacionais, a exemplo da autoeficácia criativa, como uma propensão a se engajar em um comportamento criativo (Reiter-Palmon, Robinson-Morral, Kaufman, & Santo, 2012).

Ao retomar o conceito de autoeficácia, observamos que as crenças referentes a uma habilidade específica podem interferir no desempenho de um indivíduo, mas não são as únicas responsáveis pelo desempenho em si. Então, para investigar a autoeficácia em um contexto específico, é importante que se investiguem também outras crenças que possam acrescentar valor explicativo a um desempenho.

Em estudo realizado com profissionais da indústria hoteleira de Taiwan, os resultados indicaram que a autoeficácia criativa e a identidade criativa aumentaram o poder explicativo da relação entre liderança transformacional e comportamento criativo de forma significativa (Wang, Tsai, & Tsai, 2014). Além disso, investigando a relação entre esses construtos em indústria hoteleira na Índia, observou-se que a liderança transformacional apenas apresentou relação positiva com o comportamento criativo entre os participantes que tinham altos níveis de autoeficácia criativa (Jaiswal & Dhar, 2016). Em estudantes universitários, a autoeficácia criativa foi apontada como um dos fatores que aumentam a motivação dos estudantes para perseverarem diante de dificuldades que encontram na trajetória acadêmica e a apresentarem maior resiliência diante das falhas (Gu, He, & Liu, 2015).

Gu et al. (2015) investigaram a relação entre estilos de supervisão dos orientadores, como apoiador ou autoritário, a autoeficácia criativa e a motivação intrínseca na expressão de comportamentos criativos em universitários chineses. A autoeficácia criativa e estilos de supervisão dos professores explicaram 29% da variância em relação à motivação intrínseca dos alunos e a autoeficácia e a motivação intrínseca explicaram juntas 46% da variância no comportamento criativo dos alunos em ambiente universitário (Gu et al., 2015).

Outros estudos direcionam à conclusão de que para as pessoas acreditarem em suas habilidades para serem criativas e se sentirem motivadas a se comportar desta forma é preciso que aprendam também sobre o processo de exercer a criatividade, sobre onde, quando e como ela pode ser uma opção (Kaufman & Beghetto, 2013). Isto nos leva ao conceito de metacognição criativa, em que as pessoas aprendem sobre os mecanismos que as levam a expressar a criatividade, considerando o contexto e os motivos.

Metacognição criativa

A metacognição é definida como o conhecimento geral que uma pessoa possui sobre a própria aprendizagem e como ele processa as informações que adquire em direção a um objetivo (Livingston, 2003). Em geral, os indivíduos com uma metacognição desenvolvida têm domínio sobre as tarefas e as variações mais prováveis daquela tarefa, sendo uma experiência que envolve componentes cognitivos e regulatórios (Livingston, 2003).

Apesar de existirem pesquisas que relacionem metacognição e criatividade há mais de três décadas, em geral os dois construtos são investigados separadamente. Ainda na década de 1990, possíveis relações entre metacognição e criatividade eram hipotetizadas (Pesut, 1990). Elas também têm sido investigadas pela relação entre subcategorias da metacognição e da criatividade, como gerenciamento do tempo e planejamento em

66 Parte I – Aspectos teóricos e conceituais da Psicologia Positiva

estudantes universitários (e. g., Zampetakis, Bouranta, & Moustakis, 2010), automonitoramento (e. g., De Vet & De Dreu, 2007) e autocontrole (e. g., Chiu, 2014).

A metacognição tem um papel relevante para a criatividade, pois entre aqueles que têm as habilidades metacognitivas mais desenvolvidas, observa-se maior facilidade em adaptar o produto criativo ao contexto (e.g., Puryear, 2016). Eles também são mais sensíveis a criar produtos coerentes com a necessidade do meio em que estão inseridos (Puryear, 2015). Em universitários espanhóis, a metacognição relacionada à criatividade chegou a explicar 40% da variância em relação à expressão de um comportamento criativo (Sanz de Acedo & Sanz de Acedo, 2013).

A metacognição referente ao conhecimento das próprias estratégias cognitivas, conhecimento declarativo, conhecimento procedural, condicional e de autorregulação apresentaram tamanhos de efeito grandes na expressão da criatividade em tarefas acadêmicas de estudantes universitários (Puryear, 2015).

Uma metacognição bem desenvolvida é favorável não só para a criatividade. Ainda que a introdução do conceito metacognição criativa seja recente na literatura, destacar este construto é importante porque as habilidades metacognitivas desempenham funções importantes no exercício de uma tarefa cognitiva como a criatividade. Os resultados ainda incipientes dos estudos prévios são propícios para que os pesquisadores da área contribuam com estudos que investiguem essa relação.

A definição de metacognição foi proposta por Kaufman e Beghetto (2013). A metacognição criativa é definida como o conjunto de estratégias que as pessoas desenvolvem para monitorarem a expressão do próprio comportamento criativo (Kaufman & Beghetto, 2013). Investigar a metacognição criativa é importante porque ela fornece informações sobre o autoconhecimento das potencialidades e limitações no que se refere à criatividade, e os julgamentos de adequação ao contexto para expressão da criatividade que são realizados, levando os indivíduos a reconhecerem porque, quando e onde é benéfico exercer a criatividade (Kaufman & Beghetto, 2013).

Em Beghetto e Karwowski (2017) é sugerido que a metacognição criativa deve ser focada na avaliação da acurácia que os indivíduos têm para perceber as próprias habilidades criativas, também entendida como o saber sobre, e as habilidades regulatórias referentes à expressão da criatividade, ou seja, saber como, onde e quando expressá-la.

Beghetto e Karwowski (2017) propõem que a metacognição criativa seja avaliada levando em consideração dois subdomínios: acurácia em relação à criatividade, compreendida como o quanto a pessoa reconhece a própria habilidade criativa; e a autorregulação criativa, referente às habilidades para fazer ajustes em relação à criatividade levando em consideração o contexto. Além disso, ressaltam que as medidas utilizadas para avaliar a metacognição criativa devem ser avaliadas levando em consideração medidas de acurácia, tal como o conhecimento cognitivo, e medidas regulatórias, por exemplo, os níveis de conhecimento e controle sobre os processos envolvidos na tarefa.

Assumindo a possibilidade de uma sobreposição na operacionalização dos construtos acurácia metacognitiva e autoeficácia criativa, sugere-se que sejam avaliadas as cren-

4 Criatividade – Crenças criativas e implicações para a Psicologia Positiva **67**

ças de autoeficácia criativa. O construto da autoeficácia criativa já apresenta evidências empíricas mais robustas e é mais reconhecida como componente da identidade criativa (Beghetto & Karwowski, 2017). Também se instrui para que seja avaliada a percepção de dificuldade que uma pessoa tem da tarefa, pois tarefas consideradas mais fáceis tendem a ser julgadas de forma mais acurada (Beghetto & Karwowski, 2017).

Considerações finais

O presente capítulo teve como objetivo apresentar a relevância de investigar adequadamente as habilidades criativas. Para isso, ao longo do capítulo o modelo de 4Ps e o modelo de 4Cs foram definidos, assim como foi apresentado o conceito das crenças referentes à criatividade: identidade criativa, autoeficácia criativa e metacognição criativa.

O estudo da criatividade como um construto da Psicologia Positiva é relevante, pois permite o avanço da compreensão desse por meio de um viés que busca ampliar as fortalezas dos indivíduos (Seligman, 2013). Observa-se que os estudos da criatividade, associados à Psicologia Positiva, podem contribuir para: (I) o avanço de pesquisas que desenvolvem instrumentos fidedignos para avaliar a criatividade; (II) o aumento de pesquisas longitudinais que contemplem o efeito do tempo e do contexto no desenvolvimento da criatividade; (III) o aumento de pesquisas transculturais; (IV) o crescimento de estudos que valorizem a interação dos traços de personalidade do indivíduo com o desenvolvimento da criatividade; e (V) os efeitos do indivíduo criativo no desenvolvimento de processos criativos por seus colegas.

Assim, a partir da apresentação desses conceitos, pretende-se explorar como reforçar crenças em relação à criatividade, tais como autoeficácia criativa, metacognição criativa e identidade criativa, que podem auxiliar no desenvolvimento da criatividade dos indivíduos em diferentes contextos. Entretanto, observa-se que os estudos sobre esses construtos na área ainda estão em fase inicial.

Referências

Baer, J. (2017). Content Matters: Why Nurturing Creativity Is So Different in Different Domains. In R. Beghetto, & B. Sriraman. *Creative Contradictions in Education. Creativity Theory and Action in Education.* Springer.

Bandura, A. (1997). Exercise of personal and collective efficacy in changing societies. In A. Bandura (ed.). *Self-efficacy in changing societie.* Cambridge University Press.

Barnes, J. (2015). Creativity and promoting wellbeing in children and young people through education. In S. Clift, & P. M. Camic (eds.). *Oxford Textbook of Creative Arts, Health, and Wellbeing: International perspectives on practice, policy and research.* Oxford University Press. https://doi:10.1093/med/9780199688074.001.0001

Bartley, D. F., & Robitschek, C. (2000). Career Exploration: A Multivariate Analysis of Predictors. *Journal of Vocational Behavior, 56*(1), 63-81. https://doi:10.1006/jvbe.1999.1708

Beghetto, R. A., & Karwowski, M. (2017). Toward untangling creative self-beliefs. In M. Karwowski & J. C. Kaufman (eds.). *The creative self: Effect of beliefs, self-efficacy, mindset, and identity* (pp. 3-22). Academic Press.

Beghetto, R. A., & Kaufman, J. C. (2009). Intelectual estuaries: Connecting learning and creativity in programs of advanced academics. *Journal of Advanced Academics, 20*(2), 296-324. https://doi.org/10.1177/1932202X0902000205

Chiu, F. C. (2014). The effects of exercising self-control on creativity. *Thinking Skills and Creativity, 14*, 20-31. https://doi:10.1016/j.tsc.2014.06.003

De Vet, A. J., & De Dreu, C. K. W. (2007). The influence of articulation, self-monitoring ability, and sensitivity to others on creativity. *European Journal of Social Psychology, 37*, 747-760. https://doi:10.1037/a0012815

Farmer, S. M., & Tierney, P. (2017). Considering Creative Self-Efficacy: Its current state and ideas for future inquiry. In M. Karwowski & J. C. Kaufman (eds.). *The creative self: Effect of beliefs, self-efficacy, mindset, and identity* (pp. 23-47). Academic Press.

Farmer, S. M., Tierney, P., & Kung-Mcintyre, K. (2003). Employee creativity in Taiwan: An application of role identity theory. *Academy of Management Journal, 46*(5), 618-630. https://doi.org/10.2307/30040653

Florida, R., Mellander, C., & King, K. (2015). *The Global Creativity Index 2015*. Martin Prosperity Institute/Rotman School of Management.

Gelkopf, M., Berger, R., Bleich, A., & Silver, R. C. (2012). Protective factors and predictors of vulnerability to chronic stress: A comparative study of 4 communities after 7 years of continuous rocket fire. *Social Science & Medicine, 74*(5), 757-766. https://doi:10.1016/j.socscimed.2011.10.022

Gruber, J., Kogan, A., Quoidbach, J., & Mauss, I. B. (2013). Happiness is best kept stable: Positive emotion variability is associated with poorer psychological health. *Emotion, 13*(1), 1-6. http://doi.org/10.1037/a0030262

Gu, J., He, C., & Liu, H. (2017). Supervisory styles and graduate student creativity: The mediating roles of creative self-efficacy and intrinsic motivation. *Studies in Higher Education, 42*(4), 721-742. https://doi.org/10.1080/03075079.2015.1072149

Haase, J., Hoff, E. V., Hanel, P. H. P., & Innes-Ker, A. (2018). A meta-analysis of the relation between creative self-efficacy and different creativity measurements. *Creativity Research Journal, 30*(1), 1-16. https://doi.org/10.1080/10400419.2018.1411436

Hennessey, B. A., & Amabile, T. M. (2010). Creativity. *Annual Review of Psychology, 61*(1), 569-598. https://doi:10.1146/annurev.psych.093008.100416

Holm, T. T. (2016). The teaching of creativity: Process, product, environment and assessment. *National Foresinc Journal, 34*(1), 14-32.

4 Criatividade – Crenças criativas e implicações para a Psicologia Positiva **69**

Hutz, C. S., Midgett, A., Pacico, J. C., Bastianello, M. R., & Zanon, C. (2014). The relationship of hope, optimism, self-esteem, subjective well-being, and personality in Brazilians and Americans. *Psychology*, *5*(6), 514-522. https://doi:10.4236/psych.2014.56061

Jaiswal, D., & Dhar, R. L. (2016). Impact of Percieved Organizational Support, Psychological Empowerment, and Leader Member Exchange on Commitment and its Subsequent Impact on Service Quality. *International Journal of Productivity and Performance Management*, *65*(1), 58-79. https://doi:10.1108/IJPPM-03-2014-0043

Jaussi, K. S., Randel, A. E., & Dionne, S. D. (2007). I am, I think I can, and I do: The role of Personal identity, self-efficacy, and cross-application of experiences in creativity at work. *Creativity Research Journal*, *19*(2-3), 247-258. https://doi.org/10.1080/10400410701397339

Jaussi, K. S., & Randel, A. E. (2014). Where to Look? Creative self-efficacy, knowledge retrieval, and incremental and radical creativity. *Creativity Research Journal*, *26*(4), 400-410. https://doi.org/10.1080/10400419.2014.961772

Karwowski, M., & Barbot, B. (2016). Creative self-beliefs: Their nature, development, and correlates. In J. Kaufman & J. Baer (eds.). *Creativity and reason in cognitive development (current perspectives in social and behavioral sciences)* (pp. 302-326). Cambridge University Press. https://doi:10.1017/CBO9781139941969

Karwowski, M., & Lebuda, I. (2017). Creative self-concept: A surface caracteristic of creative personality. In G. Feist, R. Reiter-Palmon, & J. C. Kaufman (eds.). *Cambridge Handbook of Creativity and Personality Research* (pp. 84-101). Cambridge University Press. https://doi:10.1017/9781316228036.006

Karwowski, M., & Lebuda, I. (2016). The big five, the huge two, and creative self-beliefs: A meta-analysis. *Psychology of Aesthetics, Creativity, and the Arts*, *10*(2), 214-232. https://doi.org/10.1037/aca0000035

Kaufman, J. C., & Beghetto, R. A. (2013). In praise of Clark Kent: Creative metacognition and the Importance of Teaching Kids When (Not) to Be Creative. *Roeper Review*, *35*(3), 155-165. https://doi.org/10.1080/02783193.2013.799413

Kaufman, J. C., & Beghetto, R. A. (2009). Beyond big and little: The Four C Model of Creativity. *Review of General Psychology*, *13*(1), 1-12. https://doi.org/10.1037/a0013688

Keyes, C. L. M., & Haidt, J. (2003). *Flourishing: Positive psychology and a life well lived.* American Psychological Association. https://doi.org/10.1037/10594-000

Kozbelt, A., Beghetto, R. A., Runco, M. (2010). Theories of creativity. In J. C. Kaufman, & R. J. Sternberg (eds.). *The Cambridge Handbook of Creativity* (pp. 20-47). Cambridge University Press.

Lai, E. R., & Viering, M. (2012). *Assessing 21 st Century Skills: Integrating Research Findings National Council on Measurement in Education.* Pearson.

70 Parte I – Aspectos teóricos e conceituais da Psicologia Positiva

Livingston, J. A. (2003). *Metacognition: An overview* [acesso em 27/04/2018; recuperado de https://eric.ed.gov/?id=ED474273].

Luyckx, K., & Robitschek, C. (2014). Personal growth initiative and identity formation in adolescence through young adulthood: Mediating processes on the pathway to well-being. *Journal of Adolescence, 37*(7), 973-981. https://doi:10.1016/j.adolescence.2014.07.009

Mohammad Reza Tamannaeifar, M. R., & Motaghedifard, M. (2014). Subjective well-being and its sub-scales among students: The study of role of creativity and self-efficacy. *Thinking Skills and Creativity, 12*, 37-42. https://doi:10.1016/j.tsc.2013.12.003

Moore, M., & Russ, S. W. (2008). Follow-up of a Pretend Play Intervention: Effects on Play, Creativity, and Emotional Processes in Children. *Creativity Research Journal, 20*(4), 427-436. https://doi:10.1080/10400410802391892

National Research Council (2012). Education for Life and Work: Developing transferable knowledge and skills in the 21st century. Committee on Defining Deeper Learning and 21st skills. In J. W. Pellegrino, & M. L. Hilton (eds.). *Board on Testing and Assessment and Board on Science Education, Division of Behavioral and Social Sciences and Education.* The National Academy Press. https://doi.org/10.17226/13398

Paludo, S. S., & Koller, S. H. (2007). Psicologia Positiva: Uma nova abordagem para antigas questões. *Paideia (Ribeirão Preto), 17*(36), 9-20.

Pesut, D. J. (1990). Creative Thinking as a Self-Regulatory Metacognitive Process – A Model for Education, Training and Further Research. *The Journal of Creative Behavior, 24*(2), 105-110. https://doi.org/10.1002/j.2162-6057.1990.tb00532.x

Poon, J. C. Y., Au, A. C. Y., Tong, T. M. Y., & Lau, S. (2014). The feasibility of enhancement of knowledge and self-confidence in creativity: A pilot study of a three-hour SCAMPER workshop on secondary students. *Thinking Skills and Creativity, 14*, 32-40. https://doi.org/10.1016/j.tsc.2014.06.006

Pretz, J. E., & Nelson, D. (2017). Creativity is influenced by domain, creative self-efficacy, mindset, self-efficacy and self-esteem. In M. Karwowski, & J. C. Kaufman (eds.). *The Creative Self: Effect of Beliefs, Self-efficacy, Mindset, and Identity* (pp. 155-170). Academic Press.

Puente-Díaz, R. (2016). Creative Self-Efficacy: An Exploration of Its Antecedents, Consequences, and Applied Implications. *The Journal of Psychology, 150*(2), 175-195. https://doi.org/10.1080/00223980.2015.1051498

Puryear, J. S. (2016). Inside the Creative Sifter: Recognizing Metacognition in Creativity Development. *Journal of Creative Behavior, 50*(4), 321-332. https://doi.org/10.1002/jocb.80

Puryear, J. S. (2015). Metacognition as a Moderator of Creative Ideation and Creative Production. *Creativity Research Journal, 27*(4), 334-341. https://doi.org/10.1080/10400419.2015.1087270

Reiter-Palmon, R., Robinson-Morral, E. J., Kaufman, J. C., & Santo, J. B. (2012). Evaluation of Self-Perceptions of Creativity: Is It a Useful Criterion? *Creativity Research Journal*, 24(2-3), 107-114. https://doi.org/10.1080/10400419.2012.676980

Rhodes, M. (1961). An analysis of creativity. *Phi Delta Kappan*, 42, 305-310.

Rubenstein, L. D., Callan, G. L., & Ridgley, L. M. (2017). Anchoring the Creative Process Within a Self-Regulated Learning Framework: Inspiring Assessment Methods and Future Research. *Educational Psychology Review*, 30, 921-945. https://doi:10.1007/s10648-017-9431-5

Runco, M. A. (2004). Creativity. *Annual Review of Psychology*, 55, 657-687. https://doi:10.1146/annurev.psych.55.090902.141502

Seligman, M. E. P. (2013). *Flourish: A visionary new understanding of happiness and well-being*. Free Press.

Seligman, M. E. P., & Csikszentmihalyi, M. (2000). Positive psychology: An Introduction. *American Psychologist*, 55, 5-14. https://doi:10.1037/0003-066X.55.1.5

Snyder, C. R., & Lopez, S. J. (2009). *Psicologia Positiva: uma abordagem científica e prática das qualidades humanas*. Artmed.

Tierney, P., & Farmer, S. M. (2002). Creative self-efficacy: Its potential antecedents and relationship to creative performance. *Academy of Management Journal*, 45(6), 1.137-1.148. https://doi.org/10.2307/3069429

Tierney, P., & Farmer, S. M. (2011). Creative Self-Efficacy Development and Creative Performance Over Time. *Journal of Applied Psychology*, 96(2), 277-293. https://doi.org/10.1037/a0020952

Wang, C. J., Tsai, H. T., & Tsai, M. T. (2014). Linking transformational leadership and employee creativity in the hospitality industry: The influences of creative role identity, creative self-efficacy, and job complexity. *Tourism Management*, 40, 79-89. https://doi:10.1016/j.tourman.2013.05.008

Zhao, J., Wang, Y., & Kong, F. (2014). Exploring the mediation effect of social support and self-esteem on the relationship between humor style and life satisfaction in Chinese college students. *Personality and Individual Differences*, 64, 126-130. https://doi:10.1016/j.paid.2014.02.026

Zimmerman, B. (2000). Attaining self-regulation: A social-cognitive perspective. In M. Boekaerts, P. R. Pintrich, & M. Zeidner (eds.). *Handbook of self-regulation*. Academic Press. https://doi.org/10.1016/B978-012109890-2/50030-5

5
A "Segunda Onda" da Psicologia Positiva
PP 2.0 e a importância dos afetos negativos

DYANE LOMBARDI-RECH
CLAUDIA HOFHEINZ GIACOMONI

Introdução

Desde a sua concepção, a Psicologia Positiva (PP) passa por transformações que a possibilita abranger, cada vez mais, as necessidades individuais e coletivas no desenvolvimento de forças e virtudes. Dentre as mudanças paradigmáticas ocorridas nesse modelo teórico, a investigação do papel das emoções negativas no florescimento e desenvolvimento humano ganha destaque (Ivtzan, Lomas, Hefferon, & Worth, 2016).

Em primeira análise, essa mudança soa paradoxal tendo em vista o foco inicial da PP exclusivamente em emoções, contextos e instituições positivos. Contudo, sabe-se que circunstâncias e sentimentos negativos são inerentes à condição humana (Wong & Roy, 2018). O uso excessivo de forças e virtudes também pode ser prejudicial em determinadas situações, acarretando em impactos negativos para si ou para outros e, assim, perdendo seus *status* de característica positiva. A criatividade em níveis muito altos, por exemplo, pode denotar excentricidade e dispersão, enquanto o uso excessivo do amor como força de caráter pode acarretar em excessiva emocionalidade e sensibilidade (Niemiec, 2019).

Diante da preterição desses aspectos pela maior parte dos estudiosos da PP, críticos sublinharam a necessidade dos estudos da área compreenderem também as emoções e circunstâncias negativas (Held, 2004; Sundararajan, 2005; Wong & Roy, 2018). A partir dessas críticas e estudos empíricos, surge o que hoje é denominada "segunda onda" da Psicologia Positiva (ou PP 2.0). Essa área busca investigar, teórica e empiricamente, de que forma eventos e sentimentos negativos, bem como o uso equilibrado de forças e virtudes, podem contribuir para o bem-estar e o florescimento humanos (Niemiec, 2019; Wong, 2011).

A PP 2.0 é considerada por pesquisadores o retorno à realidade de um modelo teórico que até então se encontrava distante dos aspectos dialéticos característicos da vida humana. Críticas quanto à contraprodutividade da "tirania" de emoções e pensamentos positivos tornaram-se fundamentais para a ampliação do foco da PP (Held, 2004;

5 A "segunda onda" da Psicologia Positiva – PP 2.0 e a importância dos afetos negativos **73**

McNulty & Fincham, 2012). Hoje, diversos estudos suportam que nem todos os afetos positivos são benéficos para todas as pessoas (Biswas-Diener & Wiese, 2018; Ford, Shallcross, Mauss, Floerke, & Gruber, 2014; McGuirk, Kuppens, Kingston, & Bastian, 2018; Ravert et al., 2013), assim como nem todos os sentimentos e sensações "negativas" são prejudiciais na totalidade das circunstâncias (Alter & Forgas, 2007; Forgas, 2006; Forgas, 2013; Forgas, Laham, & Vargas, 2005; Storbeck & Clore, 2011). Diante desse novo paradigma que se apresenta no âmbito da Psicologia Positiva, porém sem a pretensão de ser um compilado exaustivo do tema, este capítulo visa a expor evidências científicas do papel dos afetos negativos no bem-estar e florescimento humano. Antes, contudo, serão abordadas definições-chave para a compreensão desse fenômeno: os afetos e a natureza dialética do bem-estar.

Afetos positivos e afetos negativos

No estudo do bem-estar, o componente afetivo diz respeito à intensidade e à frequência com que as emoções são vivenciadas. Ele divide-se em dois domínios independentes, nomeadamente os afetos positivos (AP) e afetos negativos (AN). Sendo assim, um indivíduo que apresenta elevado bem-estar subjetivo demonstra satisfação com a vida, presença de AP e a relativa ausência de AN (Diener et al., 2017). O sentimento de satisfação nessa esfera é denominado bem-estar afetivo (Hentschel, Eid, & Kutscher, 2017), enquanto o equilíbrio entre AP e AN, real ou percebido, é compreendido como balança hedônica (Schimmack, Oishi, Radhakrishnan, Dzokoto, & Ahadi, 2002).

No que tange à etiologia do componente afetivo, as evidências indicam que os afetos são apenas parcialmente influenciados por variáveis demográficas (idade, nível socioeconômico, gênero) ou por circunstâncias objetivas de vida. Embora os aspectos ambientais sejam uma variável importante, eles contribuem em menor grau para as diferenças individuais de bem-estar afetivo (Lucas & Diener, 2009; Nes & Røysamb, 2015). Atualmente, sabe-se que os principais fatores que influenciam esse construto são genética, personalidade e temperamento (Diener et al., 2017).

O componente genético do bem-estar reflete a sua herdabilidade, isto é, a contribuição estimada dos genes baseada na relação biológica e social de membros da família. A literatura sugere uma base hereditária que seria responsável pela prontidão do sujeito para perceber e interpretar o mundo mais ou menos positivamente (Nes & Røysamb, 2015). A genética do bem-estar, portanto, estaria fortemente relacionada à herança de traços de personalidade (Diener et al., 1999; Røysamb & Nes, 2018). Essa relação afetaria o grau no qual o bem-estar retorna ao seu nível habitual (ponto de ajuste) após um evento estressante, e em que medida a mudança desse ponto é duradoura (Weiss et al., 2008).

A associação entre personalidade e os afetos tende a ser duradoura, ao passo que eventos positivos ou negativos influenciam o bem-estar por um curto período de tempo (DeNeve & Cooper, 1998; Røysamb & Nes, 2018). Dessa forma, os níveis de bem-estar afetivo tendem a ser duradouros ao longo do ciclo de vida, sendo sua variabilidade

74 Parte I – Aspectos teóricos e conceituais da Psicologia Positiva

correlacionada com traços específicos da personalidade (Luhmann, Hofmann, Eid, & Lucas, 2012). Apesar dessa estabilidade genética, os fatores ambientais possuem um importante papel na mudança dos níveis de bem-estar, uma vez que ele é diretamente influenciado por circunstâncias e escolhas individuais (Diener et al., 2017; Røysamb & Nes, 2018).

Os afetos exercem um papel crucial na saúde mental e física do ser humano ao influenciar o processamento de informações recebidas do meio (Forgas, 2013) e, consequentemente, o comportamento diante das circunstâncias (Diener et al., 2017). Atualmente, sabe-se que ambos os estados afetivos, positivo e negativo, podem resultar em vantagens no processamento de respostas a diferentes situações (Forgas, 2018). Evidentemente, emoções negativas não são sempre desejáveis e em níveis muito intensos ou por longos períodos podem tornar-se debilitantes, apresentando pouco ou nenhum benefício ao indivíduo (Forgas, 2013). O desafio na busca pela satisfação com a vida, portanto, não se encontra em evitar ou minimizar os sentimentos e condições negativas, mas em atingir um nível ideal de bem-estar apesar das dores e dificuldades enfrentadas (Wong, 2011). Nesse contexto, faz-se essencial o entendimento da natureza dialética do bem-estar, um dos pilares sobre o qual a Psicologia Positiva 2.0 se sustenta.

A dialética do bem-estar

Uma das principais características que distingue as abordagens da "primeira onda" e da PP 2.0 é o entendimento do bem-estar como um processo inerentemente dialético (Lomas & Ivtzan, 2016). O termo "dialética" surgiu inicialmente em obras de filósofos da Antiguidade (Platão e Aristóteles, p. ex.) como um método de argumentação. Ao longo dos séculos, seu uso e definição foram sendo modificados por meio do trabalho de pensadores como Kant e Hegel (Bénatouïl & Ierodiakonou, 2019). A dialética pode ser compreendida como a oposição dinâmica entre duas forças diametralmente opostas e, ao mesmo tempo, intimamente conectadas e dependentes entre si. Sob essa perspectiva, o bem-estar envolveria uma influência mútua de conceitos antagônicos, como felicidade e tristeza, pessimismo e otimismo, liberdade e restrição (Lomas & Ivtzan, 2016).

Pode-se afirmar que a natureza dialética do bem-estar sustenta-se em quatro princípios distintos: avaliação, covalência, complementaridade e evolução (Lomas, 2016). O princípio da avaliação sugere que os processos e traços psicológicos não são inerentemente positivos ou negativos. A percepção e interpretação de um fenômeno como promotor ou enfraquecedor do bem-estar dependeriam fundamentalmente do contexto em que ocorre (McNulty & Fincham, 2012). Além de tal complexidade na caracterização de fenômenos, os estados emocionais tendem a ser covalentes. Assim, o princípio da covalência sugere que as emoções positivas e negativas não constituem opostos fixos, mas uma combinação de aspectos "bons" e "ruins" entrelaçados. Um exemplo dessa premissa é o sentimento de amor. Avaliado usualmente como uma emoção positiva, o amor

5 A "segunda onda" da Psicologia Positiva – PP 2.0 e a importância dos afetos negativos **75**

também pode ser interpretado como um estado afetivo negativo à medida que abrange, também, medo, ansiedade e preocupação (Lazarus, 2003; Lomas & Ivtzan, 2016).

Alinhado ao princípio da covalência, o princípio da complementaridade postula que os afetos positivos e negativos atuam de forma complementar e codependente na construção do bem-estar (Lomas & Ivtzan, 2016). Essa premissa baseia-se no modelo dual-contínuo do bem-estar, que compreende a saúde mental como um estado completo e correlato à doença mental, e não como uma dimensão oposta a essa (Keyes, 2017). Nessa perspectiva, a saúde mental não se constitui apenas pela ausência de doenças psíquicas, mas pela presença de traços e processos psicológicos positivos. O modelo foi testado empiricamente em diversos estudos, demonstrando que indivíduos que experienciam menores níveis de doença mental não possuem, necessariamente, melhor saúde psíquica. Mais que isso, os dados apontam que afetos negativos são parte importante do bem-estar de uma pessoa (Hides et al., 2019; Westerhof & Keyes, 2009).

Por fim, o princípio da evolução contextualiza a ideia central da PP 2.0 ao considerar, ela mesma, um exemplo do sistema dialético (Lomas, 2016). Essa premissa alicerça-se na dialética hegeliana, que argumenta que a evolução do pensamento ocorre por meio de um processo de tese-antítese-síntese. Nessa perspectiva, a unificação de duas ideias primárias (tese e antítese) resultaria em um terceiro conceito aprimorado (síntese) (Maybee, 2016). Seguindo esse princípio, a PP 2.0 é concebida como a síntese de dois pressupostos anteriores, a psicologia convencional (tese) e a "primeira onda" da PP (antítese). Importante notar, contudo, que a evolução da Psicologia Positiva não significa a abdicação dos fundamentais preceitos concebidos pela psicologia convencional ou pela PP inicial. Contrariamente, esse princípio expressa que as qualidades da tese e da antítese são preservadas e suas fraquezas superadas, resultando em uma unidade superior que transcende os opostos originais (Lomas, 2016; Mills, 2000).

Assim, a "segunda onda" da Psicologia Positiva define o bem-estar como a integração equilibrada de aspectos positivos e negativos, resultando em uma "felicidade madura". Esse conceito, também definido como felicidade noética, é caracterizado pela harmonia interior, tranquilidade e conectividade, mesmo em meio ao sofrimento. O pressuposto abrange, além do bem-estar eudaimônico, capacidades e valores espirituais e existenciais (Wong & Bowers, 2018). Nessa perspectiva, a busca pelo sentido de vida faz-se crucial na medida em que contribui para uma vida funcional, ética e que transcende as limitações e dores inerentes à existência humana (Wong, 2015). Diante disso, exploramos a seguir as cinco principais emoções "negativas" (tristeza, raiva, medo, culpa e vergonha) sob a ótica da PP 2.0, apresentando evidências da contribuição desses estados afetivos para o bem-estar e o florescimento humano.

Tristeza

Não obstante a ausência de consenso sobre sua definição, a felicidade é enaltecida e desejada desde os primórdios da civilização. No âmbito da Psicologia Positiva, essa emoção é seu próprio objetivo último (Gregory & Rutledge, 2016). A valorização excessiva da felicidade, entretanto, pode resultar em uma "tirania do pensamento positivo" baseada na crença de que ser feliz é uma norma social. Esse fenômeno, comum em culturas individualistas, tende a ser contraprodutivo ao passo que fomenta sentimentos de culpa, defectividade e solidão em momentos de tristeza (Bastian et al., 2015; Held, 2004; Suh & Oishi, 2002).

Ainda, a intensa valorização de um estado afetivo positivo está associada à pior saúde emocional, menores níveis de bem-estar psicológico e maiores níveis de humor depressivo em distintas fases do ciclo vital (Fergus & Bardeen, 2016; Ford, Shallcross, Mauss, Floerke, & Gruber, 2014; Gentzler, Palmer, Ford, Moran, & Mauss, 2019). Em contrapartida, embora muitas vezes renegada a uma emoção indesejada devido ao desconforto interno que a acompanha, a tristeza pode ser benéfica em diversas esferas da vida humana (Tamir & Gutentag, 2017).

Os motivos pelos quais uma pessoa sente-se triste são, indubitavelmente, indesejáveis. A emoção da tristeza está usualmente associada a uma perda irrevogável, ao desamparo (Bonanno, Goorin, & Coifman, 2008) e a situações prejudiciais nas quais as perspectivas de melhora são ínfimas. Assim, uma das funções desse sentimento é voltar a atenção do indivíduo para si, promovendo a reflexão pessoal e contribuindo para a busca de ajuda e conforto (Smith & Lazarus, 1990). Ao direcionar a atenção para as informações situacionais, a tristeza também pode melhorar a precisão de julgamentos sociais e reduzir o viés disposicional na interpretação de fatos (Forgas, 1998). Similarmente, distintos benefícios da tristeza no processamento cognitivo são ilustrados em estudos empíricos. De forma geral, indivíduos em estado de humor moderadamente triste tendem a apresentar memória mais acurada, menor probabilidade de incorporar falsas memórias e melhor habilidade em detectar tentativas de engano em comparação àqueles com humor positivo (Forgas & East, 2008; Forgas, Goldenberg, & Unkelbach, 2009; Forgas, Laham, & Vargas, 2005).

Além da cognição, o sentimento de tristeza também pode beneficiar o desenvolvimento de estratégias motivacionais e comportamentais, inclusive no que tange a relacionamentos interpessoais. Pesquisas apontam que pessoas em estado afetivo triste têm menores chances de sofrer influência do efeito *halo*[1] na formação da impressão pessoal de terceiros, são menos propensas a vieses seletivos baseados em estereótipos, demonstram argumentos mais persuasivos e robustos em situações de debate e tendem a apresentar menores níveis de egoísmo e maior senso de justiça (Forgas, 2007, 2011; Forgas & Tan, 2013; Tan & Forgas, 2010). Evidentemente, nem sempre essa emoção possui uma utilidade prática, o que também é perfeitamente natural. Afinal, a tristeza é parte irrevogável da qualidade básica de ser humano (Sundararajan, 2005).

---

1. Viés cognitivo generalizado na formação de impressões. Refere-se à tendência de uma pessoa supor que, uma vez que um indivíduo possua algumas características boas (ou ruins) conhecidas, suas outras características provavelmente também são positivas (ou negativas), mesmo aquelas não relacionadas ou desconhecidas (Forgas & Laham, 2017).

Raiva

A raiva é uma das emoções mais comumente vivenciadas por todas as pessoas em algum momento da vida, e também aquela com maior potencial destrutivo. Normalmente essa emoção representa uma resposta a situações de injustiça, ofensa ou liberdade, indicando que objetivos e/ou valores pessoais importantes estão sob ameaça (Hess, 2014; Smith & Lazarus, 1990). A raiva abrange diversas experiências afins e uma miríade de sentimentos, da irritação até a fúria. A forma como ela é experienciada e expressada, no entanto, varia de acordo com o temperamento e eventos de vida de um indivíduo (Lipp, 2005; Spielberger, 1992). Assim, a ira pode facilmente fugir do controle e resultar em hostilidades, agressões e/ou comportamentos de risco, ocasionando consequências importantes – e às vezes irreversíveis – na vida de uma pessoa e daqueles ao seu redor (Short, 2016).

Apesar dos resultados negativos associados à raiva, ela pode ser a resposta mais adequada em determinadas circunstâncias. Uma das primeiras estudiosas a ressignificar esse sentimento, Tavris (1989) argumenta que a raiva é uma emoção fundamentalmente moral ao motivar uma resposta a violações éticas. Similarmente, Smith e Lazarus (1990) apontam a ira como um elemento motivador para a eliminação, neutralização ou reversão da fonte de dano e para a busca de justiça. Por esse motivo, a raiva pode ser compreendida como uma estratégia de resolução de problemas (Averill, 1982). Evidências recentes indicam que essa emoção tende a aprimorar o processo de tomada de decisão ao melhor direcionar as escolhas para o atingimento de objetivos pessoais. Consequentemente, a raiva resultaria em menor suscetibilidade a vieses de escolha contextual e maior satisfação após a decisão, contribuindo para o bem-estar em longo prazo (Khan, DePaoli, & Maimaran, 2019; Tavris, 1989).

Ao mobilizar a energia e o foco atencional, a raiva pode contribuir para que o sujeito sinta-se mais energizado e ativo. Indivíduos sob a emoção da raiva tendem a fazer julgamentos e escolhas mais otimistas e estimular o potencial criativo (Baruch, Grotberg, & Stutman, 2008; Hess, 2014). A ira também é compreendida como um sinal de vigor, dado que emerge em situações nas quais o indivíduo acredita possuir recursos psíquicos suficientes para um enfrentamento (Hess, 2014). Assim como a expressão adequada da raiva é benéfica, a subutilização da emoção pode ser prejudicial quando isso significa concordar ou suportar situações desagradáveis ou prejudiciais. Por fim, desde que madura, a raiva ainda pode ser considerada uma forma de valorizar o alvo da emoção. Tendo em vista que a valorização pressupõe qualidades desejáveis e, portanto, expectativas normativas quanto ao objeto valorizado, ela consequentemente implica suscetibilidade à raiva. Nessa perspectiva, se a raiva for eliminada corre-se o risco de perder relacionamentos pessoais que dependem de amor e cuidado mútuo, e relacionamentos morais que dependem de respeito e responsabilidade mútua (Kauppinen, 2018; McNulty & Fincham, 2012).

Medo

O medo é uma das emoções mais básicas e instintivas do ser humano, constantemente experienciada ou observada em outras pessoas (LoBue & Adolph, 2019). Ele é adquirido de diferentes formas ao longo do ciclo vital, como experiências prévias, instruções verbais e observação. Da mesma forma, a expressão do medo pode ocorrer por meio de distintos comportamentos, voluntários e involuntários. Essa emoção é compreendida como uma resposta do organismo a uma ameaça iminente percebida, e caracteriza-se por ansiedade, agitação, tensão e sintomas somáticos como hipertensão e taquicardia (Delgado, Olsson, & Phelps, 2006; LoBue & Adolph, 2019). Uma das principais funções dessa emoção é fixar a atenção do indivíduo no perigo, impelindo-o a encontrar uma solução para o problema em uma espécie de ensaio comportamental. Essencialmente, o medo mobiliza visando à proteção daquilo que é percebido como importante para a sobrevivência e o bem-estar, de si ou de outros (Goleman, 2000).

Assim como outras emoções, o medo associa-se a diversas circunstâncias negativas, como transtorno obsessivo-compulsivo, ansiedade social, depressão, sedentarismo e condições mentais contemporâneas como o *fear of missing out* (Fomo)[2] (Aardema et al., 2019; Cremeans-Smith, 2018; Mohlman, Lauderdale, & Wuthrich, 2019; Roberts & David, 2019). Sua expressão mais patológica é observada em fobias de diversas naturezas, nas quais o medo mostra-se irracional e desproporcional à ameaça, interferindo consideravelmente nas atividades da vida diária (Lang, Davis, & Öhman, 2000).

Embora se associe a experiências e eventos desconfortáveis, o medo também possui importantes funções adaptativas para o ser humano (Delgado, Olsson, & Phelps, 2006). A principal delas é impedir que um organismo entre em contato direto com os perigos do ambiente. Evidências apontam que o medo contribui para soluções seguras e adaptativas face ao risco de lesão física ou social, resultando em atitudes distintas de acordo com a distância do estímulo ameaçador (Becerra-García et al., 2007; Etezady, 2014). Ainda, o medo enquanto ferramenta de persuasão é amplamente estudado e aplicado em áreas como psicologia, publicidade e saúde pública. Evidências apontam que essa emoção contribui para a percepção de uma mensagem como mais persuasiva, contribuindo para a mudança cognitiva e comportamental e, consequentemente, para a diminuição de hábitos prejudiciais e aditivos (Mongeau, 2013; Norberg et al., 2018).

Culpa

Assim como a vergonha, a culpa é classificada como uma emoção "autoconsciente" que é suscitada por meio da autorreflexão e autoavaliação (Tangney, Stuewig, Malouf, &

---

2. Apreensão generalizada de que outras pessoas possam estar tendo experiências gratificantes das quais se está ausente. Caracteriza-se pelo desejo de permanecer continuamente conectado ao que os outros estão fazendo (Przybylski, Murayama, DeHaan, & Gladwell, 2013).

Youman, 2013). Ela manifesta-se quando um comportamento resulta em malefícios a algo ou alguém, ou quando se falha em cumprir uma obrigação ou dever. A culpa baseia-se em valores e obrigações morais, motivo pelo qual tende a estar associada ao questionamento do valor próprio (Herdt, 2016). Por ser doloroso e autopunitivo, o sentimento reduz a probabilidade de o indivíduo engajar-se novamente na atitude que se revelou prejudicial e promove esforços de confissão, desculpas e reparação. Logo, essa emoção revela-se crucial para o fortalecimento de vínculos sociais, estimulando a reparação dos danos causados e motivando um comportamento socialmente responsável. Contrariamente à raiva, porém, o foco da culpa na reparação do prejuízo encontra-se no próprio indivíduo, que se responsabiliza por uma situação percebida como motivacionalmente incongruente (Smith & Lazarus, 1990; Tignor & Colvin, 2017).

Os comportamentos de retratação motivados pela culpa podem ser egoístas em sua natureza e objetivar apenas reduzir o desconforto provocado por esse sentimento. Argumenta-se, no entanto, que a culpa pode promover a empatia e abertura emocional ao eliciar a reflexão pessoal, a preocupação com o outro e o respeito ao seu ponto de vista (Herdt, 2016). Alinhadas a essa perspectiva, evidências empíricas sugerem que a culpa pode motivar uma pessoa a exercer maior esforço na conclusão de tarefas que envolvem o bem-estar de outras (Flynn & Schaumberg, 2012). Por fim, estudos indicam que uma maior propensão à culpa está relacionada à menor probabilidade de uso de substâncias tóxicas e de envolvimento em comportamentos de risco na adolescência e juventude (Quiles, Kinnunen, & Bybee, 2002; Stuewig et al., 2015).

Embora a desejabilidade de emoções negativas varie de acordo com a cultura (Suh & Oishi, 2002), é importante notar que resultados positivos não necessariamente justificam sentimentos dolorosos como a culpa. Tentativas de regulação dessa emoção podem resultar tanto em comportamentos benéficos quanto prejudiciais, como evitação e viés atencional. Nesse sentido, estudiosos sugerem que a investigação da cognição ocorrida no processamento afetivo é crucial para a obtenção de resultados benéficos (Henniger & Harris, 2014). Ainda, o fato de uma pessoa sentir-se culpada não significa que ela é, de fato, responsável por uma situação. A ajuda ao outro não é sempre apropriada e em determinadas circunstâncias pode não ser a melhor solução. Permitir que o outro faça as coisas por si mesmo é um sinal de respeito à sua agência e autoeficácia. Além disso, em alguns momentos as obrigações e necessidades particulares devem, apropriadamente, ser priorizadas (Herdt, 2016).

Vergonha

A vergonha, também considerada uma emoção autoconsciente, usualmente emerge a partir do reconhecimento dos atributos negativos de si. Contrariamente à culpa, no entanto, cujo foco é uma ação específica, a vergonha é egocêntrica. Ainda que um indivíduo se sinta envergonhado por outra pessoa, normalmente há uma forte identificação

80 Parte I – Aspectos teóricos e conceituais da Psicologia Positiva

ou afiliação com o sujeito constrangido. Por esse motivo, a vergonha é tipicamente mais dolorosa e disruptiva que a culpa. Ela leva a um centramento excessivo no *self*, promovendo sentimentos de desvalorização, impotência e incompetência, além de comportamentos de negação, fuga e dissimulação (Herdt, 2016; Tangney, Stuewig, Malouf, & Youman, 2013).

Porém, sendo uma emoção social, a vergonha pode favorecer diretamente as relações e conexões interpessoais. Evolutivamente, esse afeto teria a finalidade de apaziguar conflitos intragrupo ao comunicar o reconhecimento de uma ofensa e a resignação a uma posição hierárquica inferior (Tangney, Stuewig, Malouf, & Youman, 2013). Na contemporaneidade, sugere-se que a vergonha possui uma função semelhante ao promover a conformidade a padrões socioculturais de comportamento. Dessa forma, a emoção orientaria o sujeito na direção da aceitabilidade social e de parcerias cooperativas promissoras (Fessler, 2007).

A vergonha também é considerada um fator protetivo da dignidade humana devido à sua tarefa de regulação de proximidade e distância (Wurmser, 2015). Nessa perspectiva, a vergonha torna-se um fator de ajustamento social ao contribuir para a preservação dos limites pessoais e para o desenvolvimento da autonomia. Esse sentimento também pode promover a autorreflexão, o aprendizado e o crescimento individual, estimulando a superação das próprias limitações e fraquezas. A vergonha, assim, torna-se um elemento importante para a construção da empatia, da autoestima e da resiliência (Brennan, Robertson, & Curtis, 2017; Harper, 2011).

Considerações finais

A "segunda onda" da Psicologia Positiva é considerada um exemplo de evolução sob a ótica da dialética hegeliana. Nesse contexto, esse novo paradigma é caracterizado pelas forças e potencialidades da Psicologia Positiva inicial, aliado a novos preceitos e evidências no que tange ao sofrimento humano e sua relação com o bem-estar (Lomas & Ivztan, 2016). Ao apropriar-se de todos os aspectos da condição humana, positivos e negativos, a PP 2.0 proporciona um novo olhar para sentimentos até então compreendidos como prejudiciais e, portanto, indesejáveis. Assim, esse movimento responde, em grande parte, aos críticos da PP que afirmavam, desde o seu surgimento, que se trataria de uma perspectiva que olharia apenas para os aspectos positivos, desconsiderando os elementos negativos constituintes do humano. A "segunda onda", desse modo, coloca-se a serviço de discutir esses aspectos até então pretensamente negligenciados.

Sob tal viés teórico, este capítulo objetivou expor evidências científicas do papel de sentimentos negativos no bem-estar e florescimento humano. Foi apresentada a perspectiva dialética do bem-estar, a qual compreende os afetos positivos e negativos como fatores dinâmicos e interdependentes entre si. Ainda, relacionando evidências científicas dos possíveis benefícios de cinco emoções negativas – tristeza, raiva, medo, culpa e vergonha –, foi demonstrada a importância desses afetos para distintos aspectos da vida

5 A "segunda onda" da Psicologia Positiva – PP 2.0 e a importância dos afetos negativos   **81**

humana, como relações sociais, cognição, tomada de decisão e, evidentemente, a saúde mental e o bem-estar.

No âmbito da psicologia clínica, a "segunda onda" da Psicologia Positiva promove importantes mudanças práticas. Enquanto a PP inicial promovia a dicotomia positivo-negativo, assumindo que experiências e emoções possuem dois lados opostos, a PP 2.0 integra ambos os polos em um olhar mais próximo da realidade do paciente. Isso possibilita com que o próprio indivíduo compreenda melhor a complexidade de suas emoções e comportamentos, suas dificuldades, habilidades, e formas mais adaptativas de administrar sentimentos desconfortáveis (Flora, 2019).

Por uma perspectiva evolucionária, todas as emoções humanas são úteis ao passo que motivam o indivíduo para uma ação que se mostrou bem-sucedida ao longo da história. Ou seja, é possível que as emoções tenham evoluído a partir de estados preparatórios evocados por sinais de ameaça, nos quais a sobrevivência dependia do atraso ou da inibição de um comportamento (Lang, Davis, & Öhman, 2000). Na atualidade, entretanto, aspectos socioculturais tendem a promover a busca pela felicidade e pelo prazer imediato, ao mesmo tempo em que demonizam sensações como tristeza e dor. Essencialmente, o ser humano visa a experienciar emoções que o beneficiam (Tamir & Gutentag, 2017). Todavia, como demonstrado no presente capítulo, nem sempre o benefício de uma emoção coincide com o prazer que ela proporciona. Aceitar as emoções negativas é o primeiro passo para que elas ajam a favor do bem-estar e crescimento pessoal.

Perspectivas futuras

Seguindo a lógica da dialética hegeliana, a Psicologia Positiva, assim como os demais campos do conhecimento, permanece em constante evolução por meio do processo de tese, antítese e síntese. As perspectivas futuras indicam que a PP tende a, cada vez mais, incluir vozes até então negligenciadas pela área, como minorias. A "terceira onda" também prevê a importância de pesquisas na área social, abrangendo a Sociologia e promovendo, assim, uma chamada Psicologia Positiva Social. Ainda, pesquisas qualitativas e a intersecção com outras disciplinas ou paradigmas surgem como possibilidades frutíferas para a maior compreensão de como e por que o ser humano floresce (Lomas, 2019). Nosso convite neste capítulo e nas demais produções presentes nesta obra é não apenas acompanhar esse movimento, narrando-o, como contribuir para a sua sustentação e constante reflexão, em busca de novos conhecimentos e de práticas que promovam transformações e incrementos à saúde e ao bem-estar.

Referências

Aardema, F., Wong, S. F., Audet, J.-S., Melli, G., & Baraby, L.-P. (2019). Reduced fear-of-self is associated with improvement in concerns related to repugnant obsessions in obsessive-compulsive disorder. *British Journal of Clinical Psychology*, 58(3), 327-341. https://doi:10.1111/bjc.12214

Alter, A., & Forgas, J. P. (2007). On being happy but fearing failure: The effects of mood on self-handicapping strategies. *Journal of Experimental Social Psychology*, 43(6), 947-954. https://doi:10.1016/j.jesp.2006.07.009

Averill, J. R. (1982). *Anger and aggression*. Springer.

Baruch, R., Grotberg, E. H., & Stutman, S. (2008). *Creative anger: Putting that powerful emotion to good use*. Praeger Publishers/Greenwood Publishing Group.

Bastian, B., Koval, P., Erbas, Y., Houben, M., Pe., M., & Kuppens, P. (2015). Sad and alone: Social expectancies for experiencing negative emotions are linked to feelings of loneliness. *Social Psychological and Personality Science*, 6(5), 496-503. https://doi:10.1177/1948550614568682

Becerra-García, A. M., Madalena, A. C., Estanislau, C., Rodríguez-Rico, J. L., Dias, H., Bassi, A., & Morato, S. (2007). Ansiedad y miedo: Su valor adaptativo y maladaptaciones. *Revista Latinoamericana de Psicología*, 39(1), 75-81.

Bénatouïl, T., & Ierodiakonou, K. (2018). *Dialectic after Plato and Aristotle*. Cambridge University Press. https://doi.org/10.1017/9781108681810

Bonanno, G. A., Goorin, L., & Coifman, K. G. (2008). Sadness and grief. In M. Lewis, J. M. Haviland-Jones, & L. F. Barrett (eds.). *Handbook of Emotions* (vol. 3, pp. 797-806). Guilford Press.

Brennan, S., Robertson, N., & Curtis, C. (2017). Shame and resilience: A New Zealand based exploration of resilient responses to shame. In E. Vanderheiden & C.-H. Mayer (eds.). *The value of shame: Exploring a health resource in cultural contexts* (pp. 201-221). Springer International Publishing. https://doi:10.1007/978-3-319-53100-7_9

Cremeans-Smith, J. K. (2018). Fear of pain and the frequency with which healthy individuals engage in physical activity. *International Journal of Sport and Exercise Psychology*, 16(3), 300-312. https://doi:10.1080/1612197X.2016.1230639

Diener, E., Heintzelman, S. J., Kushlev, K., Tay, L., Wirtz, D., Lutes, L. D., & Oishi, S. (2017). Findings all psychologists should know from the new science on subjective well-being. *Canadian Psychology/Psychologie canadienne*, 58(2), 87-104. https://doi:10.1037/cap0000063

Etezady, M. H. (2014). Fear across the life span. In S. Akhtar (ed.). *Fear: A dark shadow across our life span* (pp. 193-220). Karnac Books.

Fergus, T. A., & Bardeen, J. R. (2016). Negative mood regulation expectancies moderate the association between happiness emotion goals and depressive symptoms. *Personality and Individual Differences*, 100, 23-27. https://doi:10.1016/j.paid.2015.08.010

Fessler, D. M. T. (2007). From appeasement to conformity: Evolutionary and cultural perspectives on shame, competition, and cooperation. In J. L. Tracy, R. W. Robins, & J. P. Tangney (eds.). *The self-conscious emotions: Theory and research* (pp. 174-193). Guilford Press.

Flora, K. (2019). Second wave of positive psychology: Beyond the dichotomy of positive and negative and the consequences in the practice of psychotherapy. *Counselling Psychology Quarterly*. https://doi:10.1080/09515070.2019.1573165

Flynn, F. J., & Schaumberg, R. L. (2012). When feeling bad leads to feeling good: Guilt-proneness and affective organizational commitment. *Journal of Applied Psychology, 97*(1), 124-133. https://doi:10.1037/a0024166

Ford, B. Q., Shallcross, A. J., Mauss, I. B., Floerke, V. A., & Gruber, J. (2014). Desperately seeking happiness: Valuing happiness is associated with symptoms and diagnosis of depression. *Journal of Social and Clinical Psychology, 33*(10), 890-905. https://doi:10.1521/jscp.2014.33.10.890

Forgas, J. P. (2011). She just doesn't look like a philosopher...? Affective influences on the halo effect in impression formation. *European Journal of Social Psychology, 41*(7), 812-817. https://doi:10.1002/ejsp.842

Forgas, J. P. (2007). When sad is better than happy: Negative affect can improve the quality and effectiveness of persuasive messages and social influence strategies. *Journal of Experimental Social Psychology, 43*(4), 513-528. https://doi:10.1016/j.jesp.2006.05.006

Forgas, J. P. (1998). On feeling good and getting your way: Mood effects on negotiation strategies and outcomes. *Journal of Personality and Social Psychology, 74*, 565-577. https://doi:10.1037/0022-3514.74.3.565

Forgas, J. P., & East, R. (2008). On being happy and gullible: Mood effects on skepticism and the detection of deception. *Journal of Experimental Social Psychology, 44*(5), 1.362-1.367. https://doi:10.1016/j.jesp.2008.04.010

Forgas, J. P., Goldenberg, L., & Unkelbach, C. (2009). Can bad weather improve your memory? A field study of mood effects on memory in a real-life setting. *Journal of Experimental Social Psychology, 54*, 254-257. https://doi:10.1016/j.jesp.2008.08.014

Forgas, J. P., Laham, S. M., & Vargas, P. T. (2005). Mood effects on eyewitness memory: Affective influences on susceptibility to misinformation. *Journal of Experimental Social Psychology, 41*(6), 574-588. https://doi:10.1016/j.jesp.2004.11.005

Forgas, J. P., & Tan, H. B. (2013). To give or to keep? Affective influences on selfishness and fairness in computer-mediated interactions in the dictator game and the ultimatum game. *Computers in Human Behavior, 29*(1), 64-74. https://doi:10.1016/j.chb.2012.07.017

Gentzler, A., Palmer, C., Ford, B. Q., Moran, K., & Mauss, I. B. (2019). Excessively valuing happiness in youth: Associations with depressive symptoms and well-being. *Journal of Applied Developmental Psychology, 62*(2019), 220-230. https://doi:10.1016/j.appdev.2019.03.001

Goleman, D. (2000). *Inteligência emocional: a teoria revolucionária que redefine o que é ser inteligente*. Objetiva.

Gregory, E. M., & Rutledge, P. B. (2016). *Exploring positive psychology: The science of happiness and well-being*. Greenwood Press/ABC-CLIO.

Harper, J. (2011). Regulating and coping with shame. In R. Trnka, K. Balcar, & M. Kuska (eds.). *Re-constructing Emotional Spaces: From experience to regulation* (pp. 189-206). Prague College of Psychosocial Studies Press.

Held, B. S. (2004). The negative side of positive psychology. *Journal of Humanistic Psychology, 44*(1), 9-46. https://doi:10.1177/0022167803259645

Henniger, N. E., & Harris, C. R. (2014). Can negative social emotions have positive consequences? An examination of embarrassment, shame, guilt, jealousy, and envy. In W. G. Parrott (ed.). *The positive side of negative emotions* (pp. 76-97). Guilford Press.

Herdt, J. A. (2016). Guilt and shame in the development of virtue. In J. Annas, D. Narvaez, & N. E. Snow (eds.). *Developing the virtues: Integrating perspectives* (pp. 235-254). Oxford University Press. https://[doi:10.1093/acprof:oso/9780190271466.003.0012

Hess, U. (2014). Anger is a positive emotion. In W.G. Parrott (ed.). *The positive side of negative emotions* (pp. 55-75). Nova York, NY: Guilford Press.

Hides, L., Quinn, C., Stoyanov, S., Cockshaw, W., Kavanagh, D. J., Shochet, I., & Keyes, C. L. M. (2019). Testing the interrelationship between mental well-being and mental distress in young people. *The Journal of Positive Psychology.* Advance online publication. https://doi:10.1080/17439760.2019.1610478

Ivtzan, I., Lomas, T., Hefferon, K., & Worth, P. (2016). *Second wave positive psychology: Embracing the dark side of life.* Routledge/Taylor & Francis Group. https://doi.org/10.4324/9781315740010

Kauppinen, A. (2018). Valuing anger. In M. Cherry, & O. Flanagan (eds.). *Moral psychology of the emotions. The moral psychology of anger* (pp. 31-47). Rowman & Littlefield.

Keyes, C. L. M. (2017). The dual continua model: The foundation of the sociology of mental health and mental illness. In T. L. Scheid & E. R. Wright (eds.). *A handbook for the study of mental health: Social contexts, theories, and systems* (pp. 66-81). Cambridge University Press. https://doi:10.1017/9781316471289.007

Khan, U., DePaoli, A., & Maimaran, M. (2019). The unique role of anger among negative emotions in goal-directed decision making. *Journal of the Association for Consumer Research, 4*(1), 65-76. https://doi:10.1086/701028

Lang, P. J., Davis, M., & Öhman, A. (2000). Fear and anxiety: Animal models and human cognitive psychophysiology. *Journal of Affective Disorders, 61*(3), 137-159. https://doi:10.1016/S0165-0327(00)00343-8

Lazarus, R. S. (2003). Does the positive psychology movement have legs? *Psychological Inquiry, 14*(2), 93-109. https://doi:10.1207/S15327965PLI1402_02

Lipp, M. E. N. (2005). *Stress e o turbilhão da raiva.* Casa do Psicólogo.

LoBue, V., & Adolph, K. E. (2019). Fear in infancy: Lessons from snakes, spiders, heights, and strangers. *Developmental Psychology, 55*(9), 1.889-1.907. https://doi:10.1037/dev0000675

Lomas, T. (2019). Surfing the second wave: What are waves anyway? *World Congress on Positive Psychology*. International Positive Psychology Association.

Lomas, T. (2016). Positive psychology – The second wave. *The Psychologist, 29*(7), 536-539.

Lomas, T., & Ivtzan, I. (2016). Second wave positive psychology: Exploring the positive-negative dialectics of wellbeing. *Journal of Happiness Studies, 17*, 1.753-1.768. https://doi:10.1007/s10902-015-9668-y

Mongeau, P. A. (2013). Fear appeals. In J. P. Dillard & L. Shen (eds.). *The handbook of persuasion* (2nd ed., pp. 184-199). Sage.

Maybee, J. E. (2016). Hegel's dialectics. In E. N. Zalta (ed.). *The Stanford Encyclopedia of Philosophy* [Recuperado de plato.stanford.edu/archives/win2016/entries/hegel-dialectics].

McNulty, J. K., & Fincham, F. D. (2012). Beyond positive psychology? Toward a contextual view of psychological processes and well-being. *American Psychologist, 67*(2), 101-110. https://doi:10.1037/a0024572

Mills, J. (2000). Dialectical psychoanalysis: Toward process psychology. *Psychoanalysis and Contemporary Thought, 23*(3), 20-54.

Mohlman, J., Lauderdale, S., & Wuthrich, V. (2019). Subscales of the fear survey Schedule-III in community dwelling older adults – Relations to clinical and cognitive measures. *Clinical Gerontologist: The Journal of Aging and Mental Health*. https://doi:10.1080/07317115.2019.1571554

Niemiec, R. M. (2019): Finding the golden mean: the overuse, underuse, and optimal use of character strengths. *Counselling Psychology Quarterly*. https://doi:10.1080/09515070.2019.1617674

Norberg, M. M., Newins, A. R., Jiang, Y., Xu, J., Forcadell, E., Alberich, C., & Deacon, B. J. (2018). The scarier the better: Maximizing exposure therapy outcomes for spider fear. *Behavioural and Cognitive Psychotherapy, 46*(6), 754-760. https://doi:10.1017/S1352465818000437

Quiles, Z. N., Kinnunen, T., & Bybee, J. (2002). Aspects of guilt and self-reported substance use in adolescence. *Journal of Drug Education, 32*(4), 343-362. https://doi:10.2190/VN3D-5M0A-47BN-3Y3T

Roberts, J. A., & David, M. E. (2019). The social media party: Fear of missing out (Fomo), social media intensity, connection, and well-being. *International Journal of Human-Computer Interaction*. Advance online publication. https://doi:10.1080/10447318.2019.1646517

Short, D. (2016). The evolving science of anger management. *Journal of Psychotherapy Integration, 26*(4), 450-461. https://doi:10.1037/int0000059

Smith, C. A., & Lazarus, R. S. (1990). Emotion and adaptation. In L. A. Pervin (ed.). *Handbook of personality: Theory and research* (pp. 609-637). The Guilford Press.

Spielberger, C. D. (1992). *Manual do Inventário de Expressão de Raiva como Estado e Traço (Staxi)*. Vetor.

Stuewig, J., Tangney, J. P., Kendall, S., Folk, J. B., Meyer, C. R., & Dearing, R. L. (2015). Children's proneness to shame and guilt predict risky and illegal behaviors in young adulthood. *Child Psychiatry and Human Development, 46*(2), 217-227. https://doi: 10.1007/s10578-014-0467-1

Suh, E. M., & Oishi, S. (2002). Subjective well-being across cultures. *Online Readings in Psychology and Culture, 10*(1). https://doi:10.9707/2307-0919.1076

Sundararajan, L. (2005). Happiness donut: A Confucian critique of positive psychology. *Journal of Theoretical and Philosophical Psychology, 25*(1), 35-60. https://doi:10.1037/h009125

Tamir, M., & Gutentag, T. (2017). Desired emotional states: Their nature, causes, and implications for emotion regulation. *Current Opinion in Psychology, 17*, 84-88. https://doi:10.1016/j.copsyc.2017.06.014

Tan, H. B., & Forgas, J. P. (2010). When happiness makes us selfish, but sadness makes us fair: Affective influences on interpersonal strategies in the dictator game. *Journal of Experimental Social Psychology, 46*(3), 571-576. https://doi:10.1016/j.jesp.2010.01.007

Tavris, C. (1989). *Anger: The misunderstood emotion*. Touchstone Books/Simon & Schuster.

Tignor, S. M., & Colvin, C. R. (2017). The interpersonal adaptiveness of disposition-al guilt and shame: A meta-analytic investigation. *Journal of Personality, 85*(3), 341-363. https://doi:10.1111/jopy.12244

Westerhof, G. J., & Keyes, C. L. M. (2009). Mental illness and mental health: The two continua model across the lifespan. *Journal of Adult Development, 17*(2), 110-119. https://doi:10.1007/s10804-009-9082-y

Wong, P. T. P. (2015). The meaning hypothesis of living a good life: Virtue, happiness, and meaning. *Research working group meeting for Virtue, Happiness, and the Meaning of Life Project*. University of South Carolina.

Wong, P. T. P. (2011). Positive Psychology 2.0: Towards a balanced interactive model of the good life. *Canadian Psychology/Psychologie canadienne, 52*(2), 69-81. https://doi:10.1037/a0022511

Wong, P. T. P. & Bowers, V. (2018). Mature happiness and global well-being in difficult times. In N. R. Silton (ed.). *Scientific concepts behind happiness, kindness, and empathy in contemporary society* (pp. 112-134). IGI Global.

Wong, P. T. P., & Roy, S. (2018). Critique of positive psychology and positive interventions. In N. J. L. Brown, T. Lomas, & F. J. Eiroa-Orosa (eds.). *Routledge international handbooks. The Routledge international handbook of critical positive psychology* (pp. 142-160). Routledge/Taylor & Francis Group.

Wurmser, L. (2015). Primary Shame, mortal wound and tragic circularity: Some new re-flections on shame and shame conflicts. *The International Journal of Psychoanalysis, 96*(6), 1.615-1.634. https://doi:10.1111/1745-8315.12470

Parte II

Psicologia Positiva em diferentes contextos

6
Psicologia Positiva aplicada à Psicologia da Saúde

DORALÚCIA GIL DA SILVA
CLAUDIA HOFHEINZ GIACOMONI
FABIO SCORSOLINI-COMIN

Ao propor uma mudança de foco nos estudos do campo da Psicologia, priorizando os aspectos adaptativos do ser humano, os recursos existentes e as estratégias que podem ser desenvolvidas para fazer frente às adversidades e vulnerabilidades, como nos processos de adoecimento, a Psicologia Positiva traz uma contribuição inequívoca para se pensar o campo da Psicologia da Saúde. Essa chamada "mudança de foco", tão referida na literatura que resgata as origens da Psicologia Positiva (Paludo & Koller, 2007; Scorsolini-Comin, Fontaine, Koller, & Santos, 2013) encontra uma ressonância particularmente no domínio da saúde. Promover saúde é, também, contribuir para que pacientes/clientes/usuários desenvolvam recursos para uma vida melhor e mais adaptativa, com "mais saúde". Ao dialogar diretamente com a noção de saúde trazida pela Organização Mundial de Saúde (2008), priorizando a integralidade, a Psicologia Positiva nos permite pensar em uma atuação mais propositiva e menos remediativa, com foco na promoção da saúde.

A partir desse preâmbulo, este capítulo abordará as contribuições da Psicologia Positiva à Psicologia da Saúde, especificamente para a Psicologia Hospitalar. Será discutida a aplicação de conceitos estudados pela Psicologia Positiva na área da Psicologia Hospitalar. Além disso, serão apresentados desdobramentos em termos da prática profissional do psicólogo no contexto da saúde e do hospital, com exemplos de possíveis intervenções em Psicologia Positiva baseadas empiricamente e que podem ser utilizadas no referido campo de trabalho.

Para situar o leitor em relação ao nosso campo de aplicação, é importante retomar as tensões existentes entre as áreas e nomenclaturas da Psicologia da Saúde e da Psicologia Hospitalar. Aqui neste capítulo, destacamos que a Psicologia da Saúde é considerada uma área mais ampla que visa a refletir sobre as aplicações dos saberes psicológicos aos processos de saúde, viabilizando uma atuação do profissional de Psicologia em uma ampla gama de serviços e equipamentos relacionados, como hospitais, unidades básicas de saúde, clínicas privadas ou públicas, serviços de saúde, entre outros (Matarazzo, 1980).

90 Parte II – Psicologia Positiva em diferentes contextos

Já a Psicologia Hospitalar refere-se à atuação do profissional de Psicologia em um local específico, o hospital (Castro & Bornholdt, 2004). Assim, trata-se de refletir sobre teorias e intervenções realizadas pelo psicólogo nesse cenário de prática. Essa diferenciação entre áreas e nomenclaturas será adotada no presente capítulo, embora possamos encontrar na literatura denominações que busquem aproximar esses campos, como, por exemplo, o emprego da expressão Psicologia da Saúde no contexto hospitalar (Castro & Bornholdt, 2004; Chiattone, 2000).

Ponto de partida: Os processos de adoecimento

Ao nos depararmos com situações de adoecimento e hospitalização, pode-se pensar que nesses momentos críticos não há como observar forças, virtudes e capacidades positivas. As experiências de adoecimento são frequentemente associadas ao sofrimento, à dor, à fragilidade, à vulnerabilidade e até mesmo à possibilidade de morte em alguns casos. Trata-se, portanto, de um momento em que o indivíduo não se encontra plenamente adaptado para exercer as suas atividades, para viver plenamente as suas capacidades. O adoecimento tem sido evocado na literatura como um momento de ruptura, de desconforto, disparando a necessidade de que a pessoa não apenas promova uma pausa, mas também reflita sobre os desdobramentos dessa experiência.

Alguns podem intuir que, nesse momento, tampouco há possibilidade de se trabalhar no sentido de promover e desenvolver características positivas. Isso ocorre especialmente nos casos de pacientes com doenças graves e crônicas. Algumas pessoas podem pensar que há poucas perspectivas de saúde a serem pensadas e trabalhadas com os pacientes que têm a história de vida com uma série de agravantes complexos. Esses podem ser advindos de diversas demandas e desafios no que concerne à dinâmica familiar e social das pessoas, como situações de pobreza, vulnerabilidade social, ausência ou rompimento de vínculos significativos, falta de rede de apoio, entre outros. Ademais, há a possibilidade de se ter o entendimento de que com pacientes em cuidados paliativos, por exemplo, em que não há mais expectativa de cura ou tratamento, não há como trabalhar com aspectos preservados de saúde.

Pelo exposto, pode-se recuperar que, tradicionalmente, o adoecimento tem sido apreendido de uma maneira negativa e desadaptativa para o sujeito, como uma ruptura que encerraria as possibilidades de reação ou mesmo de abertura para uma experiência positiva diante desse cenário. A doença pode assumir uma posição importante por interromper experiências consideradas positivas ou prazerosas, ou mesmo por permitir uma abertura para experiências dolorosas, desprazerosas e disruptivas a partir da sua instalação na narrativa de vida do paciente. No caso do adoecimento crônico, como mencionado, essa ruptura parece ser definitiva, instaurando a suspensão das experiências positivas de outrora. O que esperar da vida nesse contexto? A Psicologia Positiva parece nos ajudar a responder essa questão.

Esse argumento de prognóstico ruim ou reservado para situações de adoecimento e hospitalização pode ser intuitivo e relativamente comum para psicólogos. Isso porque, seguindo a lógica da tradição histórica em estudos da Psicologia, há uma ênfase em pesquisar processos psicopatológicos, de modo a identificar causas, fatores associados e tratamentos com fins curativos para tais doenças (Sheldon & King, 2001). A referida tradição justifica-se e surge a partir de demandas sociais e contextuais, em uma perspectiva biomédica que, ao longo do tempo, contribuiu para que conhecêssemos mais os processos de adoecimentos, suas etiologias e os itinerários terapêuticos decorrentes dessa situação. A lógica de conhecer para poder melhor tratar sempre possuiu a sua importância.

As situações catastróficas como as grandes guerras mobilizaram os grandes órgãos a buscar encaminhamentos e soluções para as pessoas que passaram por situações traumáticas e necessitavam de ajuda para lidar com as sequelas negativas desses eventos (Diener, 1984; Seligman & Csikszentmihalyi, 2000). Sabe-se que a Psicologia enquanto ciência e profissão tem por objetivos estudar e tratar patologias, assim como incrementar as potencialidades das pessoas em diferentes âmbitos (Seligman & Csikszentmihalyi, 2000).

No entanto, o objetivo de visar ao florescimento foi negligenciado por muito tempo. Tratar e remediar, reafirmando o paradigma biomédico, mostrava-se algo importante e preponderante no sentido das práticas em saúde. A formação de novos profissionais, alinhados a esse paradigma, permitia que se pensasse, com exclusividade, em como combater os processos de adoecimento e permitir uma vida sem doenças e sem sofrimentos, mas sem questionar, ao mesmo tempo, o que promoveria a saúde.

Nesse sentido, emerge o movimento organizado como ciência da Psicologia Positiva com o intuito de resgatar o objetivo da Psicologia de desenvolver as potencialidades humanas. Esse movimento, organizado a partir da década de 1990, resgata movimentos anteriores na Psicologia, a exemplo do humanismo, com referências a estudos de autores como Maslow e Rogers que também buscavam priorizar uma visão positiva de pessoa, que tendesse ao crescimento, ao desenvolvimento, ao amadurecimento, à autorrealização, à chamada tendência atualizante (Rogers, 1983; Scorsolini-Comin, 2014; Telles, Boris, & Moreira, 2014). Esse sentido evocaria, após a década de 1990, as reflexões em torno do florescimento. A Psicologia Positiva, nesse esteio, tem como propósito estudar as emoções positivas, desenvolver as forças e virtudes e as instituições positivas, focando no que faz a vida ser boa (Seligman, 2004), contribuindo para a promoção do florescimento.

É nesse ponto que a Psicologia da Saúde parece convergir com a Psicologia Positiva. A Psicologia da Saúde, ao deparar-se com as experiências de saúde, adoecimento e cuidado, pode colocar-se não apenas a serviço do reforçamento de uma tradição biomédica que, inclusive, delimita e controla a atuação do profissional de Psicologia, mas, ao mesmo tempo, buscar modos de atenção mais alinhados à busca pelo bem-estar, ainda que os itinerários terapêuticos estejam associados a possíveis desfechos considerados negativos e que envolvam sofrimento, angústia e até mesmo a morte. Aqui uma consideração deve ser enfatizada. Não se trata de romper com o modelo biomédico, descartando a sua relevância, haja vista que essa é a tradição que atravessa muitos modelos de atenção,

92 Parte II – Psicologia Positiva em diferentes contextos

sobretudo em hospitais e em serviços estruturados e com elevado nível de controle. Trata-se, pois, de investir em ações que possam ampliar a atuação na busca de recursos, no fortalecimento de virtudes e no delineamento de estratégias que possam assegurar à pessoa um itinerário de saúde-doença mais adaptativo, prenhe de significado, mais próximo de uma experiência, de fato, positiva.

Mas como uma vivência de adoecimento pode se transformar em uma experiência positiva? As experiências, em si, não podem se transformar, mas sim o modo como as mesmas são compreendidas, percebidas e corporificadas pelas pessoas. Compreender os processos de adoecimento como um convite à mudança, à reflexão, à adoção de novos comportamentos em saúde, por exemplo, pode ser um disparador não apenas para a aceitação da experiência de adoecer, mas de como esse momento pode oportunizar ganhos, conhecimentos, crescimentos e amadurecimento pessoal.

A Psicologia da Saúde no contexto hospitalar tem como objetivo estudar e intervir junto a aspectos psicológicos do adoecimento, buscando compreender o que o paciente faz com sua doença e o significado que lhe confere (Simonetti, 2004), minimizar o sofrimento associado e promover o bem-estar (Angerami-Camon et al., 2010; Stenzel, Zancan, & Simor, 2012). Assim, verificam-se objetivos comuns entre a Psicologia Positiva e a Psicologia da Saúde no contexto do hospital, uma vez que ambas focam na promoção do bem-estar dos pacientes. Ainda que as pessoas estejam vivenciando situações estressoras, sabe-se que possuem recursos e forças, os quais devem ser considerados e trabalhados, pois podem lhes favorecer no processo de saúde-doença.

Contudo, essas duas áreas não são comumente consideradas como afins, em que os aspectos teóricos de uma contribuam para a outra e repercutam em aplicações para a prática profissional. No Brasil, provavelmente isso se deva ao ainda crescente desenvolvimento da Psicologia Positiva em termos teóricos e de desenvolvimento e avaliação de intervenções. Além disso, alguns autores observam que a prática dos psicólogos no contexto hospitalar se faz de forma distinta, em que cada profissional atua conforme orientação teórica própria, ou ainda baseado na experiência adquirida na prática (Chiattone, 2001).

Nessa justificativa também cabe mencionar que, ao longo da constituição da Psicologia da Saúde no contexto hospitalar, houve a priorização de um alinhamento dessa área a um saber biomédico. Assim, para atuar nesse contexto, o profissional de Psicologia precisava estar alinhado ao modelo vigente, mais tradicional, com foco no tratamento e com pouco espaço para se pensar em promoção de saúde. Submetido ao jugo de profissionais de saúde como os médicos, aos psicólogos eram relegadas intervenções consideradas auxiliares ou complementares, de caráter técnico, como a avaliação psicológica. Ao promover a avaliação psicológica, nesse contexto, o profissional de Psicologia se colocava a serviço de um saber dominante, não havendo espaço para que pudesse trazer as suas contribuições para uma discussão mais ampla, interdisciplinar. Essa associação a um chamado tecnicismo afastou, por muito tempo, a Psicologia de uma discussão mais propositiva no campo da Psicologia da Saúde e também na Psicologia Hospitalar,

Intervenções em Psicologia Positiva no contexto da Psicologia da Saúde

campo este no qual este profissional é, normalmente, submetido à coordenação de outros profissionais.

Ressalta-se que a Psicologia Positiva e a Psicologia no contexto hospitalar possuem áreas de intersecção que podem ser melhor estudadas teórica e empiricamente e exploradas pelos profissionais atuantes nos hospitais. Para iniciar essa discussão, propomos, aqui, uma reflexão sobre dois construtos bastante investigados na Psicologia Positiva, o otimismo e a esperança, consideradas dimensões pouco estudadas em uma perspectiva mais tradicional da Psicologia. Na Psicologia Positiva, esses construtos assumem a posição de forças e, como tais, podem constituir recursos importantes para a pessoa, por exemplo, em situações de adoecimento ou do enfrentamento de uma internação ou mesmo de acompanhamento de um familiar, como um cuidador.

O otimismo é entendido conceitualmente em duas vertentes, a explicativa e a disposicional. A primeira refere-se a expectativas que as pessoas têm sobre o futuro a partir da forma como interpretam as causas dos eventos negativos passados (Seligman, 1998). Nessa primeira vertente, por exemplo, o otimismo é um aspecto construído pelo sujeito a partir de suas experiências pregressas, que podem aumentar ou diminuir a frequência de expressão desse componente. Já o otimismo disposicional diz respeito a uma tendência estável de a pessoa acreditar que coisas boas acontecerão com ela, ao invés de coisas ruins (Scheier & Carver, 1985).

O conceito de esperança tem sido bastante investigado na literatura científica contemporânea. É definido como um estado emocional positivo que emerge da interação entre rotas e agenciamento quando um objetivo está presente (Schuster, Feldens, Pinto, Iser, & Ghislandi, 2015; Snyder, 2002). A esperança possui papel importante durante o adoecimento, pois a sua vivência impulsiona uma busca contínua na luta contra as situações que ameacem o bem-estar (Caboral, Evangelista, & Whetsell, 2014). Para alguns autores, é considerada crucial para a sobrevivência e para a atribuição de sentido de vida, modificando positivamente a visão sobre a doença (Ottaviani, Souza, Drago, Mendiondo, Pavarini, & Orlandi, 2014; Salles, Cassarotti, Piolli, Matsuda, & Wakiuchi, 2014). Assim, altos níveis de esperança estão relacionados a menores índices de depressão, à continuidade de seguir em frente, buscando solucionar alguma dificuldade (Ottaviani et al., 2014). A esperança também está relacionada ao bem-estar e à qualidade de vida, enquanto que a desesperança está associada a uma visão opaca em que a pessoa está apenas aguardando a morte (Salles et al., 2014; Schuster et al., 2015).

O otimismo e a esperança podem ser benéficos para a adesão ao tratamento e melhora da qualidade de vida em pacientes com doenças crônicas, por exemplo. Pacientes que apresentam maiores níveis de esperança têm maior compreensão de que a doença

94 Parte II – Psicologia Positiva em diferentes contextos

crônica pode contribuir para o seu crescimento pessoal, à medida que aprende a ter uma melhor gestão da sua condição de saúde (Reppold, Antunes, Corrêa, Zanon, & Dal Lago, 2014). O otimismo pode facilitar passar por procedimentos invasivos e a melhor recuperação posterior, tais como cirurgias, transplantes e tratamentos para câncer (Carver, Pozo, Harris, Noriega, Scheier, & Robinson, 1993; Fitzgerald, Tennen, Affleck, & Pransky, 1993).

Desse modo, esses construtos tornam-se aspectos que tendem a ajudar a pessoa no seu percurso de adoecimento, tanto em termos de compreensão sobre o tratamento, como de adesão a terapias específicas, bem como de enfrentamento de situações adversas representadas pela própria doença e pelos possíveis agravos decorrentes desse adoecer. Não se trata, porém, de afirmar que algumas pessoas simplesmente possuem ou não essas características, o que cristalizaria o nosso modo de intervenção e nos circunscreveria apenas a pessoas que já são otimistas ou que possuem um posicionamento mais esperançoso diante da vida. A Psicologia Positiva pode justamente contribuir criando intervenções que potencializem esses aspectos nas pessoas que passam pelo adoecimento. Refletir sobre a importância desses aspectos nos diferentes tratamentos pode ser importante no sentido de fomentar junto aos pacientes/clientes/usuários/familiares posicionamentos mais adaptativos e colaborativos, melhorando o cuidado em saúde e potencializando uma experiência mais positiva, mesmo em um cenário de forte sobrecarga emocional.

Outro construto estudado pela Psicologia Positiva é a religiosidade/espiritualidade, discutida em um dos capítulos dessa coletânea, a qual igualmente mostra-se associada a uma melhor qualidade de vida e maior adesão ao tratamento em pacientes com doenças crônicas (Alvarez et al., 2016). A maior experiência de emoções positivas impacta de forma benéfica e resulta em melhores condições de saúde física em pacientes (Silvestre & Vandenberghe, 2013). Ainda, ao considerar que mesmo na situação de adoecimento e internação hospitalar as pessoas possuem forças e habilidades de superação, aponta-se o uso da Psicologia Positiva no contexto das emergências em hospitais com intervenções preventivas (Paranhos & Werlang, 2015).

Assim, as intervenções em Psicologia Positiva fazem sentido e ganham importância para o trabalho do psicólogo no hospital. Essas são definidas como procedimentos que visam a aumentar comportamentos e pensamentos positivos e o bem-estar (Bolier et al., 2013; Sin & Lyubomirsky, 2009). Além disso, têm o intuito de promover o florescimento humano e estão baseados na Psicologia Positiva (Bolier et al., 2013; Chavez, Lopez-Gomez, Hervas, & Vazquez, 2017; Schueller, Kashdan, & Parks, 2014).

Com efeito, estudos empíricos mostram que elas promovem significativo aumento do bem-estar e atenuam sintomas de depressão em curto prazo (Bolier et al., 2013; (Lyubomirsky & Layous, 2013; Sin & Lyubomirsky, 2009). Entre as intervenções em Psicologia Positiva existem as com foco em aumentar emoções positivas, descobrir forças, desenvolver *flow*, otimismo e esperança, autocompaixão, resiliência e relações positivas (Carver et al., 2010; Csikszentmihalyi, 2001; Fredrickson, 2001; Gilbert, 2009;

Joseph & Linley, 2006; Reis et al., 2010). Tais práticas construídas e testadas em estudos com delineamentos experimentais demonstram resultados interessantes de melhora significativa, conforme os objetivos propostos em cada estudo. Serão apresentadas a seguir brevemente algumas das intervenções que podem ser facilmente aplicadas e utilizadas no contexto hospitalar.

Primeiramente, é importante ressaltar que os benefícios das intervenções podem não ser sentidos imediatamente, mas as vantagens podem emergir ao longo do tempo (Mongrain, 2012). Por outro lado, alguns autores apontam que práticas pontuais também são efetivas (Feldman & Dreher, 2012), uma vez que no ambiente hospitalar os procedimentos e o tempo de internação podem ser breves. Em casos de pacientes com hospitalização prolongada, aponta-se que as intervenções podem ser realizadas com certa regularidade. Contudo, as intervenções são breves e de baixo custo. O investimento restringe-se ao conhecimento e treinamento teórico e prático do psicólogo a respeito dessas técnicas e a disponibilidade do paciente em aceitar participar de tais atividades nos atendimentos.

Quanto ao profissional que for aplicar as intervenções, indica-se que o psicólogo tenha embasamento teórico quanto aos temas de adoecimento e hospitalização, assim como a habilidade de empatia a respeito dessas questões. Ressalta-se que, independentemente da abordagem teórico-psicológica de formação e de prática do profissional, o psicólogo tenha o enfoque de considerar as forças e virtudes mesmo em uma situação estressora como a hospitalização para que a intervenção tenha êxito. Sugere-se que o psicólogo esteja previamente bem familiarizado com a aplicação da técnica da intervenção, bem como com os temas que podem emergir da atividade.

Ainda com o objetivo de resultados positivos da intervenção, indica-se que o profissional tenha trabalhado habilidades de boa comunicação e uma postura acolhedora. Recomenda-se que o atendimento e aplicação das técnicas se dê na modalidade individual, de modo a otimizar e aprofundar o aproveitamento das intervenções pensadas para cada caso. Dessa forma, após observadas tais recomendações iniciais, serão apresentadas alguns exemplos de intervenções. Salienta-se que a literatura apresenta outras que, se bem pensadas, também podem ser adaptadas e aplicadas no contexto do hospital. A seguir, algumas intervenções possíveis nesse contexto.

Técnica 1: Three good things

O exercício "Three good things", baseado em Seligman et al. (2005), consiste em uma instrução verbal a ser seguida e orientada por um psicólogo. Esta técnica visa a incrementar a experiência de bem-estar uma vez que propicia o resgate de vivências positivas recentes, procurando trazer o foco da consciência para os eventos positivos em detrimento das experiências adversas. Indica-se a regularidade de aplicação conforme resultado de estudo (Bolier et al., 2013), que identificou que a frequência de uma vez

96 Parte II – Psicologia Positiva em diferentes contextos

por semana trazia melhores resultados em relação ao grupo que a praticava todos os dias (Bolier et al., 2013). A instrução para esta técnica é descrita a seguir:

> Pensamos muito sobre o que vai mal e não pensamos suficientemente sobre o que vai bem em nossas vidas. Às vezes faz sentido analisar os maus eventos para que possamos aprender com eles e evitá-los no futuro. No entanto, as pessoas tendem a passar mais tempo pensando no que está ruim do que em coisas que possam ajudar. Pior ainda, essa tendência em focar os maus eventos pode deixar as pessoas mais vulneráveis para sintomas de ansiedade e depressão. Uma maneira de evitar que isso aconteça é desenvolver a habilidade de pensar sobre as coisas boas da vida. Para ajudar você a construir essa habilidade, gostaria de lhe pedir para listar três coisas boas que aconteceram ontem e também que você me dissesse por que elas aconteceram (Seligman et al., 2005).

Na sequência da intervenção, é importante que o psicólogo possa trabalhar com o cliente/paciente/usuário como essa lista foi construída, quais aspectos ele(a) ponderou para listar o que considerou mais importante, bem como as repercussões desse exercício: o que esse paciente sentiu ao responder a esse instrumento? Quais sentimentos ou emoções foram evocados? Não se trata, pois, de apenas apresentar o instrumento e solicitar a resposta, mas de trabalhar com o respondente como aquele instrumento pode ser útil naquele momento e, com a aplicação em outras semanas, como os aspectos foram mantidos ou foram mudando, por exemplo. Reforça-se, com essa técnica, que o paciente pode experienciar uma mudança de atitude ao ser convidado a refletir sobre aquilo de bom que está acontecendo em sua vida, apesar de estar passando por uma situação considerada adversa. Cabe ao profissional de Psicologia, ciente do objetivo da técnica, trabalhar com o paciente no sentido de explorar esses aspectos e amadurecer a experiência. Também é importante destacar que essa lista pode ser construída de modo verbal ou com registro escrito, com a mediação do profissional, caso o paciente não tenha condições de fazer o registro ou se expressar de maneira satisfatória em função de algum comprometimento físico ou cognitivo, por exemplo.

Técnica 2: Intervenção em gratidão

Experienciar o sentimento de gratidão implica um aumento de bem-estar, tendo em vista que os construtos estão positivamente correlacionados (Fredrickson, 2001; Wood, Froh, & Geraghty, 2010). A gratidão diz respeito a um reconhecimento de que algo bom aconteceu, acompanhado de uma avaliação de que alguém ou alguma força impessoal (natureza ou uma entidade divina) foram responsáveis pelo que ocorreu (Emmons & Shelton, 2002).

As intervenções em gratidão são descritas em três tipos: as listas, a contemplação e a expressão comportamental (Wood et al., 2010). As listas podem ser realizadas diariamente ou semanalmente. Neste exercício, a pessoa enumera coisas pelas quais se sente grata.

No segundo tipo de intervenção, o sujeito pensa ou escreve de modo geral sobre o que se sente grato. E a expressão comportamental se dá por meio da escrita de uma carta de gratidão a alguém especial, seguida da visita com a leitura da mesma a esta pessoa, ou mesmo a simulação desta visita. Este último tipo de intervenção será apresentado a seguir.

Esta intervenção que será aqui apresentada consiste em uma instrução verbal, um tempo para o paciente escrever a carta e um momento para ler a carta para a pessoa a quem foi direcionada. Pode ser uma carta escrita à mão ou um e-mail, utilizando *smartphone* ou *laptop*. Para cada caso e a disponibilidade de acesso à internet devem ser avaliados pelo profissional e pelo paciente qual o melhor formato a ser implementado na atividade. No caso de a pessoa a quem a carta será dirigida ser alguém que não seja possível contatar (p. ex., alguém já falecido), a pessoa pode ler para o psicólogo e fazer o *role play* com ele.

Nesse exercício, o remetente da carta deve imaginar que está diante do destinatário e ler o que escreveu. O profissional deve dar um breve *feedback* sobre o conteúdo da carta e perguntar como a pessoa está se sentindo naquele momento expressando e experienciando o sentimento de gratidão. A instrução para essa técnica é trazida a seguir:

> Pense em alguém a quem você é particularmente grato de ter em sua vida. Essa pessoa fez algo bom para você. Ela pode ser um amigo, um membro da família, um colega de trabalho, um professor, entre outros. Escreva uma carta dirigida a essa pessoa descrevendo o que ela fez de bom por você e como isso impactou a sua vida. Conte o que você tem feito na sua vida e o quanto você lembra dessa pessoa.

A ativação das emoções positivas amplia a cognição, conduz à mudança de comportamento e leva ao florescimento (Bolier et al., 2013; Seligman, 2011). Altos níveis de gratidão estão fortemente relacionados ao bem-estar e a baixos níveis de afetos negativos (Wood et al., 2010). A gratidão também tem se mostrado preditora de satisfação de vida (Peterson, Ruch, Beermann, Park, & Seligman, 2007). Assim, trata-se de um construto favorável de ser vivenciado e trabalhando no contexto do adoecimento e hospitalização, uma vez que resgata as emoções positivas, fortalece os laços afetivos e ajuda na reavaliação e compreensão da doença.

Em relação à efetividade das intervenções em gratidão, ressalta-se que há dificuldades metodológicas como a falta de grupos-controle adequados (Davis et al., 2016), de modo que não é possível indicar qual o melhor tipo de intervenção em gratidão existente. Porém, cabe a avaliação clínica do profissional diante das particularidades de cada caso. Ressalta-se que os exercícios de gratidão são de fácil aplicação, agradáveis para quem está realizando, fortalecem os vínculos e podem ser incorporados na rotina dos atendimentos psicológicos (Davis et al., 2016).

Para estudos de avaliação de efetividade das intervenções existem desafios metodológicos, como a dificuldade de implementação de ensaios clínicos randomizados, por exemplo (Reppold, Kaiser, D'Azevedo, & Almeida, 2018). As intervenções que têm demonstrado melhores resultados são aquelas que respeitam as particularidades dos casos, considerando a etapa do desenvolvimento e integrando-se às atividades cotidianas das pessoas (Reppold et al., 2017).

Ainda assim, diversos estudos têm demonstrado a efetividade das intervenções em Psicologia Positiva e apontado que são promissores na área da saúde e bem-estar. Os trabalhos realizados com distintas intervenções, diferentes participantes e em variados contextos mostram que os níveis de bem-estar e construtos relacionados aumentam e os índices de depressão e afetos negativos diminuem significativamente, em um período de até seis meses (Bolier et al., 2013; Mongrain & Matthews, 2012; Peterson et al., 2007; Seligman et al., 2005).

Ressalta-se que as intervenções trazidas neste capítulo são ilustrativas e representam uma parcela de possibilidades a serem utilizadas com pacientes e familiares hospitalizados. Cabe ponderar que as referidas técnicas devem estar organizadas dentro de um atendimento psicológico sistemático na rotina do paciente/familiar. Se utilizadas adequadamente, estas podem beneficiar e contribuir positivamente para experiências como o evento do adoecimento e da hospitalização.

Por isso, é importante que o profissional considere e avalie a pertinência e relevância em cada caso da inclusão das técnicas no seu protocolo de atendimento. Para tanto, deve pesar qual o grau de compreensão e motivação que a pessoa poderá ter acerca de trabalhar temas como otimismo, esperança, bem-estar. Em alguns momentos o sujeito hospitalizado pode estar mais propenso a querer abordar temas como a dor, a tristeza, as perdas, o que é perfeitamente esperado e deve ser acolhido. Por isso, é importante que o psicólogo respeite e trabalhe os conteúdos trazidos naquele momento pela pessoa que está sendo atendida.

No entanto, cabe notar que o processo de saúde/doença é dinâmico, e os temas de morte e sofrimento podem dar lugar aos conteúdos com o enfoque positivo. Neste momento, especialmente se o assunto for referido pela pessoa em atendimento, a introdução das técnicas pode ser feita. Contudo, reitera-se o cuidado e a avaliação criteriosa do profissional sobre cada caso para a indicação e oferta da aplicação das técnicas.

Após esta avaliação da pertinência, potencial benefício das IPP (Intervenções em Psicologia Positiva) e o momento adequado para sua aplicação, o psicólogo deve organizar o tempo de que necessitará para o atendimento. Além do *rapport* inicial antes da aplicação da técnica, é necessário explicar como a mesma funciona, qual o objetivo dela com aquela pessoa, no que ela pode beneficiá-la naquele momento e ser ofertada a possibilidade de receber a intervenção ou não, deixando o sujeito à vontade para decidir se quer se engajar na atividade ou não. Também é fundamental que o profissional leve em consideração fatores como dor, sono, preparo para exames, ou outras questões da rotina hospitalar que podem prejudicar o aproveitamento e a motivação para a intervenção.

Considerações finais

Após verificar aproximações teóricas e resultados empíricos das intervenções, salienta-se a afinidade entre a Psicologia da Saúde no contexto hospitalar e a Psicologia

Positiva. A Psicologia da Saúde surgiu em um momento histórico em que havia um sentimento de esperança positivo na sociedade. Além disso, conforme orientação atual da Organização Mundial da Saúde, a saúde deve ser entendida como um bem-estar físico, mental e social completo, não apenas como a ausência de doenças (WHO, 2008). Nesse sentido, ressalta-se que as contribuições teóricas da Psicologia Positiva vão ao encontro dessa prerrogativa que deve embasar as práticas dos profissionais em saúde, em especial a visão psi a respeito do processo de adoecimento e hospitalização.

A partir das reflexões trazidas no presente capítulo, pudemos compreender as aproximações entre esses campos. Um aspecto que deve ser considerado nas reflexões de profissionais da área é a necessidade de investir na formação em Psicologia Positiva, a fim de que esses conhecimentos possam ser explorados como uma abordagem, e não meramente como um rol de técnicas que podem ser empregados pelo psicólogo sem a devida contextualização ou sem acesso aos seus pressupostos epistemológicos.

Não se defende a atuação em Psicologia Positiva como uma possibilidade cosmética que vise a um objetivo específico, em um dado caso, o que nos reduziria à produção de repertórios interventivos que poderiam ser utilizados por profissionais alinhados a diferentes abordagens e perspectivas teóricas, por exemplo. Esse caminho ainda está se iniciando, uma vez que ainda são tímidos os centros que promovem formação de qualidade em Psicologia Positiva. Mesmo nas universidades, a penetração desse referencial em cursos de Psicologia ainda pode ser considerada recente.

Assim, trata-se de um movimento e, como tal, é mister que estejamos comprometidos com o seu fortalecimento, com a produção de evidências, com o aperfeiçoamento de técnicas, com a mudança paradigmática no modo de atuar e de promover o cuidado diante de alguém em uma situação de adoecimento ou de demanda de atenção específica. O convite, neste capítulo, é para continuarmos esse diálogo.

Referências

Alvarez, J. S. et al. (2016). Associação entre espiritualidade e adesão ao tratamento em pacientes ambulatoriais com insuficiência cardíaca. *Arquivos Brasileiros de Cardiologia, 106*(6), 491-501.

Angerami-Camon, V. A. et al. (2010). *Psicologia Hospitalar: Teoria e prática*. Cengage Learning.

Bolier, L., Haverman, M., Westerhof, G. J., Riper, H., Smit, F., & Bohlmeijer, E. (2013). Positive psychology interventions: A meta-analysis of randomized controlled studies. *BMC Public Health, 13*(1), 1-20.

Caboral, M. F., Evangelista, L. F., & Whetsell, M. V. (2012). Hope in elderly adults with chronic heart failure: Concept analysis. *Investigación y Educación en Enfermería, 30*(3), 406-411.

Carver, C. S., Pozo, C., Harris, S. D., Noriega, V., Scheier, M. F., Robinson, D. S., & Clark, K. C. (1993). How coping mediates the effect of optimism on distress: A study of women with early stage breast cancer. *Journal of Personality and Social Psychology, 65*(2), 375-390.

100 Parte II – Psicologia Positiva em diferentes contextos

Carver, C. S., Scheier, M. F., & Segerstrom, S. C. (2010). Optimism. *Clinical Psychology Review, 30*(7), 879-889. https://doi.org/10.1016/j.cpr.2010.01.006

Castro, E. K., & Bornholdt, E. (2004). Psicologia da Saúde X Psicologia Hospitalar: Definições e possibilidades de inserção profissional. *Psicologia: Ciência e Profissão, 24*(3), 48-57.

Chavez, C., Lopez-Gomez, I., Hervas, G., & Vazquez, C. (2017). A comparative study on the efficacy of a positive psychology intervention and a cognitive behavioral therapy for clinical depression. *Cognitive Therapy and Research, 41*(3) 1-17.

Chiattone, H. B. C. (2000). A significação da psicologia no contexto hospitalar. In V. A. Angerami-Camon (ed.). *Psicologia da Saúde: um novo significado para a prática clínica* (pp. 73-165). Pioneira Psicologia.

Csikszentmihalyi, M. (2001). *Flow: The psychology of optimal experience*. Harper Perennial Modern Classics.

Davis, D. E., Choe, E., Meyers, J., Wade, N., Varjas, K., Gifford, A., Quinn, A., Hook, J. N., Van Tongeren, D. R., Griffin, B. J, & Worthington, E. L. (2016). Thankful for the little things: A meta-analysis of gratitude interventions. *Journal of Counseling Psychology, 63*(1), 20-31.

Diener, E. (1984). Subjective well-being. *Psychological Bulletin, 95*(3), 542-575. https://doi.org.10/1037/0033-2909.95.3.542

Emmons, R. A., & McCullough, M. E. (2003). Counting blessings versus burdens: An experimental investigation of gratitude and subjective well-being in daily life. *Journal of Personality and Social Psychology, 84*, 377-389.

Emmons, R. A., & Shelton, C. M. (2002). Gratitude and the science of positive psychology. In C. R. Snyder, & S. J. Lopez (eds.). *Handbook of Positive Psychology* (pp. 459-471). Oxford University Press.

Feldman, D., & Dreher, D. (2012). Can hope be changed in 90 minutes? Testing the efficacy of a single-session goal-pursuit intervention for college students. *Journal of Happiness Studies, 13*, 745-759.

Fitzgerald, T. E., Tennen, H., Affleck, G., & Pransky, G.S. (1993). The relative importance of dispositional optimism and control appraisals in quality of life after coronary artery bypass surgery. *Journal of Behavioral Medicine, 16*(1), 25-43.

Fredrickson, B. L. (2001). The role of positive emotions in positive psychology. The broaden-and-build theory of positive emotions. *American Psychologist, 56*(3), 218-226.

Gilbert, F. (2009). Introducing compassion-focused therapy. *Advances in Psychiatric Treatment, 15*(3), 199-208. https://doi.org/10.4324/9780203851197

Joseph S., & Linley, P. A. (2006). Growth following adversity: Theoretical perspectives and implications for clinical practice. *Clinical Psychology Review, 26*(8), 1.041-1.053.

King, L. A. (2001). The health benefits of writing about life goals. *Personality and Social Psychology Bulletin, 27*, 798-807. https://doi.org/10.1177/0963721412469809

Lyubomirsky, S., & Layous, K. (2013). How do simple positive activities increase well-being? *Current Directions in Psychological Science, 22*(1), 57-62. https://doi.org/10.1177/0963721412469809

Matarazzo, J. (1980). Behavioural health's challenge to academic, scientific and professional Psychology. *American Psychologist, 35*, 807-817.

Mongrain, M., & Anselmo-Mathew, T. (2012). Do positive psychology exercises work? A replication of Seligman et al. *Journal of Clinical Psychology, 68*(4), 382-389.

Ottaviani, A. C., Souza, E. N., Drago, N. C., Mendiondo, M. S. Z., Pavarini, S. C. I., & Orlandi, F. S. (2014). Esperanza y espiritualidad de pacientes renales crónicos en hemodiálisis: Un estudio de correlación. *Revista Latino-Americana de Enfermagem, 22*(2), 248-254.

Paludo, S. S., & Koller, S. H. (2007). Psicologia Positiva: Uma nova abordagem para antigas questões. *Paideia, 17*(36), 9-20. https://doi.org/10.1590/50103-863X2007000100002

Paranhos, M. E., & Werlang, B. S. G. (2015). Psicologia nas emergências: uma nova prática a ser discutida. *Psicologia: Ciência e Profissão, 35*(2), 557-571. https://doi.org/10.1590/1982-370301202012

Peterson, C., Ruch, W., Beermann, U., Park, N., & Seligman, M. E. (2007). Strengths of character, orientations to happiness, and life satisfaction. *The Journal of Positive Psychology, 2*(3), 149-156.

Reis, H. T., Smith, S. M., Carmichael, C. L., Caprariello, P. A., Tsai, F. F., Rodrigues, A. et al. (2010). Are you happy for me? How sharing positive events with others provides personal and interpersonal benefits. *Journal of Personality and Social Psychology, 99*(2), 311-329.

Reppold, C. T., Antunes, A. D. P., Corrêa, L. M., Zanon, C. & Dal Lago, P. (2014). Características clínicas e psicológicas de pacientes asmáticos de um ambulatório de pneumologia. *Psico-USF, 19*(2), 199-208.

Reppold, C. T., Kaiser, V., D'Azevedo, L., & Almeida, L. S. (2018). O que os ensaios clínicos informam sobre a efetividade dessas intervenções? In C. S. Hutz, & C. T. Reppold (eds.). *Intervenções em Psicologia Positiva aplicadas à saúde* (pp. 13-39). Leader.

Rogers, C. (1983). *Um jeito de ser*. E.P.U. [Obra originalmente publicada em 1980].

Sales C. A., Cassarotti, M. S., Piolli, K. C., Matsuda, L. M., & Wakiuchi, J. (2014). O sentimento de esperança em pacientes com câncer: Uma análise existencial. *Rene, 15*(4), 659-667.

Scheier, M. F., & Carver, C. S. (1985). Optimism, coping, and health: Assessment and implications of generalized outcome expectancies. *Health Psychology, 4*(3), 219-247. https://doi.org/10.1037/0278-6133.4.3.219

Schueller, S., Kashdan, T. B., & Parks, A. (2014). Synthesizing positive psychological interventions: Suggestions for conducting and interpreting meta-analyses. *International Journal of Wellbeing, 4*(1), 91-98. https://doi.org/10.1002/9781118315927.ch22

Schuster, J. T., Feldens, V. P., Pinto, B., Iser, B., & Ghislandi, G. M. (2015). Esperança e depressão em pacientes oncológicos em um hospital do Sul do Brasil. *Revista da Associação Médica do Rio Grande do Sul, 59*(2), 84-89.

102 Parte II – Psicologia Positiva em diferentes contextos

Scorsolini-Comin, F. (2014). Aconselhamento psicológico com casais: interlocuções entre Psicologia Positiva e Abordagem Centrada na Pessoa. *Contextos Clínicos, 7,* 192-206.

Scorsolini-Comin, F., Fontaine, A. M. G. V., Koller, S. H., & Santos, M. A. (2013). From authentic happiness to well-being: The flourishing of Positive Psychology. *Psicologia: Reflexão e Crítica, 26*(4), 663-670.

Seligman, M. E. P. (2011). *Flourish: A visionary new understanding of happiness and well-being.* Free Press.

Seligman, M. E. P. (2004). *Felicidade autêntica: usando a nova psicologia positiva para a realização permanente.* Objetiva.

Seligman, M. E. P. (1998). *Learned optimism: How to change your mind and your life.* Free Press.

Seligman, M. E. P., & Csikszentmihalyi, M. (2000). Positive psychology: An introduction. *American Psychologist, 55*(1), 5-14. https://doi.org/10.1037/0003-066X.55.1.5

Seligman, M. E. P., Steen, T. A., Park, N., & Peterson, C. (2005). Positive psychology progress: Empirical validation of interventions. *American Psychologist, 60,* 410-421.

Sheldon, K. M., & King, L. (2001). Why positive psychology is necessary. *American Psychologist, 56*(3), 216-217. https://doi.org/10.1037/003-066X.56.3.216

Sheldon, K. M., & Lyubomirsky, S. (2006). How to increase and sustain positive emotion: The effects of expressing gratitude and visualizing best possible selves. *The Journal of Positive Psychology, 1*(2), 73-82.

Silvestre, R. L. S., & Vandenberghe, L. (2013). Os benefícios das emoções positivas. *Contextos Clínicos, 6*(1), 50-57. https://doi.org/10.4013/ctc.2013.61.06

Simonetti, A. (2004). *Manual de Psicologia Hospitalar: o mapa da doença.* Casa do Psicólogo.

Sin, N. L., & Lyubomirsky, S. (2009). Enhancing well-being and alleviating depressive symptoms with positive psychology interventions: A practice-friendly meta-analysis. *Journal of Clinical Psychology, 65*(5), 467-487.

Snyder, C. R. (2002). Hope theory: Rainbows in the mind. *Psychological Inquiry, 13,* 249-275. https://doi.org/10.1207/S.15327965PLT1304_01

Stenzel, G. Q. L., Zancan, N., & Simor, C. (2012). Reflexões acerca da atuação do psicólogo no contexto hospitalar. In G. Stenzel, M. E. Paranhos, & V. Ferreira (eds.). *A psicologia no cenário hospitalar: Encontros possíveis* (pp. 39-41). Ed. PUC-RS.

Telles, T. C. B., Boris, G. D. J. B., & Moreira, V. (2014). O conceito de tendência atualizante na prática clínica contemporânea de psicoterapeutas humanistas. *Revista da Abordagem Gestáltica, 20*(1), 13-20.

WHO (World Health Organization) (2008). *Constitution of the World Healt Organization.* Basic Documents. WHO.

Wood, A. M., Froh, J. J., & Geraghty, A. W. A. (2010). Gratitude and well-being: A review and theoretical integration. *Clinical Psychology Review, 30,* 890-905.

7
Acolhimento estudantil na Universidade
Como a Psicologia Positiva pode contribuir com o desenvolvimento de programas inovadores?

FABIO SCORSOLINI-COMIN
CARMEN SILVIA GABRIEL

Vamos começar este capítulo recorrendo a uma frase de Guimarães Rosa que nos tem inspirado no processo de pensar como a Psicologia Positiva pode nos ajudar a refletir sobre o acolhimento estudantil na Universidade: "Todo abismo é navegável a barquinhos de papel" (Rosa, 2009, p. 72). Essa frase possui sentidos muito potentes quando lida a partir da lente da Psicologia Positiva. Primeiramente, trata-se da consideração de que estamos, quase sempre, submetidos a intempéries. Muitos desses eventos, considerados negativos, não podem ser controlados ou previstos, mas simplesmente emergem como aspectos que devem ser vivenciados de alguma forma. Em um segundo momento, podemos considerar que a frase nos apresenta uma possibilidade concreta de fazer frente a essas adversidades: todo abismo pode ser navegável, pode ser atravessado, contornado, revisto. Há, portanto, uma potência, uma força que responde a essa dificuldade e permite ressignificá-la, lidar com a mesma. E como isso pode ser manejado?

A metáfora do barquinho de papel, suave, leve, aparentemente frágil diante da estrutura de um abismo, parece subverter a lógica de uma força que nem sempre pode ser controlada, domada. A suavidade do barquinho, no entanto, seria capaz de fazer frente à intempérie e atravessar o abismo, chegando à outra ponta do mapa. Essa imagem é muito potente para a discussão que traremos neste capítulo: o período universitário, repleto de mudanças e dificuldades muitas vezes intransponíveis, em uma primeira análise, pode ser navegável a partir de movimentos suaves, constantes e que não se assustem com a dimensão da profundeza a ser percorrida. Estamos, claramente, falando da Psicologia Positiva (Paludo & Koller, 2007; Scorsolini-Comin, Fontaine, Koller, & Santos, 2013; Yunes, 2003).

O acolhimento a estudantes universitários, no passado, era abordado, muitas vezes, como uma ação necessária para o acompanhamento de alunos com algumas dificuldades, sobretudo as de caráter socioeconômico, para a permanência em universidades públicas (Imperatori, 2017). Longe da casa dos pais, na maioria dos casos, esses estudantes buscavam auxílios que pudessem contribuir com a continuidade dos estudos no ensino superior. Essas políticas educacionais estavam alinhadas à tentativa de oferecer a alunos de diferentes camadas sociais as mesmas oportunidades de conclusão do ensino superior. Tais políticas estiveram e ainda estão presentes em diversas universidades públicas, por meio de auxílios moradia, auxílios alimentação, bolsas de estudos, bolsas de apoio técnico e até mesmo bolsas para situações emergenciais, por exemplo, quando um aluno passa por uma situação emergencial de falta de recursos para permanecer na Universidade. Para além disso, o acolhimento estudantil precisa assumir outras facetas que não somente a da permanência ou do acompanhamento acadêmico. Tendo em vista o papel precípuo da Universidade, que é o de formar cidadãos capazes de lidar com suas potências e limites, pode-se alavancar a entrega para a sociedade de profissionais mais capacitados a lidar com as crises.

As ações ditas assistenciais da Universidade precisam se diferenciar dessa conduta e diversificar as formas de contribuir para que os alunos permaneçam no ensino superior com melhor qualidade de vida e saúde mental. Cabe ressaltar aqui a importância dos recursos materiais para a sua permanência no ensino superior, mas destacar que o leque de necessidades desses estudantes deve ser entendido de forma mais ampla com a mudança de visão em relação ao acolhimento: de um movimento assistencial para um componente curricular.

No 5º Congresso de Graduação da Universidade de São Paulo, ocorrido na cidade de Ribeirão Preto (SP) em julho de 2019, a discussão central pautou-se sobre o tema de como a Universidade pode estar cada vez mais engajada em conteúdos e estratégias de ensino considerados inovadores para melhoria do processo de ensino e aprendizagem. Nesse sentido, questiona-se: quais técnicas e estratégias na graduação podem ser consideradas inovadoras para o currículo, possibilitando a formação de jovens comprometidos com um novo olhar para os diversos fenômenos como as tecnologias e as relações humanas? Seguindo esta vertente, o acolhimento institucional foi entendido como um componente curricular inovador. Isso significa ampliar a visão inicial, do acolhimento com um viés assistencialista, de provisão de recursos a quem menos possui, passando a ser um elemento que deve estar presente nos currículos do ensino superior. Fazer/promover/pensar o acolhimento estudantil passa a ser, pois, uma diretriz para um ensino cada vez mais inovador. As Universidades inovadoras são, portanto, aquelas que se propõem a refletir sobre esse acolhimento a partir de diversas ações institucionais. Acolher passa a ser sinônimo de inovar.

Pensando nessa nova acepção, diversas Universidades têm passado a discutir estratégias de acolhimento. Essas ações são mobilizadas, em grande parte, pelos expressivos estudos produzidos na contemporaneidade e que atestam para os índices cada vez mais alarmantes de adoecimento mental na população universitária (Dázio, Zago, & Fava, 2016; Paro & Bittencourt, 2013; Robazzi, 2019). Para além da tentativa de explicar esse movimento, se mobilizado pela instituição, pelos aspectos microssociais, macrossociais, pelas estruturas familiares ou pelas próprias condições de nossa sociedade, em um momento histórico particular, a Universidade tem se aberto ao diálogo no sentido de propor, de fato, ações que possam ser acolhedoras a esses estudantes (Rossato & Scorsolini-Comin, 2019). Assim, as ações de acolhimento deixam de ser uma possibilidade e passam a ser uma realidade assumida por toda a comunidade acadêmica.

A partir das necessidades de acolhimento vivenciadas pelos estudantes e do modo como a Universidade vem assumindo essas demandas como componente curricular, a Psicologia Positiva vem sendo convocada a contribuir nesse cenário. Como a Universidade pode se tornar um espaço positivo? Como podemos pensar em uma educação positiva? (Cintra & Guerra, 2017). Derivada dessas questões, ainda podemos assumir mais esta reflexão: como o repertório da Psicologia Positiva poderia oferecer elementos para o desenvolvimento de atuações que visem ao acolhimento estudantil no ensino superior? Ou, ainda, de que modo o acolhimento pode se aproximar do que a Psicologia Positiva vem estudando como forças de caráter, por exemplo? (Seligman, Steen, Park, & Peterson, 2005).

Intervenções baseadas na Psicologia Positiva

As intervenções baseadas na Psicologia Positiva têm sido exploradas nos diferentes capítulos que compõem esta obra, em diferentes áreas de atuação. No contexto do acolhimento estudantil, discutido prioritariamente no presente capítulo, baseamo-nos em dois modelos teóricos vastamente empregados por pesquisadores e profissionais alinhados à Psicologia Positiva. O primeiro modelo refere-se à estrutura desenvolvida por Seligman (2011) e que traz as diretrizes para pensarmos em intervenções de base positiva, a saber: a emoção positiva, o engajamento, o sentido, os relacionamentos positivos e a realização. Para o autor, "o modo como escolhemos nossa trajetória de vida é maximizando todos esses cinco elementos" (Seligman, 2011, p. 36). Assim, as intervenções de base positiva devem ter em mente não apenas cada um desses elementos isolados, mas de que modo os mesmos podem ser apreendidos e desenvolvidos de modo integrado. Embora possamos construir intervenções que tomem por base o desenvolvimento de relacionamentos interpessoais positivos, por exemplo, favorecendo um dos vértices do modelo, é fundamental que os outros elementos também sejam trazidos à baila, ainda que de modo menos evidente, mas, ainda assim, presente na atuação.

Outro modelo inspirador é trazido por Fredrickson (2009) e que tem como foco a promoção de saúde e a potencialização. A autora trabalha com dois tipos de potencialização. Na potencialização primária, trata-se de pensar em ações interventivas que possam potencializar o que já é bom, aquilo que já funciona. Na potencialização secundária, trata-se de potencializar o que é melhor ainda, visando a experiências elevadas de prazer e que possam estar mais diretamente associadas a desfechos positivos nessas intervenções.

A partir desse panorama, o objetivo deste capítulo é apresentar ações de acolhimento estudantil universitário construídas a partir do referencial da Psicologia Positiva

106 Parte II – Psicologia Positiva em diferentes contextos

ou inspiradas nesse modelo teórico-interventivo. Serão apresentadas e discutidas três ações que podem ser adotadas por gestores das Universidades no sentido de potencializar o acolhimento: (a) a construção de um Comitê de Acolhimento Estudantil; (b) a realização de fóruns de acolhimento estudantil; (c) o desenvolvimento de programas de tutoria acadêmica. Essas ações aqui destacadas foram implementadas na Escola de Enfermagem de Ribeirão Preto da Universidade de São Paulo (EERP/USP) desde 2018, por meio de um programa integrado que envolve a Direção da Unidade, a Comissão de Graduação, as Comissões Coordenadoras de Curso e o coletivo de professores, funcionários e alunos interessados pela temática. Essas ações são parte de uma diretriz da Pró-Reitoria de Graduação da Universidade de São Paulo e envolvem diferentes estratégias implementadas pela Universidade de São Paulo.

Comitê de Acolhimento

O Comitê de Acolhimento é um espaço institucional que visa a discutir, mais diretamente, ações e políticas relacionadas à vida estudantil na graduação e na pós-graduação. Toda instituição de ensino superior pode delimitar a construção de um comitê com essa característica como forma de não apenas chamar a atenção para as atividades de acolhimento que podem e devem ser desenvolvidas, mas como forma de acompanhar os processos relacionados a essas ações, buscando garantir que, de fato, estejamos atuando com o acolhimento, visando ao bem-estar do aluno. As diretrizes do Comitê de Acolhimento podem ser, a exemplo das implementadas na Universidade de São Paulo e reproduzidas na Escola de Enfermagem de Ribeirão Preto da referida Universidade (EERP/USP): (a) escuta; (b) atenção; (c) orientação; (d) responsabilização; (e) permanência; (f) desempenho; (g) convívio; (h) dignidade; (i) pertencimento. A seguir, comentaremos essas diretrizes e as suas relações com a Psicologia Positiva.

a) *Escuta*: A escuta é uma diretriz fundamental em qualquer programa que busque acolher. A escuta nos revela a possibilidade de nos aproximar dos alunos e não apenas ouvir as suas queixas, mas entender o sentido que a Universidade ocupa em sua vida e quais os seus desafios nesse percurso. A escuta não precisa se comprometer com um determinado espaço, mas com uma atitude constante de abertura ao diálogo.

b) *Atenção*: Essa diretriz está envolvida com o modo como as ações serão implementadas e trata-se, também, de uma atitude constante. A atenção envolve a disponibilidade de ouvir, de ajudar, de implicar-se nos problemas e partilhar das decisões que podem conduzir a desfechos positivos em cada situação. A atenção envolve uma atitude de "ser com", de "estar com", com interesse pelo estudante, suas características e dificuldades.

c) *Orientação*: Neste aspecto, a diretriz retoma uma condição mais diretiva, de poder trabalhar com o aluno questões que possam ser importantes a partir de uma avaliação que toma por base a experiência mais ampla na Universidade. Esse papel de orientação pode ser assumido por diferentes atores, a exemplo dos professores, que podem trabalhar com os estudantes ações que partam de um roteiro pré-definido a partir das necessidades que esse docente deflagrou em um determinado grupo, por exemplo. Não se trata, pois, de assumir uma assimetria ou uma relação de poder, mas uma relação com vinculação em que alguém mais experiente possa contribuir com a formação ou com a travessia de um estudante que faz parte de um programa de acolhimento, por exemplo.

d) *Responsabilização*: Trata-se de uma diretriz fundamental em qualquer programa de acolhimento, justamente por envolver e engajar o estudante em cada proposta. O estudante precisa se responsabilizar tanto pelo seu engajamento na atividade quanto no próprio processo de mudança e de fazer frente às dificuldades que, porventura, esteja atravessando. Quando o estudante se responsabiliza, ele passa a se ver como participante da ação, ele passa a compreender que os programas de acolhimento, de fato, o incluem. Sendo parte do processo, ele tende a se envolver mais com as ações, potencializando os desfechos positivos.

e) *Permanência*: A permanência é um aspecto que pode estar relacionado a outras variáveis, como elementos socioeconômicos, de carreira e até de identificação com a profissão e com o curso. Como podemos favorecer a permanência de um estudante na graduação? É preciso compreender, primeiramente, os motivos de evasão dos estudantes e definir metas que possam fazer frente a esse movimento. Em um segundo momento, delinear ações promotoras de permanência, a fim de que os estudantes possam criar vinculações positivas no espaço universitário e que favoreçam a conclusão do curso.

f) *Desempenho*: Embora não estejamos falando necessariamente de um desempenho considerado ótimo, as ações dos programas de acolhimento podem estar envolvidas com atividades que contribuam com um melhor desempenho do estudante, evitando reprovações e avaliações abaixo da média. Assim, as ações podem ter como foco fortalecer esse desempenho no sentido de criar espaços como plantões de dúvidas, grupos de estudo, atividades acadêmicas complementares, supervisões e monitorias que colaborem com a melhoria do rendimento acadêmico.

g) *Convívio*: As ações relacionadas ao convívio podem fortalecer os relacionamentos interpessoais positivos (Seligman, 2011) no sentido de construir e permitir a continuidade de vinculações consideradas importantes na travessia universitária, tanto em termos da formação de redes de apoio ao longo da graduação, como de relacionamentos fora da Universidade. Para que essas redes de apoio sejam suficientemente apoiadoras, é fundamental trabalhar com os estudantes o reconhecimento desses relacionamentos positivos e suas principais repercussões em termos de acolhimento nessa fase.

h) *Dignidade*: As ações voltadas à dignidade devem assegurar o respeito pelo estudante, suas origens e suas diversidades. As ações podem ser promotoras de dignidade justamente ao promover o respeito pela diferença, por exemplo, permitindo que pessoas de diferentes origens possam ser acolhidas e se sentirem parte da Universidade. Assim, a Universidade precisa ser um espaço de potencialização da dignidade.

i) *Pertencimento*: Pertencer à Universidade é nada mais do que se sentir parte dessa instituição. As ações de pertencimento são complexas e envolvem diretamente todas as diretrizes anteriormente mencionadas. Pertencer a algum lugar envolve a compreensão desse espaço como algo acolhedor, respeitoso, que permita ao sujeito ser quem ele é, de fato. Quanto mais se sentir pertencente à Universidade, mais o estudante buscará nessa própria estrutura uma resposta às suas dificuldades, acionando as suas redes de apoio e as estruturas institucionais que podem ser apoiadoras em momentos de maior mobilização. Assim, a Universidade poderá ser, de fato, um espaço de acolhimento.

Essas diretrizes podem ser interpretadas de modo similar às forças de caráter trabalhadas na Psicologia Positiva (Seligman et al., 2005). As forças de caráter envolvem mecanismos psicológicos que contribuem para a realização e a satisfação com a vida. As 24 forças de caráter da Psicologia Positiva são: bravura, autenticidade, persistência, vitalidade, amor, bondade, inteligência social, integridade, liderança, cidadania, abertura a novas ideias, criatividade, curiosidade, gosto, perspectiva, apreço ao belo, esperança, espiritualidade, gratidão, humor, autorregulação, humildade, perdão e prudência. As diretrizes do Comitê de Acolhimento e, consequentemente, as suas ações, dialogariam com essas forças. O pertencimento, por exemplo, pode se aproximar da autenticidade e da integridade, em termos semânticos. Assim, ao empregarmos uma ação voltada a essas duas forças de caráter, por exemplo, estamos também trabalhando com uma diretriz do acolhimento. O convívio, outra diretriz, pode se aproximar da abertura a novas ideias, a partir do contato com pessoas diferentes, por exemplo, e mesmo do exercício de cidadania e de integridade. Essas proximidades podem ser experienciadas em diversas ações, algumas das quais discutidas no presente capítulo.

Fórum de acolhimento

A realização de um fórum de acolhimento pode ser uma primeira ação desenvolvida com os alunos no sentido de levantar as demandas. Importante destacar o caráter democrático da ação, que deve envolver a participação da maioria da comunidade acadêmica e tentar mobilizar todas as pessoas que possam estar direta ou indiretamente relacionadas ao acolhimento. Para a condução do fórum, pode-se pensar na participação de alunos que estejam mais diretamente engajados em ações de acolhimento, ou mesmo de docentes que também estejam envolvidos nessas ações e discussões e/ou nas comissões gestoras da graduação. É importante que as pessoas que irão organizar esse espaço o compreendam como propositivo – e não avaliativo, como já ocorre em outras instâncias na Universidade (Souza & Scorsolini-Comin, 2017). Assim, não se trata da avaliação de uma disciplina ou de um conjunto de disciplinas de um semestre, o que geralmente pode ser feito ao final de um ciclo com a participação das comissões

7 Acolhimento estudantil na Universidade – Como a Psicologia Positiva pode... **109**

organizadoras de curso, mas sim um espaço diferente e que tem como objetivo acessar a compreensão do aluno acerca das ações de acolhimento, permitindo a sua participação mais ativa nesse processo.

Sugere-se que esta seja uma atividade optativa, ocorrida em um dia em que a maioria das turmas do curso possa estar presente, em um tempo de, no máximo, duas horas. É importante trabalhar a divulgação da atividade entre as diferentes turmas, com inserções de *folders* não apenas nos corredores em que ocorrem as aulas, mas também em redes sociais, em mídias enviadas pelo *smartphones* e divulgações presenciais que possam ser convidativas, ou seja, que permitam que os alunos se interessem pelo espaço do fórum. A fim de contribuir nesse processo, pode ser oferecida uma declaração de participação após o encontro.

A proposta dessa atividade é que, primeiramente, sejam apresentados aos alunos o seu objetivo, bem como as diretrizes que organizaram a ação. Assim, os alunos já terão um pouco mais de clareza dos conteúdos que podem emergir nesse encontro. Na experiência em tela, propõe-se a utilização de perguntas disparadoras que sejam de caráter apreciativo, ou seja, que possam ser um ponto de discussão a partir de um posicionamento do aluno como alguém que pode contribuir, em um cenário que já possui ações de acolhimento.

Esse cuidado é importante para que os alunos não compreendam o fórum como um espaço de reclamações apenas, ou de sistematização de críticas. Isso não significa que as críticas não possam ser trazidas nesse espaço – pelo contrário, mas que o que irá nortear a discussão será algo de caráter apreciativo, evocando as potências institucionais e relacionais que também possam favorecer as mudanças necessárias, segundo a avaliação dos alunos nesse espaço. Seguem alguns exemplos de perguntas norteadoras de caráter apreciativo:

1) *Para vocês, o que é se sentir acolhido na Universidade?* Nesta pergunta, podem ser evocados sentidos como o ser respeitado, possuir autonomia, encontrar pessoas com disposição para ajudar, até mesmo evocando as estruturas institucionais existentes e que podem favorecer a permanência na Universidade, contribuindo no processo de transição para o ensino superior e as mudanças decorrentes desse processo, por exemplo, quando tratamos especificamente de alunos ingressantes ou dos primeiros anos de curso.

2) *O que já existe na instituição e que promove o acolhimento estudantil?* Nesta pergunta, os alunos podem listar as estruturas que já estão em funcionamento e que eles associam aos sentidos de acolhimento trabalhados na pergunta anterior. Trata-se de um importante processo de identificar e reconhecer algumas estruturas como acolhedoras, mesmo que elas não tenham essa finalidade primeira. Nesse sentido, podem emergir relatos relacionados a disciplinas de graduação, atividades extracurriculares e mesmo estruturas mais diretamente associadas à saúde mental, por exemplo, caso haja intervenções disponíveis aos estudantes na instituição.

110 Parte II – Psicologia Positiva em diferentes contextos

3) *Quais as sugestões do grupo para ampliar ou melhorar o acolhimento que já existe?* Nesta pergunta, trabalha-se a possibilidade de potencializar as estruturas já existentes a partir de ajustes. Desse modo, como contribuir para que uma estrutura possa ser melhorada com vistas a ampliar seu potencial para o acolhimento? Os alunos podem trazer relatos importantes para as equipes gestoras no sentido de realizar ações mais efetivas a partir daquilo que já existe e funciona, mas priorizando o funcionamento ótimo.

4) *Dessas sugestões que vocês trouxeram, quais vocês pensam que podem ser elencadas como prioritárias neste momento?* Esta pergunta se mostra importante para que, dentre as várias sugestões emergentes nesse espaço, possa-se priorizar as mais importantes, as mais simples de serem realizadas ou as mais urgentes. É importante essa priorização, a fim de que se possa trabalhar com ações que possam ser mensuradas, acompanhadas ao longo do tempo, e não apenas lançadas como atividades de promoção de acolhimento. Priorizar é fundamental para que o fórum também possa ter maior credibilidade junto aos estudantes, de modo que nem tudo será possível de ser realizado, muito menos ao mesmo tempo. Essa consideração é fundamental para alicerçar o compromisso institucional com o acolhimento sem desrespeitar a estrutura universitária que, muitas vezes, não promove mudanças substanciais sem planejamento e ações apoiadoras de diferentes órgãos, em uma ação combinada e de maior potencial de impacto. Ainda assim, ajustes podem ser realizados, mas dentro de um planejamento específico. Esse planejamento é pensado junto aos alunos, a fim de que eles mesmos encaminhem as prioridades nesse processo. Essa pergunta, desse modo, resgata a importância de o estudante se posicionar não apenas como aquele que pode criticar, mas como aquele que pode ser parceiro dessas mudanças, compreendendo que implementá-las também é um processo complexo. Quanto mais os alunos podem ser convidados a pensar nessa complexidade, mais as ações tendem a ser mensuradas dentro das possibilidades existentes, podendo ser mais exequíveis.

5) *Quais as sugestões complementares para favorecer a adesão dos estudantes às ações de acolhimento?* Nesta pergunta final, a proposta é que os estudantes possam contribuir com modos mais eficazes de engajar os colegas nas ações existentes e nas que serão futuramente criadas pelo grupo. Como o fórum é uma atividade optativa, nem todos os alunos podem se interessar, em um primeiro momento, envolvendo-se com a atividade. Mas com o emprego de ajustes, a partir das sugestões dos próprios participantes, outras estratégias poderão ser adotadas visando ao maior envolvimento desse público nesses espaços.

Há que se considerar que essas perguntas são apenas modelos. As mesmas podem ser customizadas ou adaptadas em relação às diferentes instituições, suas características e necessidades. O importante a ser mantido, dentro do referencial da Psicologia Positiva, é o caráter apreciativo e propositivo das questões, dentro da lógica de potencializa-ção do que já existe e que dá certo e não no sentido da desconstrução ou da deslegiti-mação do que existe.

Ao final do fórum, a equipe proponente deve se reunir e sistematizar os relatos tra-zidos pelos alunos. As respostas trazidas no fórum podem e devem ser balizas das ações de acolhimento que serão desenvolvidas em curto e médio prazos. As respostas dos alu-nos devem ser disparadoras de ações que serão realizadas, a fim de que os estudantes possam compreender em que medida eles se engajaram nesse processo e também como uma forma de obter um retorno acerca dessa participação. Essa estratégia mostra-se im-portante no sentido de que as ações de acolhimento possam ser pensadas a partir das necessidades dos próprios alunos, e não a partir de direcionadores dos gestores, por exemplo, que, muitas vezes, podem estar distantes das reais necessidades dos alunos em termos de acolhimento nessa etapa do desenvolvimento. A proposta é que o fórum pos-sa ocorrer periodicamente, por exemplo, uma vez a cada ano, na tentativa de consolidar a ação e criar uma tradição no modo como haverá a consulta à comunidade acadêmica no sentido de propor ações cada vez mais alinhadas às reais necessidades desse público.

Programas de tutoria

Os programas tutoriais são estratégias de acompanhamento de alunos por parte de docentes e profissionais experientes acerca de questões que envolvem o universo aca-dêmico e de preparação profissional em cursos das diferentes áreas do conhecimento, ganhando destaque nas profissões da saúde e do campo gerencial (Detsky & Baerlocher, 2007; Ramani, Gruppen, & Kachur, 2006; Sim-Sim et al., 2013; Tobin, 2004). Os pro-gramas tutoriais podem focar em diferentes aspectos, como o planejamento da carreira (Souza & Scorsolini-Comin, 2011), o desenvolvimento profissional, a supervisão de ações profissionais, a orientação de carreira, bem como questões de ordem acadêmi-ca e profissional que possam ser acompanhadas ao longo do tempo. No programa que ilustra uma intervenção de base positiva, aqui descrito, a tutoria emerge como uma possibilidade de contato mais próximo entre docente (tutor) e aluno, favorecendo o acolhimento estudantil na Universidade.

Embora haja diferentes modelos de tutoria, o mais comum é aquele em que pro-fissionais se posicionam como tutores (como professores, profissionais com mais ex-periência ou mesmo profissionais renomados), oferecendo orientações, supervisões e espaços de troca com pessoas com menor experiência (alunos, profissionais em início de carreira ou recém-contratados por uma organização, por exemplo). O modelo de tutoria por pares, em que um aluno mais experiente no curso (veterano) contribui para o desenvolvimento de um estudante ingressante no ensino superior também tem recebido bastante atenção (Topping, Miller, Thurston, McGavock, & Conlin, 2011; Underhill & McDonald, 2010).

112 Parte II – Psicologia Positiva em diferentes contextos

Especificamente na Escola de Enfermagem de Ribeirão Preto da Universidade de São Paulo (EERP/USP), este programa emergiu como estratégia da Comissão de Graduação e do Comitê de Acolhimento Estudantil. Ao eleger o acompanhamento por um tutor, parte-se do pressuposto de que questões emergentes, sobretudo na transição do estudante do ensino médio para o superior, possam ser discutidas e direcionadas a partir do contato com profissionais capacitados para tal acompanhamento.

Além disso, o programa tem como um dos norteadores o aconselhamento de carreira, entendendo que essa é construída ao longo do curso e não apenas quando o aluno se depara com atividades práticas e com a proximidade de sua inserção no mundo do trabalho. Refletir sobre esses aspectos mostra-se fundamental no processo de transformar a experiência universitária em um espaço de construção de identidade e de preparação para desafios desenvolvimentais constantes.

O programa de tutoria da EERP/USP tem como característica a orientação em pequenos grupos, favorecendo a troca de experiências, a horizontalidade e a construção conjunta de ações que contribuam para o atingimento das metas delineadas. No ano de 2019 este programa foi oferecido em caráter experimental com as turmas do primeiro ano dos cursos de Bacharelado em Enfermagem e de Bacharelado e Licenciatura em Enfermagem da EERP/USP.

O objetivo deste programa de tutoria é "constituir um espaço de acolhimento ao estudante ingressante na EERP/USP por meio de ações que visem ao acompanhamento da vivência universitária e orientação no desempenho acadêmico e na carreira". O presente programa possui ancoragens em outras propostas de tutoria. O acompanhamento realizado faz parte de uma estratégia de acolhimento a partir da criação de um espaço de relacionamento mais próximo entre tutor e tutorando, valorizando os relacionamentos interpessoais positivos. Assim, a vinculação entre tutor e estudante é considerada uma relação interpessoal que pode promover acolhimento, amadurecimento e, consequentemente, desenvolvimento.

Entre os objetivos específicos, listamos: (a) promover um espaço de reflexão sobre a experiência universitária; (b) promover um espaço de reflexão sobre a carreira do enfermeiro desde o início do curso; (c) auxiliar o aluno nos processos de tomada de decisão em relação à experiência universitária; (d) planejar ações que visem à melhoria do desempenho acadêmico a partir da identificação das forças do aluno; (e) refletir sobre o engajamento em atividades complementares que possam contribuir com a formação do aluno; (f) ampliar o acesso à informação sobre os recursos para a permanência no ensino superior; (g) desenvolver uma escuta ativa para as demandas apresentadas na transição do ensino médio para o superior; (h) promover um espaço de maior proximidade entre professores e alunos; e, por último, (i) acompanhar os alunos de modo mais próximo e individualizado.

As atividades de tutoria são presenciais. A fim de garantir que os pressupostos da Psicologia Positiva sejam observados na experiência, há que se valorizar que as atividades sejam desenvolvidas em pequenos grupos e que o programa conte com tutores que

7 Acolhimento estudantil na Universidade – Como a Psicologia Positiva pode... **113**

possuam disponibilidade para o estabelecimento de uma relação mais próxima com os alunos, estando abertos a receber estudantes com questionamentos típicos de quem está ingressando na Universidade. Ao tutor cabe a tarefa de acompanhar o estudante nos diversos aspectos da vida acadêmica, aconselhando-o na tomada de decisões relacionadas, por exemplo, à carreira, à escolha de estratégias de estudo e gerenciamento do tempo, à identificação de problemas que interfiram no rendimento acadêmico, à escolha das disciplinas optativas dentro dos objetivos e interesses de cada aluno, à escolha de atividades extracurriculares para desenvolver, a dúvidas acerca do engajamento em atividades como ligas acadêmicas, grupos de pesquisa e de extensão, bem como questões relativas à permanência no ensino superior e dificuldades ou dúvidas gerais da vida acadêmica.

O objetivo é que o tutor possa acompanhar um grupo de alunos, orientando o desenvolvimento de atividades de acordo com a demanda desse grupo. Nas reuniões grupais o tutor será responsável não apenas por coordenar o debate, mas também estimular a participação de todos e a abordagem de temáticas de interesse dos alunos dentro dos objetivos do programa de tutoria.

Acerca dos resultados esperados, em curto prazo, acredita-se que tais ações impliquem na melhoria da forma de lidar com a transição para a universidade, do processo ensino-aprendizado e amplie a sensação de pertencimento e de rede de apoio de cada um dos alunos, o que deve se refletir em número menor de evasões, melhor desempenho dos alunos nas disciplinas e melhor engajamento nas atividades institucionais e, principalmente, como uma estratégia promotora da saúde mental. Em médio e longo prazos, espera-se ter alunos mais satisfeitos e conscientes sobre seu curso de graduação e seu andamento, e egressos empenhados em manter vínculo com o curso, com alunos e com a Universidade.

Considerações finais

A partir do que foi discutido no presente capítulo, devemos reforçar que o acolhimento estudantil deve ser cada vez mais alçado à condição de componente curricular inovador. A inovação reside em justamente considerar que o estudante universitário é sim uma responsabilidade da Universidade, de modo que essa instituição pode empregar os seus conhecimentos e as suas práticas a serviço também desse público. Nesse sentido, a Psicologia Positiva emerge como um corpo teórico que pode orientar diversas intervenções com esse público visando o amadurecimento emocional dos estudantes e o seu florescimento.

O florescimento, na Psicologia Positiva, refere-se a uma combinação de elementos como sentir-se bem, funcionando de forma eficaz e com experiências elevadas de bem-estar psicológico, podendo ser um conceito indicativo de saúde mental (Cintra & Guerra, 2017; Huppert & So, 2009). O florescimento, na acepção desenvolvida

114 Parte II – Psicologia Positiva em diferentes contextos

no presente capítulo, deixa de ser um aspecto essencialmente ligado ao indivíduo e passa a ser compartilhado coletivamente. Assim, a Universidade deve estar atenta a formas de promover, constantemente, o florescimento de seus estudantes.

As estratégias aqui elencadas têm sido desenvolvidas e constantemente avaliadas. Assim, não precisam ser tomadas como modelos, mas sim como inspirações para que outros projetos sejam realizados em diferentes universidades, a depender das demandas apresentadas, das características institucionais e das necessidades deflagradas junto a esse público. Finalizamos com a consideração de que acolher, na Universidade, é potencializar o florescimento, o que dialoga intimamente com os pilares da Psicologia Positiva. Nesse sentido, o acolhimento também pode se apresentar como um conceito próximo ao de uma força de caráter. Ainda que essa aproximação seja uma metáfora, consideramos que acolher, nos diversos sentidos trabalhados neste capítulo, constitui uma força capaz de promover desenvolvimento e, por conseguinte, florescimento.

Referências

Cintra, C. L., & Guerra, V. M. (2017). Educação positiva: a aplicação da Psicologia Positiva a instituições educacionais. *Psicologia Escolar e Educacional, 21*(3), 505-514. https://doi. org/10.1590/2175-35392017021311191

Dázio, E. M. R., Zago, M. M. F., & Fava, S. M. C. L. (2016). Uso de álcool e outras drogas entre universitários do sexo masculino e seus significados. *Revista da Escola de Enfermagem da USP, 50*(5), 785-791.

Detsky, A. S., & Baerlocher, M. O. (2007). Academic Mentoring – How to give it and how to get it. *JAMA, 297*, 2.134-2.136. https://doi.org/10.1001/jama.297.19.2134

Fredrickson, B. L. (2009). *Positividade: Descubra a força das emoções positivas, supere a negatividade e viva plenamente.* Rocco.

Huppert, F. A., & So, T. C. (2009). What percentage of people in Europe are flourishing and what characterizes them? *Trabalho apresentado na IXISQOLS Conference.* Itália.

Imperatori, T. K. (2017). A trajetória da assistência estudantil na educação superior brasileira. *Serviço Social e Sociedade* (São Paulo), *129*, 285-303. https://doi.org/10.1590/0101-6628.109

Paludo, S. S., & Koller, S. H. (2007). Psicologia Positiva: uma nova abordagem para antigas questões. *Paideia* (Ribeirão Preto), *17*(36), 9-20. https://doi.org/10.1590/S0103-863X2007000100002

Paro, C. A., & Bittencourt, Z. L. C. (2013). Qualidade de vida de graduandos da área da saúde. *Revista Brasileira de Educação Médica, 37*(3), 365-375. https://doi.org/10.1590/S0100-55022013000300009

Ramani, S., Gruppen, L., & Kachur, E. K. (2006). Twelve tips for developing effective mentors. *Medical Teaching, 28*, 404-408. https://doi.org/10.1080/01421590600825326

Robazzi, M. L. (2019). Promoção da saúde física e mental e de bem-estar no ambiente universitário. *Smad – Revista Eletrônica Saúde Mental Álcool e Drogas, 15*(2), 1-3. https://doi.org/10.11606/issn.1806-6976.smad.2019.154051

Rosa, J. G. (2009). *Tutameia (Terceiras estórias)*. Nova Fronteira. https://doi.org/10.11606/issn.1806.6976.smad.2019.150254

Rossato, L., & Scorsolini-Comin, F. (2019). Chega mais: o grupo reflexivo como espaço de acolhimento para ingressantes no ensino superior. *Revista da SPAGESP, 20*(1), 1-8.

Scorsolini-Comin, F., Fontaine, A. M. G. V., Koller, S. H., & Santos, M. A. (2013). From authentic Happiness to well-being: the flourishing of positive psychology. *Psicologia: Reflexão e Crítica, 26*(4), 663-670.

Seligman, M. E. P. (2011). *Florescer: uma nova compreensão sobre a natureza da felicidade e do bem-estar* (C. P. Lopes, Trad.). Objetiva.

Seligman, M. E. P., Steen, T. A., Park, N., & Peterson, C. (2005). Positive Psychology progress: Empirical validation of interventions. *American Psychologist, 60*(5), 410-421.

Sim-Sim, M. et al. (2013). Tutoria: perspetiva de estudantes e professores de enfermagem. *Revista Iberoamericana de Educación Superior, 4*(11), 45-59. https://doi.org/10.1016/S2007-2872(13)71932-2

Souza, L. V., & Scorsolini-Comin, F. (2011). Aconselhamento de carreira: uma apreciação construcionista social. *Revista Brasileira de Orientação Profissional, 12*(1), 49-60.

Souza, L. V., & Scorsolini-Comin, F. (2017). Aprendizagem colaborativa no ensino superior: Experiências costuradas pelo diálogo. In M. Grandesso (org.). *Práticas colaborativas e dialógicas em distintos contextos e populações: um diálogo entre teoria e práticas* (pp. 655-671). CRV.

Tobin, M. J. (2004). Mentoring: Seven rols and some specifs. *American Journal of Respiratory and Critical Care Medicine, 170*, 114-117. https://doi.org/10.1164/rccm.2405004

Topping, K., Miller, D., Thurston, A., McGavock, K., & Conlin, N. (2011). Peer tutoring in reading in Scotland: Thinking big. *Literacy, 45*(1), 3-9.

Underhill, J., & McDonald, J. (2010). Collaborative tutor development: Enabling a transformative paradigm in a South African University. *Mentoring & Tutoring: Partnership in Learning, 18*(2), 91-106.

Yunes, M. A. M. (2003). Psicologia positiva e resiliência: o foco no indivíduo e na família. *Psicologia em Estudo, 8*, 75-84. https:doi.org/10.1590/51413-73722003000300010

8
A Psicologia do Trânsito na contemporaneidade
Contribuições da Psicologia Positiva

LEONARDO RÉGIS DE PAULA
CLAUDIA HOFHEINZ GIACOMONI

Quando uma pessoa não familiarizada com o tema ouve a expressão Psicologia do Trânsito, qual imagem vem à sua mente? Possivelmente, recuperam-se as situações de avaliação para que se possa dirigir. Ao buscar a habilitação para dirigir, no Brasil, toda pessoa irá deparar-se com o profissional de Psicologia. Mas essa imagem não é única e vem sendo modificada ao longo dos últimos anos, com a ampliação da área e dos atributos dos profissionais que nela atuam. Este capítulo apresenta um panorama breve sobre a Psicologia do Trânsito, compreendendo sua história e campo de atuação. A partir disso, propõe-se uma aproximação com os pressupostos da Psicologia Positiva. Assim, o objetivo do capítulo é discutir as possíveis interfaces entre essas áreas, considerando que pensar no comportamento humano no trânsito envolve um diálogo com alguns dos principais conceitos da Psicologia Positiva.

Introdução

O trânsito, conforme o Código de Trânsito Brasileiro (CTB), é definido pela utilização das vias por pessoas, veículos e animais, isolados ou em grupos, conduzidos ou não, para fins de circulação, parada, estacionamento e operação de carga ou descarga. A Psicologia, ao longo da sua história, aproxima-se do trânsito e, com o seu desenvolvimento na área, tornou-se um campo cujo trabalho não se restringe somente à avaliação psicológica, como comumente apresentado em disciplinas de graduação ou como até mesmo a atuação do psicólogo fica reconhecida socialmente nesse campo (Silva & Günther, 2009). O que comumente se sabe sobre o que faz o psicólogo nesse contexto? Basicamente, avalia-se para que uma pessoa esteja habilitada a conduzir um veículo. Mas o trabalho do psicólogo do trânsito vai além dessa imagem socialmente construída e sua definição é ampla.

A Psicologia do Trânsito, segundo Hoffmann (2005), pode ser caracterizada como o estudo do comportamento do usuário das vias e dos fenômenos/processos psicossociais subjacentes, objetivando ações educativas com a sociedade junto às suas tecnologias

8 A Psicologia do Trânsito na contemporaneidade – Contribuições da Psicologia... **117**

e modernizações. Além disso, destacam-se as pesquisas profissionais ou científicas que podem auxiliar a prática e promover avanços na área.

A Psicologia Positiva, diferentemente da Psicologia do Trânsito, tem uma história mais recente. No final dos anos de 1990, a Psicologia Positiva é nomeada durante a presidência de Martin Seligman frente à Associação Americana de Psicologia e tem como objetivo principal fortalecer as potencialidades e virtudes humanas. O novo campo da Psicologia também se interessa em investigar os elementos que implicam o florescimento e a construção de competências nos indivíduos, assim como nos grupos e instituições (Seligman & Csikszentmihalyi, 2000).

Geralmente, quando não passamos em um teste, prova ou, até mesmo quando não alcançamos o resultado esperado em uma avaliação a qual fomos submetidos, pensamos sobre o que nos levou a falhar. Este questionamento é bem comum e importante para cada processo de aprendizagem e de amadurecimento. Neste contexto, propomos aos leitores pensarem de uma forma positiva nos pontos que conduzem a um desfecho satisfatório, mais especificamente no trânsito, acerca da obtenção da Carteira Nacional de Habilitação (CNH). Utilizaremos nesta discussão os construtos positivos que podem auxiliar nesse processo.

Psicologia do Trânsito no Brasil e no mundo

A Psicologia do Trânsito teve seu início em 1900 com o médico italiano L. Patrizi indicando a necessidade de avaliação psicológica aos possíveis condutores de automóveis, como afirma Bianchi (2011). Em 1901, foi criado o primeiro Código de Trânsito do mundo, avaliando condições físicas, sensoriais, caracterológicas e éticas para a permissão de condução de veículos na Alemanha. Em 1910, Hugo Münsterberg foi pioneiro em estudos da Psicologia do Trânsito em Nova York. Münsterberg investigava o campo da psicologia industrial, com ênfase na seleção de trabalhadores de acordo com suas habilidades (Bianchi, 2011; Germain, 1966).

No Brasil, a Psicologia do Trânsito surge com o assentamento de estradas de ferro e com a chegada de automóveis e caminhões no início do século XX (Lagonegro, 2008). Contudo, Hoffmann e Cruz (2003) indicam que a sua aplicabilidade começou em São Paulo com o engenheiro Roberto Mange, com os trabalhos de seleção e orientação de funcionários da Estrada de Ferro Sorocaba, em 1926. No ano de 1951, o exame psicotécnico entrou em vigor como prática para motoristas profissionais.

Denominada de exame psicotécnico até 1998, a Avaliação Psicológica no Trânsito é definida atualmente como um processo técnico-científico. O mesmo consiste na coleta de dados, estudos e interpretação dos fenômenos psicológicos dos indivíduos, sendo que para a sua realização o psicólogo/a pode empregar instrumentos como entrevistas, testes, observações, dinâmicas, entre outras, conforme a Resolução n. 007/2003 do Conselho Federal de Psicologia (CFP, 2007). Prática exclusiva de psicólogos, a

118 Parte II – Psicologia Positiva em diferentes contextos

Avaliação Psicológica também é uma exigência do CTB e do Conselho Nacional de Trânsito (Contran), sendo obrigatórias a entrevista individual e a aplicação de testes psicológicos.

Lamounier e Rueda (2005) ressaltam que o objetivo da Avaliação Psicológica no contexto do trânsito nunca foi o de predizer se um determinado indivíduo viria ou não a se envolver em acidentes. O objetivo é a realização de um trabalho preventivo, que evite que os motoristas se exponham a situações de risco. Não é possível prever se a pessoa que apresenta traços agressivos e impulsivos irá manifestar esse comportamento no trânsito ou em qualquer outra situação; ela poderá simplesmente canalizar esse comportamento quando dirige e em outras situações, por exemplo, em casa. Assim sendo, como trabalho preventivo, a avaliação pode evitar que determinadas pessoas dirijam e venham a se expor a situações de risco, podendo envolver também outras vítimas. É importante ressaltar que obter a CNH não pode ser considerado como um direito de todos, mas sim como uma permissão, um privilégio que o Estado concede às pessoas que se mostram capazes e aptas a obtê-lo (Conselho Regional do Paraná, 2013).

Psicólogo/a do trânsito

Os psicólogos e as psicólogas do trânsito no Brasil são profissionais que trabalham conjuntamente com os Detrans (Departamentos de Trânsito dos estados) compartilhando a responsabilidade de conceder a CNH a determinados candidatos que se submetem ao processo de obtenção. As principais atividades do/a psicólogo/a do trânsito são atuar nas avaliações psicológicas de condutores, bem como administrar, analisar e avaliar os resultados dos instrumentos utilizados. Outras atividades envolvem a coordenação administrativa e a fiscalização das atividades realizadas pelas clínicas credenciadas com o apoio do CFP e de suas Regionais (Conselho Federal de Psicologia [CFP], 2016).

Existem outros serviços para específicas demandas nas quais os psicólogos e as psicólogas do trânsito podem atuar. O atendimento clínico também pode ser exercido em casos específicos relacionados com fobias ao meio de transporte tanto terrestre, aéreo ou marítimo. O acompanhamento na readaptação ou reabilitação de um condutor profissional é um processo que o/a psicólogo/a do trânsito pode atuar conjuntamente com outros especialistas como fisioterapeutas, médicos, entre outros.

A pesquisa acadêmica e a produção científica em Psicologia de Trânsito estão em crescimento (Sampaio & Nakano, 2011). Aos poucos vem ganhando espaço e interesse por parte de psicólogos pesquisadores com novas metodologias e formas diferentes de se compreender a Psicologia do Trânsito. Ao mesmo tempo, no contexto acadêmico, muitos psicólogos especializados em trânsito fazem supervisões de estudantes em seus estágios curriculares, contribuindo com ensino e aprendizagem, dando suporte na formação profissional. Por fim, a profissão do/a psicólogo/a do trânsito é aquela que desenvolve as suas atividades com condutores, futuros condutores e pedestres com o objetivo de obter boa conduta e conscientização no trânsito.

Campos de estudos

As pesquisas científicas sobre trânsito, em sua maioria, são voltadas para a prevenção de acidentes e comportamentos de riscos. Em 2013, o Brasil registrou mais de 41 mil mortes no trânsito conforme o relatório da Organização Mundial de Saúde (OMS). O país tem o quarto pior desempenho do continente americano em segurança no trânsito e fatores de risco (World Health Organization, 2015), o que justifica a atenção dos estudos da Psicologia do Trânsito voltados para essa área específica.

No panorama mundial, segundo a publicação de dezembro de 2018 da *Global Status Report on Road Safety 2018*[3], o número de mortes causadas no trânsito vem aumentando significativamente, ultrapassando de 1,35 milhão de pessoas por ano no mundo todo. Ou seja, uma pessoa morre em média a cada 24 segundos no mundo. Não obstante, o documento salienta que as lesões causadas por acidentes no trânsito são hoje a principal causa de morte de crianças e jovens entre 5 e 29 anos.

Hoffmann (2005) afirma que o comportamento do condutor é, sem dúvida, o mais importante fator contribuinte de acidentes, pois as estimativas apontam que 90% das ocorrências são causadas por erros ou infrações às leis de trânsito. Logo, uma das maiores dificuldades de intervenção da Psicologia do Trânsito é a relação entre fenômenos/processos psicológicos e acidentes, porque é extremamente difícil obter informações válidas sobre acidentes e os comportamentos que os precedem. A autora ainda afirma que os registros são muito superficiais quando se reportam a fenômenos psicológicos subjacentes ao comportamento anterior ao acidente ou à atribuição de causas. Neste caso, a autora sugere outras abordagens nas quais equipes multidisciplinares poderão estudar em profundidade a dinâmica dos acidentes, contribuindo para uma melhor criação e adaptação às políticas de trânsito.

Quando se pensa em Psicologia do Trânsito, é impossível não se lembrar da Avaliação Psicológica Pericial. Esta prática é regida por técnicas e métodos psicológicos, reconhecidos pela ciência e pela ética profissional, e tem como objetivo identificar se o condutor é capaz de realizar e compreender efetivamente sua responsabilidade no trânsito (Mariuza & Garcia, 2010).

O campo de estudo nesta área vem se aprimorando ao decorrer dos anos de forma significativa na história da Psicologia do Trânsito. Entretanto, ainda tem muito para ser discutido e construído. A produção científica e técnica ainda é bastante limitada, com muitos questionamentos no que se refere à precisão das características psicológicas associadas a este trabalho, mais precisamente nos instrumentos psicológicos que auxiliam as práticas da Avaliação Psicológica Pericial.

Reinier Rozestraten foi um dos teóricos que durante as décadas de 1970 e 1980 muito contribuiu para estruturação da Psicologia do Trânsito. Rozestraten trouxe in-

---

3. Para mais informações sobre o documento *Global status report on road safety 2018*, acessar o link: https://www.who.int/violence_injury_prevention/road_safety_status/2018/en/

120 Parte II – Psicologia Positiva em diferentes contextos

fluências francesas para o Brasil com grande número de publicações. No ano de 1983, por iniciativa desse autor, foi criado o primeiro grupo de estudos em Psicologia do Trânsito na Universidade Federal de Uberlândia (UFU) que veio a se tornar um dos mais importantes centros para o desenvolvimento do tema.

A avaliação do índice de reprovação em exames práticos também é uma área que aos poucos está ganhando espaço no âmbito de pesquisas científicas. Atualmente, no sul do Brasil, mais especificamente no Rio Grande do Sul, o índice de reprovação da CNH é muito alto, chegando a quase 70% em automóveis (categoria B), conforme dados do Departamento Estadual de Trânsito (Detran) atualizados no ano de 2016. Os dados apontam que para as mulheres é ainda mais difícil a obtenção da CNH: somente 23% das candidatas conseguiram sua CNH nos testes práticos em automóveis.

São inúmeras variáveis que podem influenciar nas reprovações e aprovações. Os construtos da Psicologia Positiva são variáveis que podem ajudar no processo de obtenção da CNH por meio da exploração de diversos fatores, principalmente, os do não abandono do processo. Dentre elas, destacam-se os de Esperança, Autoestima, *Grit* (determinação), Otimismo e Autoeficácia. Recentemente, o Núcleo de Estudos em Psicologia Positiva (Nepp), da Universidade Federal do Rio Grande do Sul, tem se dedicado a estudos de Psicologia Positiva no contexto de obtenção da CNH em parceria com alguns Centros de Formação de Condutores (CFC) de Porto Alegre, Rio Grande do Sul.

Psicologia Positiva e Psicologia do Trânsito: Interfaces

Durante o processo de obtenção da CNH, muitos fatores internos e externos dos candidatos podem influenciar no seu desempenho nas etapas de habilitação. As reprovações e desistências se distinguem por circunstâncias diferentes. Nas provas teóricas, em sua maioria, as reprovações são justificadas por ansiedade, falta de atenção e baixa escolaridade dos candidatos. Na avaliação prática, os participantes têm um índice bastante superior em reprovações comparando com o teste teórico. Contudo, para além das reprovações, as desistências também são mais comuns nesta etapa. As circunstâncias que levam a esses resultados são bastante complexas, sendo foco de pesquisas tanto pelo Detran como também por centros e núcleos de pesquisas científicas.

A Psicologia Positiva tem se interessado muito pelas questões que podem influenciar no desempenho nas etapas, em especial na avaliação prática, que tem um maior índice de abandono do processo e de reprovações. Schmitz e Silva (2010) apontam que toda ação do homem no trânsito é influenciada pelas emoções e por sua personalidade. Desse modo, é imprescindível pensar nos construtos da Psicologia Positiva. A personalidade, nos seus mais diversos fatores, vai influenciá-lo não somente nas suas atitudes perante o trânsito, como também na forma de lutar por seus objetivos, desafios e metas, tal como a obtenção da CNH.

8 A Psicologia do Trânsito na contemporaneidade – Contribuições da Psicologia... **121**

A visão que a pessoa tem de si pode ser uma variável importante para ajudá-la no processo. A autoestima, representada como um aspecto avaliativo do autoconceito, consiste em um conjunto de pensamentos e sentimentos referentes a si mesmo (Rosenberg, 1965). Frente às provas e o percurso de obtenção da CNH, o indivíduo possuidor de uma orientação positiva pode ter uma certa facilidade devido à confiança e à autoaprovação que o mesmo deposita em si. Entretanto, uma orientação negativa (depreciação) da autoestima pode acabar dificultando o processo, gerando ansiedade, sentimentos de incapacidade e insegurança.

O otimismo é o construto que trabalha com expectativas positivas em relação ao futuro. Scheier e Carver (1985) apontam o otimismo como disposicional, sendo otimistas aqueles que esperam que coisas boas aconteçam no futuro e pessimistas os que esperam coisas ruins. A pressão de uma prova prática pode causar bastante ansiedade em um determinado sujeito, por exemplo. Muitas pessoas ficam nervosas só de se imaginarem dentro de um carro sendo avaliadas por um fiscal. O fato de uma pessoa iniciar o teste com o pensamento pessimista – de que não vai passar ou de que tudo vai dar errado – pode interferir negativamente no seu resultado, causando a eliminação. Da mesma forma, o mesmo pode acontecer durante as aulas.

De acordo com Bastianello e Hutz (2015), diversos estudos demonstram que ser otimista em situações e eventos difíceis possibilita a pessoa vivenciar menor ansiedade, manter-se empreendendo esforços contínuos e criar estratégias em direção a melhores resultados. Ou seja, no contexto do processo de obtenção da CNH, o/a candidato/a pode lidar melhor com as situações que podem ocorrer durante o teste. Por exemplo, a pessoa teve todas as suas aulas práticas em dias de sol, entretanto, no dia da avaliação chove. O sujeito pode assumir o veículo com pensamento otimista, pois sabe que fez todos os exercícios e está preparado para a avaliação. Contrariamente, ele pode pensar que, sem experiência de dirigir na chuva, ele não irá conseguir. Tenderá a entrar no veículo pensando que tudo vai dar errado, não adiantando fazer a prova porque sabe que não será aprovado. Em suma, as vantagens do otimismo vão muito além de ter facilidade ou não em obter a CNH, mas também estão fortemente associadas à maior bem-estar subjetivo, estratégias de enfrentamentos eficazes e mais cuidados com a saúde, trabalho e relacionamentos, conforme evidências empíricas (Bastianello & Hutz, 2015).

A autoeficácia é outro construto que pode beneficiar os futuros motoristas. Segundo Bandura (1977), trata-se da crença na capacidade de realizar uma determinada tarefa, com base nos próprios recursos. A partir do que é definido pelo autor, a autoeficácia depende da capacidade do indivíduo de reunir recursos cognitivos, afetivos, comportamentais e motivacionais para realizar uma tarefa. Segundo Sbicigo, Teixeira, Dias e Dell'Aglio (2012), a mesma funciona como um mecanismo regulador da ação humana, influenciando a capacidade de estabelecer metas, executar planos de ação, tomar decisões e autoavaliar o comportamento.

Neste caso, se formos pensar nos candidatos à obtenção da CNH com escore alto em autoeficácia e compararmos com indivíduos com baixa autoeficácia, o candidato

122 Parte II – Psicologia Positiva em diferentes contextos

com índice elevado tende a avaliar sua capacidade de forma positiva, automotivar-se, ter empenho, mais persistência durante os obstáculos do processo, entre outros benefícios. Bandura (1997) também entende que a autoeficácia pode ser reforçada. Por exemplo, quanto mais o candidato com nível de autoeficácia positivo percebe suas etapas do processo sendo concluídas com êxito, ele reforça seus ganhos e tem a sua autoeficácia fortalecida. O mesmo ocorre com os fracassos, eles podem reduzir a autoeficácia. Pessoas com índice baixo tendem a fracassar nas etapas, pois acreditam que não são capazes e essa crença dificulta muito no processo porque o indivíduo não tem motivação para persistir.

A desistência é um dos fatores mais comuns na etapa prática de obtenção da CNH, assim como o da reprovação. Muitas pessoas não conseguem passar nos primeiros exames práticos e abandonam o processo. Contudo, cada pessoa pode ter um motivo diferente e complexo para sair do processo, como, por exemplo, não ter dinheiro para refazer as aulas práticas ou para remarcar um novo exame, problemas de saúde, problemas com a família, ou simplesmente desistiu porque não consegue se ver aprovado nas provas, não tendo esperança e nem motivação para seguir em frente.

A esperança e a sua ausência tem sido um campo de bastante interesse para a Psicologia Positiva em diversos campos de atuação. A Psicologia Positiva entende a esperança como um construto que vai centralizar as suas cognições para a obtenção de um objetivo, e que estas serão feitas por meio de agenciamento e rotas (Snyder et al., 1991). As rotas são as formas que a pessoa vai se dedicar para alcançar os seus objetivos, já o agenciamento é a motivação que o mesmo vai seguir até sua meta ser alcançada. Neste sentido, a esperança no processo pode ser um grande disparador de motivação no indivíduo que tem dificuldade nas etapas (em especial, a etapa prática) e por consequência possibilita não desistir de todo o processo por não acreditar na sua potencialidade de obter a CNH.

Por fim, o *Grit* é o construto traduzido para o português brasileiro como determinação. Desenvolvido pelos pesquisadores Duckworth, Peterson, Matthews e Kelly (2007), o construto se subdivide em dois fatores: (1) consistência de objetivos e (2) persistência de esforços. Através da necessidade de estudar discrepâncias no desempenho escolar de crianças, que era apenas moderadamente predito por meio de testes de inteligência, Duckworth desenvolveu este instrumento para mensurar o esforço e a capacidade de autocontrole. Como afirma Angela Duckworth (TED, 2013), o talento não é suficiente para tornar uma pessoa determinada e a ciência pouco sabe da determinação e como motivar alguém a ser determinado. A autora ainda conclui que uma das melhores ideias sobre a determinação é de que o aprendizado não é rígido e que ela pode mudar com seu esforço, pois a falha não é permanente.

Ou seja, para o contexto da obtenção da CNH, o *Grit* (determinação) é um dos construtos importantíssimos no processo como um todo, principalmente para alunos com pré-disposição de desistência. O fato de ter determinação pode ajudar o indivíduo a não se abalar diante dos seus fracassos, pois tem um objetivo e está disposto a alcançá-lo. Exemplificando, um candidato pode ter sido reprovado em três ou mais exames di-

8 A Psicologia do Trânsito na contemporaneidade – Contribuições da Psicologia... **123**

ferentes por não conseguir realizar a baliza[4]. Entretanto, se o sujeito tem a consciência de que precisa/quer tirar a CNH, logo terá que persistir com determinação no alcance de seu objetivo. O candidato determinado vai buscar se preparar, se esforçar e se dedicar mais a superar esse erro específico com o intuito de conseguir a aprovação no teste. Nesse sentido, a determinação pode ser um dos objetos mais importantes para a busca de obtenção da CNH, contribuindo para que se persista na tarefa independentemente dos desfechos negativos alcançados até que a aprovação possa ocorrer.

Considerações finais

Este capítulo buscou apresentar a Psicologia do Trânsito, bem como suas possíveis interfaces com a Psicologia Positiva. O objetivo do trabalho do psicólogo/a no contexto do trânsito é, também, a realização de um trabalho preventivo, visando a diminuir as possibilidades do motorista se expor a situações de risco avaliando as capacidades psíquicas e motoras dos mesmos. A Psicologia Positiva pode contribuir especialmente com o processo de obtenção da CNH, identificando e acompanhando candidatos que possuam características ou dificuldades que atrapalhem esse desfecho positivo.

Desenvolver estratégias que foquem no desenvolvimento de forças como o otimismo, a esperança e a determinação pode contribuir para que as pessoas ampliem seus repertórios relacionados à autoeficácia e possam se manter alinhados ao objetivo de obtenção da CNH de modo independente das dificuldades relatadas ou dos defechos negativos que porventura tenham ocorrido em experiências pregressas. Isso não significa que a Psicologia Positiva deva se resumir à promoção de motivação na pessoa que está em processo de obtenção da CNH. A Psicologia Positiva pode fortalecer o sujeito nessa tarefa, de modo que a potencialização dos seus recursos possa se expandir para outras relações e situações que se mostrem desafiadoras ou que envolvam a realização de provas que habilitem o sujeito à realização de determinadas tarefas. Quando o sujeito se sente fortalecido em suas capacidades, pode não apenas se expor a situações de avaliação com mais tranquilidade, como também persistir na tarefa não em função dos resultados que obtém, mas dos objetivos que foram delineados e que buscarão uma forma de serem concretizados.

Recursos complementares para quem deseja se aprofundar no tema

No ano de 2015, o CFP disponibilizou o vídeo realizado no Seminário Psicologia e Comportamento no Trânsito sobre os principais aspectos do cenário institucional da Psicologia no Trânsito. O vídeo conta com pesquisadores da Psicologia do Trânsi-

---

4. A baliza é uma manobra de trânsito que todos devem saber obrigatoriamente para adquirir a CNH, consistindo em estacionar um carro entre outros dois que já estejam estacionados.

124 Parte II – Psicologia Positiva em diferentes contextos

to da América, sendo eles/as Ruben Daniel Ledesma (Argentina), Ileana Kitty Poloni Gruler (Uruguai), Marta María Camaaño (Argentina), Maria Aparecida Silva Tozatto (Brasil), Rogério Oliveira (Brasil). No vídeo também são abordadas sugestões de ações técnico-profissionais relacionadas à Psicologia e ao comportamento seguro no trânsito [disponível em https://youtu.be/4HAin0Bi4y0].

Referências

Bandura, A. (1997). *Self-efficacy: The exercise of control*. W.H. Freeman.

Bastianello, M. R., & Hutz, C. S. (2015). Do otimismo explicativo ao disposicional: a perspectiva da Psicologia Positiva. *Psico-USF, 20*(2), 237-247. https://doi:10.1590/1413-82712015200205

Bianchi, A. S. A. (2011). Psicologia do Trânsito: O nascimento de uma ciência. *Interação em Psicologia, 15*(n. spe.), 71-75. https://doi:10.5380/psi.v15i0.25376

Conselho Federal de Psicologia (2016). *Psicologia do Tráfego: características e desafios no contexto do Mercosul*. [Recuperado de http://site.cfp.org.br/wpcontent/uploads/2016/08/CFP_Livro_PsicologiaTrafego_web22.pdf].

Conselho Federal de Psicologia (2007). *Cartilha sobre a avaliação psicológica*, 2007 [Recuperado de http://site.cfp.org.br/wp-content/uploads/2003/06/resolucao2003_7.pdf].

Duckworth, A. L., Peterson, C., Matthews, M. D., & Kelly, D. R. (2007). Grit: Perseverance and passion for long-term goals. *Journal of Personality and Social Psychology, 92*(6), 1.087. https://doi:10.1037/0022-3514.92.6.1087

Germain, J. (1966). El psicólogo y la seguridad vial. *Revista de Psicología General y Aplicada: Revista de la Federación Española de Asociaciones de Psicología, 21*(85), 893-934.

Hoffmann, M. H. (2005). Comportamento do condutor e fenômenos psicológicos. *Psicologia: Pesquisa e Trânsito, 1*(1), 17-24.

Hoffmann, M. H., & Cruz, R. M. (2003). Síntese histórica da Psicologia do Trânsito. In R. M. Cruz, M. H. Hoffmann, & J. C. Alchier (orgs.). *Comportamento humano no trânsito*. Casa do Psicólogo.

Lagonegro, M. A. (2008). A ideologia rodoviarista no Brasil. *Ciência & Ambiente, 37*, 39-50.

Lamounier, R., & Rueda, F. J. M. (2005). Avaliação psicológica no trânsito: perspectiva dos motoristas. *Psic: Revista da Vetor Editora, 6*(1), 35-42.

Mariuza, C. A., & Garcia, L. F. (2010) O psicólogo no trânsito: avaliação psicológica e mobilidade humana. *Trânsito e Mobilidade Humana: Psicologia, Educação e Cidadania*. Ideograf.

Rosenberg, M. (1965). *Society and the adolescent self-image*. Princeton University Press. https://doi.org/10.1515/9781400876136

8 A Psicologia do Trânsito na contemporaneidade – Contribuições da Psicologia... **125**

Sampaio, M. H. L., & Nakano, T. C. (2011). Avaliação psicológica no contexto do trânsito: revisão de pesquisas brasileiras. *Psicologia: Teoria e Prática, 13*(1), 15-33.

Sbicigo, J. B., Teixeira, M. A. P., Dias, A. C. G., & Dell'Aglio, D. D. (2012). Propriedades psicométricas da escala de autoeficácia geral percebida (EAGP). *Psico, 43*(2), 139-146 [Recuperado de http://revistaseletronicas.pucrs.br/ojs/index.php/revistapsico/article/view/11691/807].

Seligman, M. E. P., & Csikszentmihalyi, M. (2000). Positive psychology: An introduction. *American Psychologist, 55*(1), 5-14. https://doi.org/10.1037/0003-066X.55.1.5

Scheier, M. F., & Carver, C. S. (1985). Optimism, coping, and health: Assessment and implications of generalized outcome expectancies. *Health Psychology, 4*(3), 219-247. https://doi.org/10.1037/0278-6133.4.3.219

Schmitz, A. R., & Sandri, P. (2016). A capacitação do psicólogo do trânsito: exigência ou necessidade?. In Conselho Federal de Psicologia (org.). *Psicologia do Tráfego: características e desafios no contexto do Mercosul.* Conselho Federal de Psicologia.

Silva, F. H. V. C., & Günther, H. (2009). Psicologia do trânsito no Brasil: de onde veio e para onde caminha? *Temas em Psicologia, 17*(Esp. 1), 163-175.

Snyder, C. R., Harris, C., Anderson, J. R., Holleran, S. A., Irving, L. M., Sigmon, S. T., Yoshinobu, L., Gibb, J., Langelle, C., & Harney, P. (1991). The will and the ways: Development and validation of an individual-differences measure of hope. *Journal of Personality and Social Psychology, 6*, 570-585.

TED (2013). Angela Lee Duckworth. *Grit: The power of passion and perseverance* [Recuperado de https://www.ted.com/talks].

World Health Organization (2015). Violence, Injury Prevention, & World Health Organization. *Global status report on road safety 2015.* World Health Organization [Recuperado de http://www.who.int/violence_injury_prevention/road_safety_status/2015/en/].

9
É possível trabalhar aspectos positivos no contexto escolar?

CYNTIA MENDES DE OLIVEIRA
CARLA REGINA SANTOS ALMEIDA

Este capítulo apresenta uma integração dos preceitos da Psicologia Positiva (PP) e do Desenvolvimento Positivo do Jovem (Positive Youth Development – PYD) no contexto escolar. Essa incorporação a partir da PP está baseada na educação positiva, uma abordagem teórica que tem o propósito de unificar os princípios fundamentais desse campo de estudo às práticas de educação em seu sentido mais amplo. Este capítulo traz informações teóricas e práticas que podem ser aplicadas por profissionais no contexto escolar. Destaca-se o papel da escola na educação, além dos assuntos acadêmicos tradicionais e a relação entre bem-estar e desempenho.

Antes de apresentar a relação entre PP e educação, considera-se importante apontar que a educação positiva difere dos demais termos presentes na literatura que estão relacionados à formação de habilidades não acadêmicas na educação, como educação cívica, moral, de caráter e aprendizagem socioemocional. Assim como a educação positiva, essas habilidades têm sido consideradas intimamente entrelaçadas ao desempenho acadêmico.

Psicologia Positiva e Educação

"Por que alguns alunos têm mais dificuldades do que outros?" Ao invés de fazer essa pergunta, por que não fazer a seguinte: "Por que alguns alunos aprendem apesar das dificuldades?" Tradicionalmente, a primeira questão tem norteado o trabalho da psicologia educacional, cujo objetivo tem sido identificar dificuldades e problemas para a prática de intervenções na psicopatologia. Entretanto, esse enfoque pode não fornecer um entendimento completo do funcionamento de todos os aspectos de um indivíduo. Diante disso, nos últimos anos a PP tem focado nas características positivas dos indivíduos (Terjesen, Jacofsky, Froh, & Digiuseppe, 2004) e nos aspectos que promovem o desenvolvimento positivo.

A PP é um campo de estudo das potencialidades humanas que busca compreender o indivíduo (Seligman, 2002) para o desenvolvimento de intervenções que promovam o florescimento de pessoas, grupos e instituições (Gable & Haidt, 2005; Seligman, 2002). Observa-se o crescimento nos estudos científicos acerca da PP em especial nas últimas duas décadas. O foco da PP está nos processos cognitivos e emocionais que facilitam mudanças comportamentais e o surgimento de estratégias de *coping*, além da promoção das potencialidades de cada sujeito (Barros, Martín, Pinto, & Vasconcelos, 2010).

Nos últimos anos, a PP vem investindo seus esforços e conhecimentos no ambiente escolar. Embora os resultados educacionais sejam tipicamente determinados por testes objetivos e registros acadêmicos, Kern et al. (2015) salientam que as perspectivas subjetivas e multidimensionais de bem-estar são igualmente informativas na avaliação do grau em que as escolas estão atendendo a seu propósito. A perspectiva de que podemos identificar as forças e virtudes das crianças bem como promover o florescer de características positivas de desenvolvimento tem guiado muitos projetos psicoeducacionais.

O termo educação positiva foi inicialmente definido como uma educação voltada tanto para as habilidades acadêmicas tradicionais quanto para o bem-estar (Seligman, Ernst, Gillham, Reivich, & Linkins, 2009). Mais recentemente, a educação positiva vem sendo compreendida como um termo guarda-chuva para descrever intervenções e programas empiricamente válidos baseados na PP que tenham um impacto no bem-estar do aluno (White, 2014). Seligman et al. (2009) destacaram três motivos para ensinar bem-estar nas escolas: estudos com intervenções positivas têm apresentado bons resultados na prevenção da depressão no contexto escolar, programas de educação positiva aumentam a felicidade, e mais bem-estar tem sido associado a mais aprendizado.

PERMA: *Um modelo para se pensar o florescimento*

A respeito do bem-estar, um modelo de florescimento multidimensional que busca defini-lo é o *PERMA* (Seligman, 2011), um acrônimo para *positive emotions* (emoções positivas), *engagement* (engajamento), *positive relationships* (relacionamentos positivos), *meaning* (sentido), e *accomplishment* (realização). Esses cinco componentes, quando cultivados, contribuem para o florescimento de crianças, adolescentes e adultos.

A variável "emoções positivas" no modelo do *PERMA* está relacionada à felicidade, diversão, prazer, e tem como objetivo possibilitar a compreensão das suas emoções e dos outros, e cultivar a vivência de emoções positivas. O domínio "engajamento" refere-se ao interesse e conexão com atividades. O elemento "relacionamentos positivos" visa ao desenvolvimento de habilidades emocionais e sociais para possibilitar integração e satisfação com as relações sociais. "Sentido" significa acreditar que a sua vida tem valor e se sentir conectado com algo maior que si mesmo, de modo que isso gere um comprometimento de ajuda ao próximo. Por último, o domínio "realização" envolve ter sucesso, progresso com os objetivos, senso de realização e sentir-se capaz pra fazer atividades diárias (Seligman, 2011; Kern et al., 2015).

128 Parte II – Psicologia Positiva em diferentes contextos

Algumas escolas ao redor do mundo já estão ensinando habilidades positivas que ajudam crianças e adolescentes a serem mais resilientes, viver com sentido e se engajar positivamente com as situações da vida (Adler, 2017). Os programas já implementados baseados no *PERMA* apresentaram evidências de aumento no bem-estar e habilidades sociais, melhora no processo de aprendizagem, e prevenção de sintomas depressivos (Kern et al., 2015). Alguns exemplos serão apresentados mais adiante neste capítulo.

Desenvolvimento positivo de jovens

As mudanças recentes na Psicologia Escolar são, em grande parte, inspiradas em um movimento que busca promover aspectos positivos nas trajetórias desenvolvimentais (Leman, Smith, & Petersen, 2017). Esse campo teórico, denominado Desenvolvimento Positivo do Jovem (Positive Youth Development – PYD), tem como enfoque aumentar as forças de jovens em diversos contextos, na família, com pares, na escola, e ambiente comunitário (Larson, 2000). Larson sustentou a tese de que as atividades voluntárias estruturadas por adultos, como atividades extracurriculares, artes, esportes e *hobbies*, proporcionam um contexto fértil para o desenvolvimento positivo. Tais atividades não são requeridas pela escola e envolvem motivação intrínseca e concentração, além de promover o desenvolvimento de iniciativa no estudante.

Influenciado pela teoria bioecológica de Bronfenbrenner, o campo objetiva atingir diversos contextos do indivíduo, em níveis familiar, escolar, comunitário e societal. Além disso, aprendizagem socioemocional (e. g., Bandura, 1977), teoria do apego (e. g., Bowlby, 1953) e abordagens socioculturais (e. g., Vygotsky, 1978) também contribuem para investigar quais fatores estão relacionados ao desenvolvimento saudável de crianças e adolescentes (Leman et al., 2017). Embora a abordagem reconheça adversidades que crianças e adolescentes possam enfrentar, ressalta a capacidade para explorar o mundo e desenvolver habilidades para lidar com os desafios. Esse campo teórico tem como objetivo compreender, educar e engajar os jovens em atividades que promovam o desenvolvimento positivo e manifestem suas potencialidades (Damon, 2004).

Um indicador que desempenha um papel importante no desenvolvimento positivo é a satisfação de vida, seja como um indicador, mediador ou resultado (Park, 2004). A satisfação de vida é o componente cognitivo do bem-estar subjetivo (BES), que, por sua vez, refere-se à forma como o indivíduo avalia e experiencia sua vida em um modo positivo (Diener, 1984). É também considerado a avaliação subjetiva da qualidade de vida. O BES é um construto multidimensional composto por um componente cognitivo, a satisfação de vida, e pela dimensão emocional, composta pelos afetos positivos e negativos.

A satisfação de vida pode servir como indicador para a avaliação da efetividade de programas de desenvolvimento positivo (Park, 2004). Já existem instrumentos disponíveis no contexto brasileiro para a mensuração tanto da satisfação de vida (e. g., Giacomoni & Hutz, 2008) quanto dos afetos positivos e negativos em crianças (e. g., Giacomoni & Hutz, 2006) e em adolescentes (e. g., Segabinazi et al., 2012).

Avaliação baseada em forças (*Strength-based Assessment*)

Os esforços em direção ao reconhecimento e à promoção das potencialidades dos estudantes têm influenciado as avaliações realizadas com essa população. Quando pensamos em avaliação psicológica no contexto escolar, lembramo-nos de dificuldades de aprendizagem, comportamentos de risco e transtornos. Mas investigar esses aspectos é suficiente? Atualmente, entende-se que uma avaliação completa deve abranger tanto patologias quanto competências (Jimerson, Sharkey, Nyborg, & Furlong, 2004; Rhee, Furlong, Turner, & Harari, 2001). Assim, é possível compreender o indivíduo em sua integralidade.

Apesar disso, boa parte dos instrumentos psicométricos, componentes da avaliação em diversas situações disponíveis propõem-se a identificar déficits (Buckley, Storino, & Saarni, 2003). Com o crescente investimento teórico e metodológico na PP, essa realidade tem mudado e, tanto na pesquisa quanto na prática, tem-se observado também os recursos que contribuem para um desenvolvimento positivo.

A tendência de considerar os aspectos positivos na avaliação psicológica é denominada avaliação baseada em forças. Esta é definida como a mensuração de habilidades, competências e características emocionais e comportamentais que contribuem para vivências positivas, como senso de realização e relações interpessoais satisfatórias. Além disso, melhora a habilidade de lidar com adversidades e auxilia no desenvolvimento do indivíduo (Epstein & Sharma, 1998). A abordagem baseia-se em quatro pressupostos, a saber: (1) toda e qualquer criança possui forças; (2) focar o trabalho nas forças tende a resultar em aumento da motivação e melhora na qualidade da *performance*; (3) não ser bom em determinada habilidade é visto como uma oportunidade para aprendê-la; e (4) intervenções com ênfase em forças propiciam o engajamento da criança e da família (Epstein et al., 2003).

Além de contribuir para o engajamento, reduz a frustração de pais e professores devido ao foco nas soluções ao invés de nos problemas. Assim, identifica o que está indo bem com o estudante e as habilidades que podem ser desenvolvidas. Promove ainda uma relação positiva entre pais e professores, alicerçada sobre a comunicação aberta e a confiança mútua (Epstein et al., 2003). Todas essas características levam ao empoderamento do estudante e sua família, auxiliando-os a se responsabilizar por suas decisões e ações (Epstein et al., 2003; Rhee et al., 2001).

No Brasil, têm sido elaborados e adaptados instrumentos apropriados para crianças e adolescentes em contexto escolar com foco em aspectos positivos. A Tabela 1 elenca alguns deles, indicando a faixa etária para a qual se destinam, o número de itens e a fidedignidade relatada em seus estudos de construção ou adaptação.

130 Parte II – Psicologia Positiva em diferentes contextos

**Tabela 1 – Exemplos de instrumentos adequados
ao contexto escolar e suas características**

Escala	Faixa etária	Número de itens	Alfa de Cronbach
Escala de Autoeficácia Geral (Pacico, Ferraz, & Hutz, 2014)	17 a 60 anos	20	0,89
Escala Multimensional de Satisfação de Vida para Crianças (Oliveira, Mendonça, Marasca, Bandeira, & Giacomoni, 2019)	7 a 13 anos	32	0,88
Tarefas Preditoras de Otimismo em Crianças (Tapoc) (Bandeira, Giacomoni, & Hutz, 2015)	4 a 8 anos	12	0,79
Tarefas Preditoras de Otimismo em Crianças Informatizadas (Tapoc-i) (Oliveira, Bandeira, & Giacomoni, 2019)	4 a 10 anos	12	0,86
Teste para Avaliar Otimismo (LOT-R) (Bastianello, Pacico, & Hutz, 2014)	14 a 36 anos	10	0,70 a 0,80
Versão brasileira da Escala de Autoestima de Rosenberg (Hutz & Zanon, 2011)	10 a 50 anos	10	0,90

A avaliação baseada em forças permite que sejam planejadas e implementadas intervenções mais completas, que não foquem apenas nas habilidades a serem desenvolvidas. A partir dos dados coletados, pode-se analisar quais habilidades e recursos – tanto internos quanto externos –, a fim de explorá-los para que os objetivos da intervenção sejam atingidos com maior efetividade.

Intervenções em Educação Positiva

As nomeadas *"positive interventions"* são intervenções que visam à promoção de emoções, comportamentos e pensamentos positivos e de bem-estar (Bolier et al., 2013; Sin & Lyubomirsky, 2009). Além disso, os objetivos e os meios pelos quais se chegam a eles nas intervenções, para caracterizar a intervenção como positiva, devem ser derivados da PP (Bolier et al., 2013; Schueller, Kashdan, & Parks, 2014). Sendo assim, a intervenção deve almejar incrementar o bem-estar de forma geral. Contudo, os estudos apontam para o bem-estar subjetivo em específico, tendo em vista a avaliação da satisfação de vida e de afetos positivos e negativos incluída nessa perspectiva, o que facilita a mensuração dos elementos positivos (Diener et al., 2017; Schueller et al., 2014).

A intervenção deve demonstrar que objetiva aumentar afetos, pensamentos e comportamentos considerados positivos, em detrimento de apenas tentar reduzir sintomas ou problemas (Bolier et al., 2013; Schueller et al., 2014). Além disso, deve visar ao florescimento humano, o qual é um importante aspecto ao falar em desenvolvimento saudável dentro da PP (Bolier et al., 2013; Seligman & Csikszentmihalyi, 2000).

Ao pensar na premissa de não apenas ensinar conteúdos acadêmicos, como também aumentar os níveis de experiência de questões positivas, as intervenções positivas aplicam-se e vão ao encontro das necessidades de alunos no contexto escolar. Tais intervenções tendem a reduzir a evasão escolar e melhorar o desempenho acadêmico, pois a satisfação de vida contribui para o engajamento nesse âmbito (Lewis, Huebner, Malone, & Valois, 2011). Dentro dessa perspectiva, alguns programas de intervenção têm sido implementados ao redor do mundo baseados em conhecimentos da PP com o intuito de ensinar as habilidades, auxiliar no desenvolvimento de forças, de emoções positivas, de engajamento e sentido, bem como promover bem-estar. Os resultados desses programas de intervenção vêm produzindo achados diversos.

Seligman e colaboradores criaram diferentes programas de intervenção ao longo das últimas décadas. O *Penn Prevention Program* (PPP) tinha como objetivo alterar o estilo explicativo de estudantes (a forma como explicamos os eventos positivos e negativos que acontecem conosco) e prevenir o desenvolvimento de sintomas depressivos em crianças entre 10 e 13 anos nos Estados Unidos (Shatte, Reivich, Gillham, & Seligman, 1999). Para tanto, promoveu habilidades sociais positivas e treinamento no estilo explicativo otimista. Estudos de *follow-up* encontraram efeitos positivos e fortes.

Após alguns anos, esse programa passou a ser chamado de *Penn Resiliency Program* (PRP). O objetivo desse programa mais atual é incrementar a capacidade dos alunos de 8 a 15 anos para lidar com situações estressantes e os diversos problemas que podem ser encontrados na adolescência. Esse programa propicia aos alunos pensarem de forma mais realista e com maior flexibilidade a respeito de seus problemas, promovendo assim o otimismo. Os alunos também aprendem outras habilidades de enfrentamento como, por exemplo, assertividade, *brainstorming* criativo, tomada de decisão e relaxamento, entre outras. Os estudos apontam que o PRP auxilia na redução dos sintomas de depressão, falta de esperança e ansiedade (Seligman et al., 2009; Seligman, 2011).

O *Positive Psychology Programme* (Seligman et al., 2009) foi o primeiro estudo empírico de implementação de variáveis positivas no currículo para adolescentes. Os objetivos do programa são ajudar os estudantes a identificar suas forças de caráter e aumentar o uso dessas forças no dia a dia. As atividades foram implementadas através de 20 a 25 sessões de 80 minutos. As sessões envolvem a discussão de forças de caráter (ou outro conceito ou habilidade), atividade em sala, *role-play* com situações hipotéticas e reflexão acerca da atividade.

A seguir, um exemplo de exercício: I) três coisas boas: instruir os estudantes a escreverem três coisas boas que aconteceram em cada dia por uma semana. As crianças podem responder questões relacionadas ao conteúdo acadêmico, como "Eu respondi uma questão de matemática muito difícil"; ou aspectos do dia a dia: "A menina que eu gosto me chamou pra sair". Após a resposta, são feitos três questionamentos para o aluno: 1) "Por que isso aconteceu?" 2) "O que isso significa pra você?" 3) "Como pode aumentar a probabilidade de ter mais dessas coisas boas no futuro?"

132 Parte II – Psicologia Positiva em diferentes contextos

Esse foi um dos vários exercícios propostos durante a realização do *Positive Psychology Programme*. Os pesquisadores (Seligman et al., 2009) fizeram avaliações pré e pós intervenção e encontraram que o aprendizado das forças de caráter, reportado pelos professores, aumentou no grupo de alunos que realizou a atividade em comparação com o grupo-controle. Esse aumento do aprendizado das forças foi observado em um *follow-up* de 18 meses.

Um estudo recente (Carter et al., 2016) avaliou os efeitos de uma intervenção similar, na qual as crianças tinham que escrever três experiências boas todos os dias durante uma semana. A atividade no estudo foi nomeada *"positive thinking diary"* ("diário do pensamento positivo"). O bem-estar dos participantes foi avaliado antes e após a atividade. Os resultados apontaram que a intervenção do diário foi bem-sucedida, pois foi observado um aumento no bem-estar e redução dos sintomas depressivos. É importante destacar que as crianças que pontuaram baixo em bem-estar se beneficiaram mais da intervenção.

Um aspecto a ser considerado no delineamento de programas de intervenção para aumentar o bem-estar de crianças e adolescentes é a idade desenvolvimental. Escores altos ou baixos em engajamento ou satisfação de vida, por exemplo, funcionam como um indicativo para uma possível reformulação nas atividades ou no contexto escolar. Para isso, é importante entender que a necessidade de crianças no início do ensino fundamental pode ser diferente de adolescentes no oitavo e nono anos. Enquanto aquelas podem apresentar dificuldades com relacionamentos e interação social, os adolescentes podem precisar de intervenção com foco em aspectos como engajamento, autorregulação e *coping*, por exemplo (Seligman et al., 2009).

Além da implementação de intervenções positivas para crianças e adolescentes, já existem propostas de aplicação dos pressupostos da PP no corpo docente, com o objetivo de possibilitar que os professores passem pela experiência antes de multiplicar entre os alunos. Em 2008, o centro de PP da Universidade da Pensilvânia treinou professores de uma escola na Austrália, a Geelong Grammar School (GGS), em um programa com duração de nove dias (Seligman et al., 2009; Williams, 2011). O objetivo do treinamento foi ensinar habilidades como resiliência, forças de caráter, gratidão, comunicação positiva e otimismo para cerca de 100 professores, e estes também aprenderam como ensiná-las às crianças. Em Seligman et al. (2009) encontram-se relatos de como o programa aconteceu, inclusive com exemplos ilustrativos. Para uma revisão completa, indica-se a leitura de Norrish (2015).

É fundamental que a equipe da escola seja treinada em princípios e técnicas da educação positiva para que os efeitos das intervenções se prolonguem. Além disso, os programas desenvolvidos com a mediação de professores obtiveram sucesso, não sendo necessários membros externos constantemente para que tais princípios fossem implementados no currículo das escolas (Waters, 2011). Dessa forma, intervenções mediadas aproveitam o papel estimulador do professor, utilizando-o como multiplicador.

Como exemplo disso, destaca-se uma pesquisa (Adler, 2016) na qual o autor realizou um estudo em cada um dos seguintes países: México, Peru e Butão, durante o seu período de doutorado. O primeiro estudo foi realizado em Butão e, em seguida, replicado nos outros dois países. O objetivo era ensinar bem-estar em larga escala nas escolas e avaliar o impacto no desempenho escolar através de uma intervenção envolvendo professores, diretores e alunos. Os professores e diretores receberam o treinamento durante dez dias e implementaram as atividades no currículo, as quais aconteceram duas horas por semana durante 15 meses. Os indicadores que mais contribuíram para o aumento do bem-estar e melhor desempenho escolar foram a perseverança, engajamento e qualidade dos relacionamentos. Adler (2016) concluiu que é possível e desejável ensinar bem-estar nas escolas, independentemente da situação socioeconômica ou social e contexto cultural.

Considerações finais

O objetivo deste capítulo foi apresentar uma integração dos preceitos da PP no contexto escolar. Essa integração acontece a partir do desenvolvimento de intervenções voltadas para alunos, professores e outros profissionais do ambiente escolar, bem como por meio de avaliações que considerem também recursos internos e externos para lidar com adversidades. As intervenções já delineadas em outros países podem servir como inspiração para o desenvolvimento de projetos no Brasil, a partir da realidade escolar deste país.

De maneira geral, as análises de impacto dessas iniciativas apontam para uma melhora no bem-estar subjetivo e no desempenho escolar, bem como a redução de sintomas de depressão e ansiedade e da evasão escolar. Dessa forma, aponta-se que é possível e necessário trabalhar aspectos positivos no contexto escolar.

Apesar de já existirem alguns estudos com propostas empíricas de intervenção em PP (Pureza, Kuhn, Castro, & Lisboa, 2012), o Brasil ainda carece de estudos na área, principalmente em relação ao contexto escolar. Necessita-se de pesquisas que investiguem quais variáveis relacionadas ao bem-estar promovem mudanças no desempenho acadêmico de alunos no contexto escolar brasileiro. Paralelamente a isso, sugere-se o delineamento de intervenções ou estudos observacionais longitudinais para identificar quais estratégias educacionais contribuem para o aumento do bem-estar de crianças e adolescentes neste país.

Referências

Adler, A. (2016). *Teaching well-being increases academic performance: Evidence from Bhutan, Mexico, and Peru.* Publicly Accessible Penn Dissertations [Recuperado de https://repository.upenn.edu/edissertations/1572].

Bandeira, C. M., Giacomoni, C. H., & Hutz, C. S. (2015). Tarefas Preditoras de Otimismo em Crianças (Tapoc): construção e evidências de validade. *Avaliação Psicológica 14*(2), 199-206. https://doi:10.15689/ap.2015.1402.04

134 Parte II – Psicologia Positiva em diferentes contextos

Bandura, A. (1977). Self-efficacy: Toward a unifying theory of behavioral change. *Psychological Review, 84*(2), 191-215. https://doi:10.1037/0033-295X.84.2.191

Barros, R. M. D. A., Martín, J.I.G., Pinto, C., & Vasconcelos, J. F. (2010). Investigação e prática em Psicologia Positiva. *Psicologia: Ciência e Profissão, 30*(2), 318-327. https://doi:10.1590/S1414-98932010000200008

Bastianello, M. R., Pacico, J. C., & Hutz, C. S. (2014). Optimism, self-esteem and personality: Adaptation and validation of the Brazilian Version Of The Revised Life Orientation Test (LOT-R). *Psico-USF, 19*(3), 523-531. https://doi:10.1590/1413-827120140190030

Bolier, L., Haverman, M., Westerhof, G. J., Riper, H., Smit, F., & Bohlmeijer, E. (2013). Positive psychology interventions: A meta-analysis of randomized controlled studies. *BMC Public Health, 13*(119). https://doi:10.1186/1471-2458-13-119

Bowlby, J. (1953). *Child care and the growth of love.* Penguin Books.

Buckley, M., Storino, M., & Saarni, C. (2003). Promoting emotional competence in children and adolescents: Implications for school psychologists. *School Psychology Quarterly, 18*(2), 177-191. https://doi:10.1521/scpq.18.2.177.21855

Carter, P. J., Hore, B., McGarrigle, L., Edwards, M., Doeg, G., Oakes, R., Campion, A., Carey, G., Vickers, K., & Parkinson, J. A. (2016). Happy thoughts: Enhancing well-being in the classroom with a positive events diary. *The Journal of Positive Psychology, 13*(2), 110-121. https://doi:10.1080/17439760.2016.1245770

Damon, W. (2004). What is positive youth development? *The Annals of the American Academy of Political and Social Science, 591*(1), 13-24. https://doi:10.1177/0002716203260092

Diener, E. (1984). Subjective Well-Being. *Psychological Bulletin, 95,* 542-575. https://doi.org/10.1037/0033-2909.95.3.542

Diener, E., Heintzelman, S. J., Kushlev, K., Tay, L., Wirtz, D., Lutes, L. D., & Oishi, S. (2017). Findings All Psychologists Should Know From the New Science on Subjective Well-Being. *Canadian Psychology, 58*(2), 87-104. https://doi:10.1037/cap0000063

Epstein, M. H., Harniss, M. K., Robbins, V., Wheeler, L., Cyrulik, S., Kriz, M., & Nelson, J. R. (2003). Strength-based approaches to assessment in schools. In M. D. Weist, S. W. Evans, & N. A. Lever (eds.). *Issues in clinical child psychology. Handbook of school mental health: Advancing practice and research* (pp. 285-299). Kluwer Academic/Plenum Publishers.

Epstein, M. H., & Sharma, J. (1998). *The Behavior and Emotional Rating Scale: A strength, based approach to assessment.* PRO-ED.

Gable, S. L., & Haidt, J. (2005). What (and why) is positive psychology? *Review of General Psychology, 9*(2), 103-110. https://doi:10.1037/1089-2680.9.2.103

Giacomoni, C. H., & Hutz, C. S. (2008). Escala multidimensional de satisfação de vida para crianças: estudos de construção e validação. *Estudos de Psicologia, 25*(1), 23-35. https://doi:10.1590/S0103-166X2008000100003

Giacomoni, C. H., & Hutz, C. S. (2006). Escala de Afeto Positivo e Negativo para crianças: estudo de construção e validação. *Revista Semestral da Associação Brasileira de Psicologia Escolar e Educacional (Abrapee), 10*(2), 235-245.

Hutz, C. S., & Zanon, C. (2011). Revisão da apadtação, validação e normatização da escala de autoestima de Rosenberg. *Avaliação Psicológica, 10*(1), 41-49 [Recuperado de http://pepsic.bvsalud.org/scielo.php?script=sci_arttext&pid=S1677-04712011000100005].

Kern, M. L., Waters, L. E., Adler, A., & White, M. A. (2015). A multidimensional approach to measuring well-being in students: Application of the *Perma* framework. *The Journal of Positive Psychology, 10*(3), 262-271. https://doi:10.1080/17439760.2014.936962

Jimerson, S. R., Sharkey, J. D., Nyborg, V., & Furlong, M. J. (2004). Strength-based assessment and school psychology: A summary and synthesis. *The California School Psychologist, 9*(1), 9-19. https://doi:10.1007/BF03340903

Larson, R. W. (2000). Toward a psychology of positive youth development. *American Psychologist, 55*, 170-183. https://doi:10.1037/0003-066X.55.1.170

Leman, P., Smith, E. P., Petersen, A. C., & SRCD Ethnic-Racial Issues and International Committees (2017). Introduction to the special section of Child Development on positive youth development in diverse and global contexts. *Child Development, 88*(4), 1.039-1.044. https://doi:10.1111/cdev.12860

Lewis, A. D., Huebner, E. S., Malone, P. S., & Valois, R. F. (2011). Life satisfaction and student engagement in adolescents. *Journal of Youth and Adolescence, 40*(3), 249-262. https://doi:10.1007/s10964-010-9517-6

Norrish, J. M. (2015). *Positive education: The Geelong Grammar School Journey*. Oxford University Press. https://doi.org/10.1093/acprof.oso/9780198702580.001.0001

Oliveira, C. M., Bandeira, C. M., & Giacomoni, C. H. (2019). Informatização e validação do instrumento tarefas preditoras de otimismo em crianças – Tapoc. *Avaliação Psicológica, 18*(2), 183-191. https://doi:10.15689/ap.2019.1802.14242.09

Oliveira, C. M. D., Mendonça Filho, E. J. D., Marasca, A. R., Bandeira, D. R., & Giacomoni, C.H. (2019). Escala multidimensional de satisfação de vida para crianças: revisão e normas. *Avaliação Psicológica, 18*(1), 31-40. https://doi:10.15689/ap.2019.1801.15492.04

Pacico, J. C., Ferraz, S. B., & Hutz, C. S. (2014). Autoeficácia – *Yes We Can!* In C.S. Hutz (org.). *Avaliação em Psicologia Positiva* (pp. 111-120). Artmed.

Park, N. (2004). The role of subjective well-being in positive youth development. *The Annals of the American Academy of Political and Social Science, 591*(1), 25-39. https://doi:10.1177/0002716203260078

Pureza, J. R., Kuhn, C. H. C., Castro, E. K., & Lisboa, C. S. M. (2012). Psicologia positiva no Brasil: uma revisão sistemática da literatura. *Revista Brasileira de Terapias Cognitivas, 8*(2), 109-117.

Rhee, S., Furlong, M. J., Turner, J. A., & Harari, I. (2001). Integrating strength-based perspectives in psychoeducational evaluations. *California School Psychologist, 6*, 5-17. https://doi:10.1007/BF03340879

Schueller, S. M., Kashdan, T. B., & Parks, A. C. (2014). Synthesizing positive psychological interventions: Suggestions for conducting and interpreting meta-analyses. *International Journal of Wellbeing, 4*(1), 91-98. https://doi:10.5502/ijw.v4i1.5

136 Parte II – Psicologia Positiva em diferentes contextos

Segabinazi, J. D., Zortea, M., Zanon, C., Bandeira, D. R., Giacomoni, C. H., & Hutz, C. S. (2012). Escala de afetos positivos e negativos para adolescentes: Adaptação, normatização e evidências de validade. *Avaliação Psicológica, 11*(1), 1-12.

Seligman, M. E. P. (2011). *Florescer: uma nova compreensão sobre a natureza da felicidade e do bem-estar* (C. P. Lopes, Trad.). Objetiva.

Seligman, M. E. P. (2002). Positive Psychology, Positive Prevention, and Positive Terapy. In C. R. Snyder; & S. J. Lopez (eds.). *Handbook of Positive Psychology* (pp. 3-9). Oxford.

Seligman, M. E. P., & Csikszentmihalyi, M. (2000). Positive psychology: An introduction. *American Psychologist, 55*(1), 5-14. https://doi:10.1037/0003-066X.55.1.5

Seligman, M. E. P., Ernst, R. M., Gillham, J., Reivich, K., & Linkins, M. (2009). Positive education: Positive psychology and classroom interventions. *Oxford Review of Education, 35*, 293-311. https://doi:10.1037//0003-066X.55.1.5

Shatte, A. J., Reivich, K., Gillham, J. E., & Seligman, M. E. P. (1999). Learned optimism in children. In C. R. Snyder (ed.). *Coping: The psychology of what works* (pp. 165-181). Oxford University Press.

Sin, N. L., & Lyubomirsky, S. (2009). Enhancing well-being and alleviating depressive symptoms with positive psychology interventions: A practice-friendly meta-analysis. *Journal of Clinical Psychology, 65*(5), 467-487. https://doi:10.1002/jclp.20593

Terjesen, M. D., Jacofsky, M., Froh, J., & Digiuseppe, R. (2004). Integrating positive psychology into schools: Implications for practice. *Psychology in the Schools, 41*(1), 163-172. https://doi:10.1002/pits.10148

Vygotsky, L. S. (1978). *Mind in Society*. Harvard University Press.

Waters, L. (2011). A review of school-based positive psychology interventions. *The Educational and Developmental Psychologist, 28*(2), 75-90. https://doi:10.1375/aedp.28.2.75

White, M. (2014). An evidence-based whole school strategy to positive education. In H. Street, & N. Port (eds.). *Better that ok: Helping young people flourish at school and beyond* (pp. 194-198). Fremantle Press.

White, M., & Murray, A. S. (2015). Well-being as freedom: Future directions in well-being. In M. White, & S. Murray (eds.). *Evidence-based approaches in positive education: Implementing a strategic framework for well-being in schools* (pp. 167-175). Springer. https://doi. org/10.1007/978-94-017-9667-5_9

Williams, P. (2011). Pathways to positive education at geelong grammar school: Integrating positive psychology and appreciative inquiry. *AI Practitioner, 13*(2), 8-13.

10
Como se preparar para a aposentadoria? Apontamentos para uma intervenção clínica inspirada na Psicologia Positiva

MAYARA COLLETI
MICHELE POLETTO
FABIO SCORSOLINI-COMIN

As questões que envolvem o mundo do trabalho são mobilizadoras de importantes reflexões dos sujeitos ao longo do processo de desenvolvimento, sobretudo a partir da transição da adolescência para a idade adulta. Essas questões vão desde a escolha da carreira, a formação profissional, a preparação para o mercado de trabalho, passam pelos processos de recrutamento, seleção, treinamento, desenvolvimento, adaptação de carreira, e chegam ao ponto compreendido, popular e socialmente, como sinônimo de interrupção da atividade laboral, a aposentadoria.

A aposentadoria não é significado de finalização da vida laboral, uma vez que diversas pessoas seguem trabalhando na mesma área ou em outras atividades. Isso nem sempre ocorre apenas por desejo pessoal, mas por condicionantes socioeconômicos e culturais. Independentemente do motivo, esse momento do ciclo vital solicita reflexões, planejamento e construção de sentidos e ressignificações. No cenário brasileiro atual, de discussão em torno de uma reforma previdenciária e sua consequente operacionalização (Lavinas & Cordilha, 2019), diversos questionamentos surgem, impactando não apenas o modo como transcorrerá a aposentadoria.

Diversos sentimentos são despertados nesse processo de aposentar-se, o que se relaciona não apenas ao modo como o sujeito vivenciou o trabalho ao longo da vida, mas também em função dos aspectos sociais atribuídos à aposentadoria, sentidos esses que podem ser apreendidos de modo positivo, por exemplo, quando associados à premiação, ao cumprimento de uma missão e à finalização de um processo exitoso. No entanto, aspectos considerados negativos podem emergir, associando a aposentadoria a um período no qual haverá privações financeiras, declínios decorrentes da idade na qual se aposentou, frustrações decorrentes do fato de não finalizar a experiência laboral do modo desejado ou chegando ao *status* almejado ao longo da carreira. Além disso, pessoas experimentam diminuição da autoestima e desprestígio pela redução da capacidade produtiva e das ofertas de trabalho (Menezes & França, 2012; Zanelli, 2012).

138 Parte II – Psicologia Positiva em diferentes contextos

Este capítulo considera que a aposentadoria é um marco na sociedade, assim como uma transição desenvolvimental acompanhada de uma série de outras transformações, da passagem da fase adulta à velhice, diversas mudanças e possibilidades emergentes (França, 2010; Loureiro, Mendes, Camarneiro, Silva, & Pedreiro, 2016). Considerando a relevância da aposentadoria no âmbito social, este capítulo tem como objetivo responder à questão: como é possível se preparar para a aposentadoria? Embora essa preparação possa ocorrer em diferentes níveis e aspectos – organizacionais, econômicos, sociais e familiares, por exemplo –, o foco do presente capítulo recairá sobre a chamada preparação emocional. Mesmo considerando as especificidades dessa transição em cada sujeito, buscar-se-á refletir sobre como intervenções articuladas aos pressupostos da Psicologia Positiva podem ser relevantes. Para além disso, como a Psicologia Positiva pode ser útil no sentido de trazer outros elementos e posicionamentos à aposentadoria?

A importância da aposentadoria no ciclo de vida

Estudos da Psicologia têm demonstrado que o processo de preparação para a aposentadoria é fundamental para que as pessoas possam avaliar o seu percurso de vida, planejar as suas atividades, assim como construir uma cultura que destaca a importância da aposentadoria e dos aspectos positivos do envelhecimento (Alves-Silva, Scorsolini-Comin, & Santos, 2013; Murta et al., 2014; Soares & Costa, 2011). A aposentadoria é compreendida como a interrupção da atividade laboral remunerada após determinado tempo de serviço e de contribuição à previdência social, no caso brasileiro.

Pela importância desse evento, sobretudo no universo do trabalho, diversas organizações reconhecem a necessidade de engajamento em um processo intitulado de "preparação para a aposentadoria". Esse período, embora possa ser essencialmente individual e ligado a uma trajetória pessoal e profissional, poderia ser discutido a partir de recursos disponibilizados pelas organizações empregadoras. Tais instituições passaram, então, a compor programas que visam a acompanhar o trabalhador, não apenas habilitando-o à aposentadoria, mas permitindo que essa transição ocorra de maneira saudável e significativa (França, 2010).

Embora os programas de preparação para a aposentadoria façam uso de diferentes estratégias didáticas e de reflexão, que incluem palestras, aulas, discussões, visitas, oficinas e rodas de conversa, por exemplo, abre-se cada vez mais espaço para se pensar como essas pessoas podem ser auxiliadas por intervenções psicológicas com foco na aposentadoria. A partir disso, têm emergido propostas de aconselhamento psicológico voltadas a esse público (Di Bonifácio & Scorsolini-Comin, 2019; Scorsolini-Comin, 2015; Scorsolini-Comin, Rossi, Curtiço Junior, Costa, Silva, & Alves-Silva, 2019), com o apoio de distintas abordagens teóricas, dentre as quais destaca-se, neste texto, a Psicologia Positiva.

Esta abordagem se propõe a recuperar e desenvolver as experiências positivas e as forças dos indivíduos como formas de enfrentamentos das situações desfavoráveis e de conflito (Scorsolini-Comin, Fontaine, Koller, & Santos, 2013), com ênfase na promoção de saúde e de bem-estar (Paludo & Koller, 2007; Park & Peterson, 2007), como tem sido desenvolvido ao longo de todos os capítulos que compõem esta coletânea. A partir desse prisma teórico, a aposentadoria tem sido apreendida como um fenômeno que pode ser vivenciado a partir de diferentes possibilidades, considerando que o ser humano busca, em toda a transição, não apenas se adaptar, mas também produzir sentidos que levem ao seu amadurecimento.

O aconselhamento psicológico como uma possibilidade de intervenção na preparação para a aposentadoria

A escuta acerca dos processos subjacentes à transição de carreira tem sido assumida em muitos programas de preparação para a aposentadoria, tanto nacionais como internacionais (Fisher et al., 2014; França, 2010; Lytle, Clancy, Foley, & Cotter, 2015; Murta et al., 2014; Soares & Costa, 2011). Esses programas empregam diferentes metodologias de trabalho e de intervenção, mas são uníssonos em afirmar a importância de construção de um espaço no qual pessoas prestes a se aposentar encontrem informações, esclarecimentos e acolhimento nessa transição de vida. A prática do aconselhamento psicológico é umas das intervenções existentes no campo da Psicologia.

Ainda que o início dessa prática, datada da década de 1950, tenha sido influenciado pelas contribuições das áreas de seleção, treinamento e orientação profissional, tratava-se, à época, de uma atividade de orientação, cujo objetivo era promover o ajustamento das pessoas em dadas funções. Sendo assim, ela ficou ligada à seleção de pessoal, à psicometria e à avaliação psicológica. De modo geral, o aconselhamento era compreendido em seu caráter objetivo, diretivo e normativo, no qual se buscava direcionar os sujeitos a determinadas funções e contextos ocupacionais ou a caminhos considerados mais adaptativos (Scorsolini-Comin, 2015).

Ao longo dos anos, é possível observar que a prática do aconselhamento psicológico se modificou, ampliando seu foco. Entre os pressupostos básicos do aconselhamento psicológico, ainda que se reconheçam as especificidades de determinadas abordagens, está a ideia de oferecer ao cliente uma escuta acerca de suas demandas psicológicas em um enquadre geralmente breve e com foco na solução dos problemas. Desse modo, o campo de aplicação do aconselhamento psicológico tem se ampliado e seus conhecimentos aplicados em diferentes contextos (Hutz-Midgett & Hutz, 2012; Souza & Scorsolini-Comin, 2011), incluindo o desenvolvimento da carreira, no qual a aposentadoria pode ser incluída.

Carl Rogers, a partir da publicação da obra *Psicoterapia e consulta psicológica*, em 1942, foi um dos responsáveis por atribuir ao aconselhamento psicológico um caráter

140 Parte II – Psicologia Positiva em diferentes contextos

mais clínico, direcionado ao crescimento pessoal do cliente e não apenas ao seu ajustamento em uma dada função. Desse modo, os processos de aconselhamento passaram a ser considerados dentro de uma perspectiva que compreende o ser humano de modo positivo e orientado para autorrealização, sendo suas estratégias semelhantes às da psicoterapia (Scorsolini-Comin, 2014).

Intervenções baseadas na Psicologia Positiva no contexto da aposentadoria: Quais elementos devem ser considerados?

A psicoterapia orientada segundo os pressupostos da Psicologia Positiva está em expansão, abrindo espaço para diferentes posicionamentos que tentam balizar seus pressupostos e operados no sentido de promover a escuta, o acolhimento e de delinear as intervenções possíveis, o manejo e o acontecer clínico (Arias Gallegos, 2013). A produção nessa área, por vezes, alinha-se a uma abordagem preexistente, de modo a apresentar a psicoterapia de base positiva como relacionada a pressupostos de outras abordagens clínicas, como a psicodinâmica, a cognitivo-comportamental ou a humanista, por exemplo (Scorsolini-Comin & Poletto, 2016). Assim, a chamada psicoterapia positiva pode dialogar mais ou menos com pressupostos clínicos mais tradicionais, criando formas específicas de pensar o *setting*, o atendimento e todos os elementos desse campo (Rashid & Seligman, 2019).

A psicoterapia de base positiva apresentada neste capítulo ancora-se, historicamente, nos pressupostos da abordagem centrada na pessoa, dialogando diretamente com autores como Rogers e Maslow. Em linhas gerais, o foco da produção desses autores recai sobre a potencialização das capacidades humanas, a busca por florescimento, crescimento e pelo pleno desenvolvimento, considerando a tendência a todo organismo a crescer e a se desenvolver – o que permite sinalizar como tendência atualizante, dentro da abordagem centrada na pessoa.

Quando esses pressupostos da abordagem centrada na pessoa são aproximados à Psicologia Positiva, uma ampla gama de intervenções pode ser delineada. No contexto da preparação para a aposentadoria, tais orientações podem considerar não apenas as potencialidades e recursos individuais do sujeito no universo do trabalho, mas de que modo esses elementos dialogam com o contexto de produção que afeta o fenômeno da aposentadoria.

Pesquisas atuais têm assinalado a necessidade de discutir não apenas o bem-estar ao longo desse processo, mas os recursos pessoais e as capacidades de potencialização desse momento e de resiliência diante de eventos considerados adversos, como a perda do emprego ou a interrupção e o término da atividade laboral (Horner, 2014; Dingemans & Henkens, 2015; Nalin & França, 2015). O apoio psicológico ofertado nesse período tem evidenciado uma possibilidade de diálogo entre a psicoterapia e o mundo do trabalho, reconhecendo a necessidade de uma escuta que não desconsidere as demandas trazidas pelo cliente, mas que também as discuta considerando como quadro de referência o cenário laboral em vigência (Scorsolini-Comin, 2015). No caso brasileiro, por exemplo, essa discussão não pode se esquivar do atual contexto da reforma da previdência, além de elementos do contexto direto, como as condições institucionais, planos de carreira e políticas organizacionais em torno desse público.

Assim, trabalha-se a necessidade de preparação para esse período, bem como de reflexão sobre o mundo do trabalho, suas possibilidades e de que modo o mesmo tem sido atualizado na história de vida do participante (Duarte, 2009). Emergem, nesse cenário, intervenções psicológicas voltadas especificamente para aposentados e para pessoas em transição para a aposentadoria (Costa & Soares, 2009; França, 2010; Leandro-França, Murta, & Villa, 2014; Murta et al., 2014).

A aposentadoria pode repercutir em dimensões como as relações interpessoais, nas quais a família possui uma importante participação. Em toda transição desenvolvimental, a família pode ser apreendida a partir de um duplo ponto: ora como uma instância que é afetada por essa transição, ora como dimensão que afeta esse movimento direta ou indiretamente. No caso da aposentadoria, pode-se pensar, então, tanto na família como apoiadora do trabalhador em transição, por exemplo, ou como uma dimensão da vida que será afetada pela aposentadoria de um de seus membros.

O destaque para o papel da família nesse processo é indicado por alguns estudos na área (Azevedo & Carvalho, 2006; Bressan et al., 2013), sem que haja um adensamento dessa compreensão a partir de estudos empíricos no campo das práticas psicológicas. A família pode emergir como uma rede de apoio mais significativa nesse momento da vida, haja vista o possível afastamento da rede de apoio social representada por colegas de trabalho e pessoas ligadas ao contexto organizacional (Chen & Feeley, 2014). Tais relações familiares, no entanto, nem sempre desempenham funções de apoio e de acolhimento, são fonte de estresse e um elemento associado à diminuição do bem-estar e da qualidade de vida.

A partir desse panorama e buscando oferecer evidências para a prática psicológica nessa fase do ciclo vital, o objetivo do estudo de caso a seguir é discutir o papel das relações familiares no processo de preparação para a aposentadoria a partir da abordagem clínica em Psicologia Positiva. Além disso, busca ilustrar uma intervenção clínica em Psicologia Positiva, auxiliando profissionais da área. Tal intervenção iniciou com a modalidade de aconselhamento psicológico e depois avançou para uma psicoterapia breve individual.

Estudo de caso

Trata-se de um estudo de caso único de uma participante do projeto de extensão universitária intitulado "Aconselhamento Psicológico em um Programa de Preparação para a Aposentadoria", oferecido aos participantes do Programa de Preparação para a

142 Parte II – Psicologia Positiva em diferentes contextos

Aposentadoria (PPA) da Pró-Reitoria de Recursos Humanos de uma universidade pública localizada no interior do Estado de Minas Gerais. O objetivo deste projeto era oferecer atendimentos breves, com no máximo cinco encontros, na modalidade de aconselhamento psicológico, cujo foco das intervenções era a escuta acerca da preparação para a aposentadoria e dos aspectos relacionados a esse processo, envolvendo, assim, atividades de planejamento, organização de ideias e saberes, reconhecimento e fortalecimento de potencialidades. Desde sua implantação, em 2013, o projeto ofereceu espaço de escuta para resolução de problemas e encaminhamento de demandas que não se enquadrem no escopo da intervenção, por exemplo, como indicação para a psicoterapia em alguns casos, partindo de uma avaliação conjunta entre cliente e profissional. O projeto foi oferecido até 2017.

Marília (nome fictício), 53 anos, assistente social, recasada, três filhos, funcionária do setor administrativo da Universidade em questão, buscou o atendimento na modalidade de aconselhamento psicológico em setembro de 2013, após a divulgação do projeto de extensão em um dos encontros mensais realizados pelo PPA. O PPA dessa Universidade era realizado em encontros mensais, em grupo, com uma programação diversa e que envolvia diferentes profissionais. Assim, havia atividades ligadas ao Direito e à discussão da legislação previdenciária, por exemplo, à Fisioterapia e aos exercícios físicos na transição para a velhice, bem como atividades ligadas a outras áreas da saúde, como Nutrição, Educação Física e Terapia Ocupacional. A Psicologia foi convidada em 2013 para compor esse projeto e sua inserção ocorreu pela possibilidade de ofertar atendimentos clínicos individuais, como o que será descrito a seguir.

O caso de Marília foi escolhido para análise neste estudo devido ao fato dela ter sido atendida em duas modalidades distintas: uma breve (aconselhamento psicológico) e outra de longa duração (psicoterapia). Este processo atravessou não apenas a sua preparação para a aposentadoria, mas todo o percurso compreendido desde a decisão inicial por se aposentar, de planejamento para esse momento e reavaliação da decisão ao longo do tempo. Ao todo, foram 15 meses de intervenção.

A coleta de dados oriunda dos atendimentos ocorreu no serviço-escola de Psicologia de uma universidade no interior do estado de Minas Gerais. Durante os meses de setembro e outubro de 2013, Marília foi atendida na modalidade de aconselhamento psicológico, em que foram realizados cinco atendimentos, um por semana, com duração de 50 minutos cada. Estes tiveram como eixo norteador a necessidade de que a cliente falasse acerca do seu processo de aposentadoria e as possíveis dificuldades decorrentes dessa transição.

Após o término desses cinco encontros, a avaliação conjunta de Marília e da profissional que a atendia resultou na continuidade de seu atendimento na modalidade de psicoterapia. Assim, Marília foi atendida duas vezes por semana no período de novembro de 2013 a dezembro de 2014, totalizando 62 sessões. Os atendimentos foram realizados pela primeira autora, então estagiária do curso de Psicologia e supervisionados pelo terceiro autor, coordenador do projeto de extensão universitária. Em todos os atendimentos, havia o preenchimento de um formulário por parte da psicoterapeuta em formação que continha questões específicas sobre o caso atendido, a evolução da cliente ao longo do tempo e também observações e impressões pessoais da estagiária a cada encontro. Esses formulários preenchidos, bem como os relatos escritos após as supervisões clínicas, compuseram o *corpus* de análise.

O *corpus* foi analisado em termos das mudanças observadas ao longo do tempo e tendo como norte a questão das relações familiares, consideradas centrais no caso e evidenciadas ao longo dos 15 meses de atendimento. O referencial teórico delimitado para o projeto foi da abordagem centrada na pessoa em articulação com pressupostos da Psicologia Positiva, que recupera as experiências positivas e as forças dos indivíduos como formas de enfrentamentos das situações desfavoráveis e de conflito (Scorsolini-Comin, Fontaine, Koller, & Santos, 2013). Assim, a preparação para a aposentadoria é compreendida como uma possibilidade de desenvolvimento de conhecimentos, práticas e potencialidades que auxiliarão o participante na experiência e significação desse evento em sua vida.

Nos cinco encontros que compuseram o programa de aconselhamento, foram levantados com a cliente os aspectos favoráveis e desfavoráveis do processo de se aposentar, buscando fortalecer as potencialidades apresentadas pela participante. Destaca-se que, ao refletir sobre o processo da aposentadoria, extraiu-se das falas de Marília tanto os aspectos considerados positivos quanto os negativos da aposentadoria, logo no início do aconselhamento psicológico. Tais aspectos foram listados junto com a mesma e retomados sempre que necessário. Importante ressaltar que esses aspectos não devam ser tomados de modo diametralmente opostos e excludentes. Há que se considerar que, por vezes, tais elementos coexistem, denotando a necessidade de que não sejam apenas categorizados, mas compreendidos em seu movimento constante tanto a partir do discurso da cliente como ao longo do processo psicoterápico.

Marília relatou que a decisão pela aposentadoria estava intimamente relacionada a algumas questões familiares que, ao mesmo tempo em que eram colocadas como aspectos positivos desse processo, também assumiam sentido negativo. Por compreender a densidade do caso e a necessidade de acompanhar a cliente em seu processo de preparação para a aposentadoria no longo prazo, optou-se pelo encaminhamento à psicoterapia, conduzida pela mesma profissional e baseada nos mesmos pressupostos teóricos.

De modo geral, a participante relatava um forte desejo em se aposentar para: (i) ter mais tempo livre para se dedicar a atividades como leituras e viagens; (ii) viabilizar o projeto de seu companheiro em morar em outra cidade; e (iii) a possível inserção em uma atividade relacionada à sua área de formação, o Serviço Social. Na Universidade, como destacado, ela desempenhava uma função administrativa no campo da saúde. Essas possibilidades, portanto, foram levantadas durante o programa de aconselhamento, sendo apresentadas por Marília como potencialidades do processo de aposentadoria.

144 Parte II – Psicologia Positiva em diferentes contextos

No entanto, a decisão de se aposentar envolveria estar ainda mais disponível para atender demandas familiares que, por vezes, traziam-lhe sofrimento e dor. Dentre estas demandas, levantadas como aspectos desfavoráveis da aposentadoria, destacaram-se: o cuidado de seu neto; o adoecimento de sua mãe e a responsabilidade pelos afazeres domésticos.

A disponibilidade de atender o desejo de seu companheiro de se mudar para uma cidade litorânea apresentava-se à Marília como um aspecto positivo do processo de se aposentar. Em seu discurso, a participante relatava que o desejo de seu companheiro em mudar de cidade já estava presente no projeto de vida do mesmo desde quando ela o conheceu, há cerca de mais de 10 anos.

A esse respeito, ao mesmo tempo em que Marília acreditava que a aposentadoria lhe traria a disponibilidade necessária para atender ao desejo de seu companheiro, ela também sentia um pesar muito grande em ficar longe de seus filhos e de seu único neto. A possibilidade de realização do projeto de seu companheiro suscitou em Marília reflexões acerca de sua família, do modo como ela se organizava e do sentido que desejava atribuir a esta nova fase de sua vida.

Observou-se que o processo de psicoterapia, que tinha como foco inicial a aposentadoria, desvelou questões familiares conflitantes que aparentavam estar adormecidas e vieram à tona no espaço terapêutico. Em um primeiro momento, Marília começou a questionar-se como seus filhos e, principalmente seu neto, ficariam diante de sua ausência no sentido de organização prática do cotidiano e também emocionalmente. A participante relatava sua participação em atividades práticas como acompanhamento em consultas médicas, realização de eventos familiares, ao mesmo tempo em que se colocava como a responsável por manter um relacionamento saudável entre seus familiares. A este respeito, Marília relatava a dificuldade de sua filha mais velha em exercer a maternidade somado ao adoecimento de sua mãe.

Assim, a disponibilidade de tempo em consequência da aposentadoria foi apresentada inicialmente por Marília, caso ela não mudasse de cidade, como facilitadora para o desempenho dos cuidados do neto e de sua mãe. Neste ponto, ela destacava o quão estava difícil conciliar seu trabalho com os cuidados do neto pré-adolescente, que passava o maior período de tempo em sua casa e o processo de adoecimento de sua mãe, no qual a mesma exigia cuidados diários e não contava com o apoio dos outros filhos.

No entanto, à medida que refletia sobre como organizaria sua nova rotina após aposentar-se para desempenhar tais cuidados, Marília passou a refletir e questionar os motivos pelos quais ela sempre se colocava no papel de cuidadora e as repercussões psicológicas disso, uma vez que tais cuidados, ainda que trouxessem satisfação, ao mesmo tempo significavam sobrecarga emocional. A possibilidade de se dedicar mais à família, portanto, trouxe à tona sentimentos ambivalentes, em que, por um lado, a aposentadoria seria bem-vinda para realizar tal dedicação e, por outro, estar em casa em tempo integral também significava maior contato com os conflitos familiares e a sobrecarga decorrente do papel de cuidadora.

10 Como se preparar para a aposentadoria? – Apontamentos para uma intervenção... **145**

A realização dos afazeres domésticos foi apresentada por Marília como uma questão significativa, uma vez que a redução salarial consequente da aposentadoria dificultaria a manutenção da funcionária que realizava a maior parte de tais afazeres em sua casa. Ainda que Marília conseguisse expressar nos atendimentos que não gostava de desempenhar esses afazeres, ela apresentava receio de ter que fazê-los sozinha devido ao fato de ter tempo disponível. A mesma não vislumbrava, inicialmente, a possibilidade de realizar uma divisão de tarefas com seu companheiro e neto ou até mesmo se organizar de modo que tais afazeres não ocupassem muito de seu tempo. Neste ponto foi preciso ressignificar com Marília sua percepção a respeito do tempo livre decorrente da aposentadoria. Em muitas falas, Marília manifestava sentir-se culpada por não gostar de se envolver em tempo integral com todas essas atividades, já que ao se aposentar teoricamente disporia de tempo para fazê-las.

À medida que as reflexões ocorreram sobre todos esses aspectos, Marília passou a olhar mais para si mesma diante de todas essas situações, trazendo à tona a necessidade de ressignificar sua vida diante da ausência da rotina de trabalho. Foi nesse ponto que a mesma começou a refletir se estava preparada para lidar de modo mais profundo com os sentimentos emergidos na relação com seus filhos, neto, mãe e com seu companheiro.

Para além disso, Marília passou a vislumbrar a possibilidade de dar novos sentidos a essa fase da vida, o que não envolvia apenas uma maior dedicação a atividades antes já realizadas, mas resgatar planos não concretizados anteriormente e dedicar-se ao autocuidado. Essas atividades incluíam: dedicar-se à sua clínica de *Reiki*, investir em seu desenvolvimento pessoal, como fazer inglês, realizar atividades esportivas, dispor mais tempo para o cuidado com sua saúde e até mesmo refletir sobre seu desejo de atuar em sua área de formação. Esses desejos começaram a despontar como possibilidades dessa nova fase de sua vida.

A aposentadoria, desse modo, deixou de significar apenas um espaço de extensão da rotina atual, em que haveria mais tempo para desempenhar as atividades, tornando-se também um espaço em que é possível ressignificar a vida. Ao mesmo tempo, ofertava a ela novos sentidos, a possibilidade de refletir sobre os papéis até então ocupados e permitir-se desinvestir em algumas questões que lhe traziam sofrimento.

No que se refere à Psicologia Positiva, esse processo psicoterápico revelou a necessidade de, em um primeiro momento, conhecer os recursos trazidos por Marília para fazer frente ao sofrimento decorrente do período de preparação para a aposentadoria. Mas esses recursos não podiam ser conhecidos apenas pela psicoterapeuta, mas também "reconhecidos" pela cliente (Di Bonifácio & Scorsolini-Comin, 2019). Ao identificar as suas habilidades pessoais e os seus desejos, Marília pode-se alinhar ao que ela já possuía e lhe dava satisfação. A psicoterapeuta, nesse sentido, empregou técnicas importantes para resgatar junto da cliente esse reconhecimento, o que envolveu exercícios, reflexões e, em alguns momentos, atividades para serem realizadas em casa, como listagem de atividades rotineiras e planos para o futuro.

146 | Parte II – Psicologia Positiva em diferentes contextos

Na presente intervenção não foram aplicados instrumentos de medida ou com foco na avaliação psicológica, mas sim exercícios customizados que tinham como norteadores os pressupostos da Psicologia Positiva. Ao responder a perguntas aparentemente simples como *quais as forças pessoais que você reconhece em si mesma?*, disparavam-se reflexões importantes tanto no sentido de elencar algumas dessas forças como de decodificar o que poderiam ser essas forças e a sua importância no processo de enfrentamento de algumas situações conflituosas experienciadas.

O mapeamento das forças de Marília foi construído ao longo da psicoterapia e retomado sempre que ela precisava responder a alguma dificuldade. Esse exercício pode ser realizado de maneira mais sistematizada, aplicando, por exemplo, a Escala de Forças de Caráter – EFC (Noronha & Barbosa, 2013), construída a partir do modelo de Peterson e Seligman (2004), que avalia as 24 forças de caráter. No caso de Marília, essa listagem teve como foco a definição do que seriam a força e o recurso, mais do que alocar essas características em um modelo para que as mesmas pudessem ser trazidas para o espaço terapêutico.

No entanto, destaca-se que o mapeamento dessas forças pode ser um recurso importante ao cliente e com o qual o psicoterapeuta pode e deve dialogar ao longo do tempo, revendo tais forças, priorizando algumas delas a depender das situações vivenciadas ou, ainda, acrescentando forças desenvolvidas ao longo do tempo. Essas 24 forças de caráter agrupadas por Peterson e Seligman (2004) referem-se, por exemplo, a elementos como amor, autenticidade, autorregulação, bondade, inteligência social, gratidão, pensamento crítico, prudência, sensatez e vitalidade, apenas para citar algumas.

As estratégias construídas em terapia levaram em consideração os recursos já existentes – e agora reconhecidos por Marília. Ao tomar posse de seus recursos, Marília apresenta-se como uma pessoa que pode escolher. A aposentadoria, nesse sentido, passava a ser uma possibilidade imediata, mas também postergada, haja vista que Marília ainda podia ampliar seu período laboral por mais alguns anos. A preparação para a aposentadoria, nesse sentido, pode ser uma possibilidade a não aposentadoria imediata.

Ao postergar a decisão da aposentadoria, Marília pode empregar desde já os recursos que ela guardava para o momento da aposentadoria. Ao utilizar esses recursos, estes se converteram em estratégias que diminuíram a ansiedade pré-aposentadoria, mas também tornaram mais significativo esse período de preparação. Assim, o florescimento de Marília não estaria associado exclusivamente à pós-aposentadoria, mas ao próprio processo de construir sua decisão de se aposentar.

Nesse sentido, cabe a aproximação com alguns planos que muitos trabalhadores apresentam ao falar da aposentadoria: o de esperar essa fase para poderem, de fato, realizar atividades que anteriormente não consideravam possíveis. Marília não precisava esperar pela aposentadoria para realizar o que era necessário ou o que desejava fazer, aprendendo a conciliar planos com o seu tempo real, o seu tempo de agora. Assim, a aposentadoria era um marcador importante, mas não um sinônimo de uma nova vida. Essa nova vida, mais saudável, mais plena de sentido, podia ser vivida desde a sua preparação e no próprio trabalho, promovendo a integração da cliente.

Considerações finais

A partir deste caso, destaca-se a possibilidade de que o aconselhamento para a aposentadoria possa permitir a escuta de aspectos diretamente e também de alguns ocultos relacionados ao processo de aposentar-se, como as relações familiares e projetos de vida. A transição ocorrida no mundo do trabalho também é acompanhada por mudanças familiares significativas que podem encontrar em espaços de escuta uma via para sua expressão, reflexão e crescimento. Trabalhar com esses elementos envolve uma compreensão do cliente para além da suposta queixa inicial, representada pela aposentadoria. A aposentadoria, desse modo, pode ser uma porta de entrada para importantes conflitos, a exemplo dos familiares e de projetos de vida ou profissionais não investidos até então.

Na psicoterapia de base positiva, há que se investir no reconhecimento dos recursos trazidos pelo cliente, a fim de que, conjuntamente, possam ser desenvolvidas estratégias que façam frente ao sofrimento, no caso, decorrente do processo de preparação para a aposentadoria. Como sumarizado por Di Bonifácio e Scorsolini-Comin (2019), a psicoterapia de base positiva aplicada ao contexto da aposentadoria deve "enfatizar a busca pelo bem-estar, almejando uma reflexão sobre as vivências positivas e negativas como forma de possibilitar uma maior compreensão de si próprio, criando consequentemente melhores relações no ambiente social e no enfrentamento de situações" (p. 243).

Ao elencar as atividades plenas de sentido, o cliente pode se engajar de modo mais positivo nessa preparação, compreendendo que a aposentadoria não precisa ser um fim em si mesmo, mas um evento significativo em todo o percurso de amadurecimento pessoal. O florescimento como um processo e não como um destino pode, assim, ser encaminhado a partir da partilha entre psicoterapeuta e cliente no acontecer clínico.

Referências

Alves-Silva, J. D., Scorsolini-Comin, F., & Santos, M. A. (2013). Idosos em instituições de longa permanência: Desenvolvimento, condições de vida e saúde. *Psicologia: Reflexão e Crítica, 26*(4), 820-830.

Arias Gallegos, W. L. (2013). Psicología clínica y psicoterapia: Revisión epistemológica y aportes de la psicología positiva. *Revista Peruana de Psicología y Trabajo Social, 2*(1), 137-153.

Azevedo, R. P. C., & Carvalho, A. M. A. (2006). O lugar da família na rede social do lazer após a aposentadoria. *Revista Brasileira de Crescimento e Desenvolvimento Humano, 16*(3), 76-82. https://doi.org/10.7322/jhgd.19804

Chen, Y., & Feeley, T. H. (2014). Social support, social strain, loneliness, and well-being among older adults: An analysis of the health and retirement study. *Journal of Social and Personal Relationships, 31*(2), 141-161.

Bressan, M. A. L. C., Mafra, S. C. T., França, L. H. F. P., Melo, M. S. S., & Loretto, M. D. S. (2013). Bem-estar na aposentadoria: o que isto significa para os servidores públicos

148 Parte II – Psicologia Positiva em diferentes contextos

federais? *Revista Brasileira de Geriatria e Gerontologia, 16*(2), 259-272. https://dx.doi.org/10.1590/S1809-98232013000200006

Costa, A. B., & Soares, D. H. P. (2009). Orientação psicológica para a aposentadoria. *Revista Psicologia, Organizações e Trabalho, 9*(2), 97-108.

Di Bonifácio, D. P., & Scorsolini-Comin, F. (2019). Preparação para a aposentadoria: relato de uma intervenção clínica na abordagem da Psicologia Positiva. *Revista da Abordagem Gestáltica, 25*(3), 237-245.

Duarte, C. V. (2009). Expectativas diante da aposentadoria: um estudo de acompanhamento em momento de transição. *Revista Brasileira de Orientação Profissional, 10*(1), 45-54.

Dingemans E., & Henkens, K. (2015). How do retirement dynamics influence mental well-being in later life? A 10-year panel study. *Scandinavian Journal of Work Environment Health, 41*(1), 16-23.

Fisher, G. G., Stachowski, A., Infurna, F. J., Faul, J. D., Grosch, J., & Tetrick, L. E. (2014). Mental work demands, retirement, and longitudinal trajectories of cognitive functioning. *Journal of Occupational Health Psychology, 19*(2), 231-242.

França, L. (2010). Orientação para aposentadoria nas organizações de trabalho: Construção de projetos para o pós-carreira. *Revista Psicologia, Organizações e Trabalho, 10*(2), 177-181.

Horner, E. M. (2014). Subjective well-being and retirement: Analysis and policy recommendations. *Journal of Happiness Studies, 15*(1), 125-144.

Hutz-Midgett, A., & Hutz, C. S. (2012). Counseling in Brazil: Past, present, and future. *Journal of Counseling & Development, 90*(2), 238-242. https://doi.org/10.1093/oxfordhb/9780195366556.013.0003

Lavinas, L., & Cordilha, A. C. (2019). Reforma da Previdência: qualificando o debate brasileiro à luz de experiências internacionais. *Revista Necat, 8*(15), 35-43.

Leandro-França, C., Murta, S. G., & Villa, M. B. (2014). Efeitos de uma intervenção breve no planejamento para a aposentadoria. *Revista Psicologia, Organizações e Trabalho, 14*(3), 257-270.

Loureiro, H. M. A. M., Mendes, A. M. O. C., Camarneiro, A. P. F., Silva, M. A. M., & Pedreiro, A. T. M. (2016). Perceptions about the transition to retirement: A qualitative study. *Texto & Contexto – Enfermagem, 25*(1), e2260015.

Lytle, M. C., Clancy, M. E., Foley, P. F., & Cotter, E. W. (2015). Current trends in retirement implications for career counseling and vocational Psychology. *Journal of Career Development, 42*(3), 170-184. https://doi.org/10.1177/0894845314545785

Menezes, G. S., & França, L. H. (2012). Preditores da decisão da aposentadoria por servidores públicos federais. *Revista Psicologia, Organizações e Trabalho, 12*(3), 315-328.

Moss, A. S. et al. (2015). An adapted mindfulness-based stress reduction program for elders in a continuing care retirement community: Quantitative and qualitative results from a pilot randomized controlled trial. *Journal of Applied Gerontology, 34*(4), 518-538.

Murta, S. G. et al. (2014). Preparação para a aposentadoria: Implantação e avaliação do programa Viva Mais! *Psicologia: Ciência e Profissão, 27*(1), 1-9. https://doi.org/10.1590/So102-79722014000100001

Nalin, C. P., & França, L. H. F. P. (2015). The importance of resilience for well-being in retirement. *Paideia* (Ribeirão Preto), *25*(61), 191-199. https://foi.org/10.1590/1982-43272561201507

Noronha, A. P. P., & Barbosa, A. J. G. (2013). *Escala de Forças de caráter.* Relatório técnico não publicado. Universidade São Francisco.

Peterson, C., & Seligman, M. E. P. (2004). *Character strengths and virtues: A handbook and classification.* American Psychological Association.

Rashid, T., & Seligman, M. P. (2019). *Psicoterapia positiva: Manual do terapeuta.* Artmed.

Scorsolini-Comin, F. (2015). *Aconselhamento psicológico: aplicações em gestão de carreiras, educação e saúde.* Atlas.

Scorsolini-Comin, F. (2014). Aconselhamento psicológico e psicoterapia: aproximações e distanciamentos. *Contextos Clínicos, 7*(1), 2-14. htpps://doi.org/10.4013/ctc.2014.7101

Scorsolini-Comin, F., & Poletto, M. (2016). Psicologia Positiva na prática clínica: princípios, reflexões e questionamentos. In B. L. Seibel, M. Poletto, & S. H. Koller (orgs.). *Psicologia Positiva: Teoria, pesquisa e intervenção* (pp. 189-201). Juruá.

Scorsolini-Comin, F., Rossi, G. A. N., Curtiço Junior, J. H., Costa, L. M., Silva, L. D. R., & Alves-Silva, J. D. (2019). Adoecimento e aposentadoria: Relato de uma experiência profissional em aconselhamento psicológico. *Revista Psicologia e Saúde, 11*(2), 83-98.

Soares, D., & Costa, A. (2011). *Aposenta-ação: aposentadoria para ação.* Vetor.

Souza, L. V., & Scorsolini-Comin, F. (2011). Aconselhamento de carreira: uma apreciação construcionista social. *Revista Brasileira de Orientação Profissional, 12*(1), 49-60.

Zanelli, J. C. (2012). Processos psicossociais, bem-estar e estresse na aposentadoria. *Revista Psicologia, Organizações e Trabalho, 12*(3), 329-340.

Parte III

Psicologia Positiva e temas especiais

11
Jogos eletrônicos
Potencializadores do bem-estar?

FABIO SPRICIGO COSER

Os jogos eletrônicos são uma febre mundial. Crianças, adultos e idosos os utilizam como meio de lazer individual ou com outras pessoas. Personagens de jogos como *Super Mario* e *Pokémon* já fazem parte da cultura popular, sendo reconhecidos até mesmo por pessoas que não costumam se engajar em jogos eletrônicos. Esses, também conhecidos popularmente como *videogames* ou *games*, circulam no mercado de entretenimento desde a década de 1970 e estão presentes em variadas plataformas, como nos consoles, computadores e *smartphones*. No mesmo período em que começaram a se popularizar, as pesquisas sobre seus efeitos na mente humana também surgiram com grande força. Grande parte das pesquisas realizadas focou nos aspectos negativos dos jogos, acusando-os de promoverem a agressividade, isolamento social e adição (Bean et al., 2017; Caplan, 2005; Ferguson, 2015).

Entretanto, com a grande expansão do movimento da Psicologia Positiva e a definição de construtos como bem-estar e otimismo, um novo olhar foi direcionado aos jogos eletrônicos. Pesquisadores vêm buscando explorar as potencialidades que os *games* podem oferecer para o desenvolvimento do ser humano (Granic, Lobel, & Engels, 2013; Jones et al., 2014). Neste capítulo, serão discutidas as contribuições dos jogos eletrônicos para cada um dos fatores do modelo de bem-estar proposto por Martin Seligman (2011), conhecido como *PERMA*.

Jogos eletrônicos

Os jogos eletrônicos começaram a surgir ao mesmo tempo em que os primeiros computadores eram produzidos (Kent, 2001). Em 1947, tem-se o primeiro registro de um jogo interativo em um aparato eletrônico com *feedback* visual em uma tela. Seguindo as décadas de 1950 e 1960, com a comercialização dos primeiros computadores, jogos virtuais eram criados por pesquisadores e utilizados principalmente como simulações e para demonstração do potencial da máquina. Apenas em 1972 os *games* começaram a ser comercializados em máquinas de Arcade, também conhecidos no Brasil como flipe-ramas. O jogo *Pong* é considerado o precursor dos jogos eletrônicos comerciais, sendo

154 Parte III – Psicologia Positiva e temas especiais

o primeiro *videogame* lucrativo do mundo (Kent, 2001). A partir do final da década de 1970, com o avanço da tecnologia, tornou-se possível rodar jogos eletrônicos em máquinas menores, os consoles, permitindo que usuários pudessem jogar *videogames* em suas casas ligando-os a um aparelho de televisão. Assim como esses aparelhos, computadores pessoais também se tornaram menores e mais acessíveis a partir dos anos de 1990, fornecendo uma nova plataforma para os *games*. A partir de 2010 os *smartphones* ganharam poder de processamento e abriram um novo nicho de mercado, tornando-se uma das plataformas mais populares para jogadores do mundo todo.

No Brasil, os primeiros consoles a fazer sucesso foram o *Atari 2600* e o *Master System* na década de 1980. A partir de então, o país tem alcançado elevadas posições nos rankings de consumo de jogos eletrônicos. No ano de 2017 o Brasil ocupou o 13º lugar no mundo dos maiores mercados para *games* e o primeiro lugar na América Latina (Newzoo, 2018). Estima-se que 66,3 milhões de brasileiros tenham jogado algum *videogame* até o fim de 2017. Em resumo, jogos eletrônicos são muito populares e um dos meios de entretenimento mais investidos no mundo. Entretanto, assim como a popularidade dos *videogames* cresceu, a preocupação sobre os efeitos que eles teriam sobre o comportamento humano também aumentou, atraindo a atenção de muitos pesquisadores.

Pesquisas com jogos eletrônicos

Quando se fala em pesquisas com jogos, frases como *"videogames* causam comportamento agressivo e dependência" são as primeiras a surgir. Os aspectos negativos dos *games* têm sido muito estudados e evidenciados, sendo até mesmo incluídos no Manual Diagnóstico e Estatístico dos Transtornos Mentais (DSM-V) na seção de condições que necessitam de estudos posteriores (American Psychiatric Association, 2014), e possivelmente na próxima edição da Classificação Estatística Internacional de Doenças e Problemas Relacionados com a Saúde (CID). Esses fatos levam pais e profissionais da saúde a tratar os *videogames* como um fator de risco para o desenvolvimento, sendo violência e dependência as principais acusações feitas aos jogos eletrônicos por alguns profissionais.

Jogos considerados violentos são famosos entre o público dos jogadores, também conhecidos como *gamers*. Nomes como *Counter Strike* e *Grand Theft Auto (GTA)* geram animação entre os consumidores e preocupação entre os pais de crianças e adolescentes. Apesar desses jogos não serem indicados para o público infanto-juvenil pela ESRB, a companhia reguladora das classificações etárias indicativas dos jogos eletrônicos, muitos acabam entrando em contato com os mesmos.

Tendo em vista esse fato, alguns pesquisadores buscaram estudar as relações entre *games* e agressividade. Ferguson (2015) realizou uma revisão sistemática de todos os estudos publicados até então sobre *videogames* e violência. O autor revisou 101 artigos e realizou uma meta-análise dos resultados dos mesmos. Seus resultados apontam para um efeito pequeno dos jogos eletrônicos na agressividade e levantam certas limitações para os estudos analisados, como uma grande presença de viés de citações, quando pesquisadores apenas citam estudos que concordam com seu ponto de vista, e utilização de estatísticas mais flexíveis, que facilitam o surgimento de relações significativas. O autor sugere que sejam realizados mais estudos longitudinais para avaliar o efeito contínuo da exposição a jogos eletrônicos.

O tempo dedicado aos *videogames* também é um dos principais alvos de preocupação de órgãos de saúde. A inclusão do Transtorno do Jogo pela Internet no DSM-V (2014) levantou uma série de discussões sobre os critérios propostos e o que de fato seria considerado dependência a jogos eletrônicos. Diferentes gêneros de jogos demandam tempos de dedicação variados. Enquanto jogos de *puzzle* como *Candy Crush Saga*, jogado em *smartphones*, possuem partidas rápidas que duram alguns minutos, *Role-Playing Games* (RPGs) on-line exigem uma presença maior do jogador no mundo virtual para que ele possa avançar jogo. Bean, Nielsen, van Rooij e Ferguson (2017) discutem sobre existir uma pressão para a criação de diagnósticos sobre adição aos *games* sem a existência de estudos o suficiente para se chegar a uma conclusão sobre quais os critérios que levariam alguém a ser enquadrado nesse transtorno. Os autores afirmam que apesar de o assunto ser pesquisado desde que os jogos eletrônicos se popularizaram, poucos estudos longitudinais avaliaram o efeito em longo prazo da dedicação aos *games*.

Instrumentos também foram criados para avaliar a dependência aos *videogames*, entretanto, poucos desses instrumentos possuem embasamento teórico e evidências de validade para sustentar que realmente avaliam o que estão propondo (Van Rooij, Van Looy, & Billieux, 2016).

Outros mitos sobre jogadores também são perpetuados no imaginário popular. Pessoas que jogam *videogames* são geralmente vistas como socialmente isoladas e desmotivadas com tarefas diárias ou do trabalho, vivenciando sentimentos prazerosos apenas quando jogam (Caplan 2005; Charlton & Danforth, 2007). Porém, essa definição foi considerada falsa por diferentes estudos (Herodotou, Kambouri, & Winters, 2014; Kowert, Festl, & Quandt, 2014; Oslo, 2010). Apesar da perpetuação de notícias sobre o lado negativo dos jogos, nem todos os pesquisadores concordam que os *games* são prejudiciais à saúde. Assim como há pesquisas buscando avaliar os efeitos negativos dos jogos eletrônicos, há cientistas que se dedicam a explorar os potenciais benéficos dos mesmos.

Potencialidades dos jogos eletrônicos

Em um artigo publicado na revista da *American Psychological Association* (APA), Granic, Lobel e Engels (2013) afirmaram que as pesquisas sobre os impactos negativos dos jogos eletrônicos são importantes, mas que para ter uma visão ampla do efeito dos *videogames* tanto em crianças e adolescentes como em adultos, deve-se considerar também as potencialidades que os mesmos podem oferecer. Os autores analisaram pesquisas sobre possíveis benefícios que os jogos eletrônicos poderiam oferecer e elegeram quatro áreas principais nas quais o engajamento a determinados jogos poderia proporcionar efeitos positivos: os domínios cognitivo, social, motivacional e emocional.

Os benefícios cognitivos que os *videogames* podem trazer vão de encontro a muitas crenças populares sobre os efeitos dos mesmos. Enquanto muito se acredita que os jogos tornam as pessoas mais inertes e não contribuem para o desenvolvimento de habilidades, pesquisas apontam para o caminho oposto. Um grupo de pesquisadores da Facultad de Humanidades y Ciencias de la Educacion, na Espanha, estudou os efeitos do jogo *Pokémon Go* na *performance* cognitiva de adolescentes (Ruiz-Ariza, Casuso, Suarez-Manzano, & Martínez-López, 2018). O jogo utiliza a localização real pelo GPS do *smartphone* e, nele, os adolescentes deveriam caminhar por um mapa que representava sua localização capturando criaturas que surgiam na tela dos seus *smartphones*. Após 8 semanas, e sessões com média de 40 minutos por dia, os jogadores foram comparados com um grupo-controle que não jogou. Através dos testes realizados em ambos os grupos em três momentos (antes, duas semanas após o início e no fim da intervenção), identificou-se um aumento significativo na atenção seletiva e concentração dos participantes que jogaram; os autores também relataram um aumento nos níveis de sociabilidade dos mesmos.

Os benefícios dos *videogames* na esfera social também estão sendo estudados. A velocidade de transmissão dos dados pela internet aumentou muito nas últimas décadas, e, com isso, os jogos on-line com múltiplos jogadores (*multiplayer*) se tornaram mais comuns. Esses, diferentemente dos jogos de um jogador (*singleplayer*), proporcionam uma rica experiência entre os jogadores, sendo considerados laboratórios para o desenvolvimento de habilidades sociais (Granic et al., 2013). Para progredir em jogos como *World of Warcraft* é necessária a interação e trabalho em equipe com outros usuários, facilitando o desenvolvimento de habilidades como liderança e colaboração em grupos (Sourmelis, Ioannou, & Zaphiris, 2017).

Já os efeitos positivos para a motivação se dão pelo fato de que o ambiente virtual propicia a experiência de tentativa e erro sem grandes consequências para a vida real, assim como recompensas imediatas à superação de uma dificuldade. Esse modelo faz com que os jogadores criem uma maior tolerância à frustração, persistindo na atividade mesmo após vários erros. Essa persistência se mostrou também em atividades no mundo real. Em um estudo realizado na *Florida State Univeristy*, pessoas que jogam e que não jogam *videogames* foram instruídas a resolver uma série de desafios lógicos. Os jogadores se mostraram mais perseverantes ao tentar decifrar os anagramas, levando mais tempo para desistir quando não obtinham sucesso (Ventura, Shute, & Zhao, 2013).

O domínio emocional foi o último citado por Granic et al. (2013) a ser beneficiado com o engajamento a jogos eletrônicos. Já se estuda sobre como os *videogames* podem propiciar a experiência de estados de tranquilidade, diversão e engajamento desde o lançamento dos primeiros *games*. Na década de 1980, um pesquisador norte-americano propôs uma intervenção com uma série de *videogames* para moradores idosos de uma casa de repouso. Os participantes foram divididos em dois grupos, o primeiro teve o console *Atari 2600* disponível por oito semanas em seus quartos, podendo jogar sempre que desejassem. O segundo grupo foi utilizado como controle, não lhe sendo disponibilizados os jogos. Os resultados dos pré e pós-testes apontaram para um aumento significativo na autoestima e nos afetos positivos dos idosos que participaram da intervenção, o que não aconteceu com o grupo-controle (McGuire, 1984). Essas emoções prazerosas, em conjunto com uma série de outros fatores como relacionamentos com outras pessoas, sentido de vida, engajamento nas atividades e realizações, são consideradas fatores necessários para que um indivíduo vivencie elevados níveis de bem-estar (Seligman, 2011).

Bem-estar e *PERMA*

A busca pela felicidade é um caminho que o ser humano tenta percorrer desde os tempos antigos. Um grande número de filósofos, religiosos e pesquisadores discorreram sobre meios de alcançar um estado de plenitude e bem-estar. Lao Tsé, em torno do ano 6 a.C. na China, defendeu que o meio para alcançar o que conhecemos por felicidade se daria por entrar em equilíbrio com a natureza. Já para Aristóteles, por volta de 4 a.C. na Grécia, exercer suas virtudes é o que levaria o homem a ser feliz. Entretanto, para a doutrina cristã, a expressão do amor incondicional ao próximo faria o ser humano atingir esse estado de harmonia (White, 2008). Cientistas da idade contemporânea continuam a busca para entender o que leva o ser humano a atingir estados de satisfação plena, investigando construtos como felicidade, qualidade de vida e bem-estar.

O bem-estar é um construto pesquisado por profissionais de diversas áreas e sobre o qual múltiplas teorias foram desenvolvidas ao longo dos anos, focando em diferentes aspectos como os desejos, as necessidades e o prazer do ser humano (Jayawickreme, Forgeard, & Seligman, 2012). Moore e Crisp (1996) afirmam que o bem-estar é alcançado quando um sujeito realiza seus desejos e cumpre seus objetivos. Para esses autores, os desejos são metas racionais e materiais e não consideram os prazeres afetivos para que se obtenha qualidade de vida.

Outras teorias apontam para a satisfação do que é necessário para a sobrevivência como meio central de se atingir um estado de bem-estar. A tradicional teoria da hierarquia das necessidades sugerida por Maslow (1954) considera que há uma série de fatores na vida de um indivíduo que devem ser correspondidos para que ele possa viver bem. Elas iniciam nas necessidades fisiológicas (comida, água sono) seguidas pela segurança (moradia, cuidado com o corpo, aversão a perigos), pelas necessidades sociais (troca afetiva, amizades, relações sexuais), de autoestima (sentir-se valorizado, respeitado) e, por fim, as de autorrealização (busca pelos seus potenciais, criatividade). Diferentemente das teorias que apontam a realização dos desejos como responsáveis pela

158 Parte III – Psicologia Positiva e temas especiais

qualidade de vida, essa considera também aspectos como realização pessoal e afetiva. As teorias que acreditam que o bem-estar é uma experiência subjetiva também são conhecidas. Diener (1984) o descreve como um construto multidimensional que engloba componentes afetivos e cognitivos, sendo os primeiros as experiências de emoções tanto positivas quanto negativas por parte de um indivíduo e, o segundo, a percepção que ele tem da satisfação com sua própria vida.

Martin Seligman (2011) propôs um modelo para o bem-estar que leva em conta tanto os aspectos das necessidades quanto os aspectos subjetivos. Para o autor, cinco elementos compõem o bem-estar: Emoções positivas (P), Engajamento (E), Relações positivas (R), Significado/Propósito (M) e Realizações (A). Esse modelo é chamado de *PERMA* e a presença dos seus fatores na vida de um indivíduo pode contribuir para que ele atinja o que autores chamam de "florescer" (*flourish*). Keyes (2002) afirma que adultos que presenciem o florescer em suas vidas demonstram elevados níveis de bem-estar emocional, estão felizes e satisfeitos consigo mesmos e veem um sentido para sua existência.

Mas qual a relação entre o modelo de Martin Seligman (2011) e os jogos eletrônicos? Os *videogames* podem trazer benefícios para todas as esferas propostas pelo autor, possuindo um efeito positivo no bem-estar (Jones, Scholes, Johnson, Katsikitis, & Carras, 2014). A seguir serão exploradas as cinco facetas do *PERMA*, discutindo sobre como os *games* podem contribuir para cada uma delas, assim como descrevendo suas potencialidades e limitações.

Emoções positivas

Sentimentos prazerosos como alegria, satisfação e gratidão fazem parte do conjunto de emoções consideradas positivas, ou seja, que causam boas sensações quando são vivenciados. Fredrickson (2003) descreve as emoções positivas como capazes de realizar profundas mudanças no *mindset* de quem as vivencia regularmente. De acordo com a pesquisadora, essas emoções podem facilitar para que as pessoas tenham um pensamento mais criativo, flexível, integrativo e aberto a novas informações. Ela também sugere que a experiência dessas emoções pode desfazer os efeitos prolongados de emoções negativas, desativando as preparações físicas e mentais causadas pelo estresse, medo e ansiedade, reduzindo até mesmo o risco de doenças causadas por esses fatores.

Videogames são popularmente associados ao lazer e diversão, porém os *games* têm sido associados também a outros sentimentos prazerosos. Pesquisadores vêm estudando seus efeitos para a experiência de emoções positivas pelos jogadores (Francis, Comello, & Marshall, 2016; Jones et al., 2014; Rupp et al., 2017). Um estudo realizado na *University of Central Florida* investigou o potencial restaurador dos jogos eletrônicos casuais para a fatiga cognitiva e emocional (Rupp et al., 2017). Os autores pediram a 66 universitários que realizassem uma tarefa de vigilância, cujo objetivo era a indução de cansaço cognitivo e estresse, respondendo escalas para avaliar afetos positivos, negativos, estado de estresse e memória de trabalho após a atividade. Na etapa seguinte os participantes foram divididos aleatoriamente em três grupos, cada um foi submetido a uma intervenção diferente. Os estudantes do primeiro grupo ficaram sentados sozinhos em uma sala, os do segundo realizaram uma prática de relaxamento e meditação e os do terceiro jogaram um *game* casual chamado *Sushi Cat 2*, sendo avaliados novamente em um momento posterior. Os resultados encontrados pelos autores apontaram para um maior aumento nos afetos positivos e diminuição nos afetos negativos do grupo que jogou *Sushi Cat 2* em comparação com os outros. Também se percebeu uma maior recuperação dos níveis de estresse e preocupação nos participantes que jogaram ou meditaram. Na discussão do artigo, os autores apontam que com um tempo mais extenso de relaxamento os ganhos poderiam ser maiores no segundo grupo, superando os dos participantes que jogaram. Porém, também comentam que apenas 5 minutos de jogo foram suficientes para promover melhoras significativas nos afetos do terceiro grupo.

Além da relação positiva dos *videogames* com a estabilidade emocional, alguns jogos permitem que o usuário se comporte de maneira mais autêntica, sendo livres para criar suas próprias histórias e moldá-las como desejarem. Tanto jogos *singleplayer*, como *Skyrim*, quanto jogos *multiplayer*, como *World of Warcraft*, permitem que o jogador crie um avatar personalizado e desenvolva sua própria aventura. Esses *videogames* propiciam aos usuários a experiência de um *self* ideal, ou seja, os personagens criados podem ter características que o jogador gostaria de possuir na vida real. O fato de poder se experimentar em um papel diferente também possui relação com a experiência de emoções positivas (Przybylski et al., 2012).

Além disso, os *games* são descritos por alguns pesquisadores como aliviadores do estresse e reguladores das emoções negativas (Francis, Comello, & Marshall, 2016; Jones et al., 2014; West et al., 2017). De acordo com eles, os jogos eletrônicos podem funcionar como um meio para descarregar sentimentos, como raiva, no mundo virtual, funcionando como um meio seguro para expressar essas emoções sem muitas consequências para a vida real. A busca para entender as relações entre os *games* e emoções positivas não é a única a receber atenção dos pesquisadores; outra área relacionada com o bem-estar também vem sendo foco de estudos, o engajamento.

Engajamento

Quem joga *videogames* ou conhece um jogador, provavelmente já se deparou com a frase *"Sentei para jogar um pouco e quando dei por mim já havia se passado horas!"* Jogos eletrônicos possuem uma série de características que facilitam para que o usuário se engaje completamente na atividade, eles são desafiantes, prazerosos, possibilitam autonomia do jogador e a imersão do mesmo em um mundo diferente do real (Przybylski, Rigby, & Ryan, 2010). Esse estado de engajamento profundo em uma atividade que

160 Parte III – Psicologia Positiva e temas especiais

ofereça um grau de desafio alinhado às habilidades, que seja interessante e que desperte um grau de concentração no qual o sujeito esteja tão imerso que a percepção da passagem do tempo e do espaço ao redor se altere foi definido por Csikszentmihalyi (1999) como fluxo ou *flow*.

Estudos vêm apontando uma forte ligação entre as experiências de estado de *flow* e o bem-estar, descrevendo-as como extremamente satisfatórias e sugerindo que seus efeitos benéficos continuam a agir por um tempo, mesmo após o término da atividade (Brown & Ryan, 2003; Ilies et al., 2016). O estado de *flow* pode levar um grande período de tempo e preparação até que seja experienciado em atividades de trabalho, mas os jogos eletrônicos propiciam essa experiência quase que instantaneamente no momento que um sujeito começa a jogar (McGonigal, 2011). Os *videogames* possuem como uma das características principais a compatibilidade entre o grau de desafio e as habilidades do jogador.

A maioria dos jogos conta com tutoriais e possibilidade de escolha entre dificuldade baixa, média e alta, facilitando para que até mesmo usuários inexperientes possam progredir e aproveitar o conteúdo do jogo. Quanto mais o jogador avança, mais vai desenvolvendo habilidades que serão necessárias para estágios mais difíceis, sendo sempre desafiado a superar o jogo de modo gradual. Esse é um dos fatos que propiciam a imersão em um estado de *flow*, quando a dificuldade da tarefa não é baixa demais, entediando o sujeito, nem muito acima das habilidades do mesmo, transformando a atividade em uma experiência ansiogênica (Norsworthy, Gorczynski, & Jackson, 2017).

Uma pesquisa conduzida por Liu (2017) da *Tzu Chi University of Science and Technology*, em Taiwan, investigou a prevalência de estados de *flow* em jogadores de jogos on-line. O estudo teve a participação de 276 voluntários que responderam os questionários propostos pelo autor. Foram utilizados questionários sociodemográficos para identificar o perfil dos participantes e seus comportamentos em relação aos jogos on-line, instrumentos que avaliaram a frequência de experiência de *flow*, interação com outros jogadores, motivação e outros fatores. Os resultados obtidos por análises estatísticas dos resultados inferem que os participantes que apresentaram maiores escores na presença do estado de *flow* têm maior possibilidade de voltar a jogar jogos on-line, buscando repetir a experiência. Outro achado apontado pelo autor foi que o grau de interação com outros usuários dentro do jogo está fortemente relacionado com a experiência do *flow*, sugerindo que os *games*, quando jogados com outros, proporcionam em maior grau esses estados de absorção, concentração focada e prazer. Para além do engajamento, as relações entre jogadores podem oferecer outros benefícios, como o vínculo e a formação de relacionamentos positivos.

Relacionamentos positivos

Ao contrário das emoções positivas e engajamento, a formação de relacionamentos positivos não é uma das primeiras coisas a surgir na mente quando se fala sobre jogos eletrônicos. Os mitos populares sobre inaptidão social e isolamento de jogadores ainda

11 Jogos eletrônicos – Potencializadores do bem-estar? **161**

perduram, apesar de terem sido contestados no início desse capítulo, onde se discutiu que, além de propiciar interação com outros usuários, alguns jogos incentivam o desenvolvimento de habilidades sociais (Sourmelis, Ioannou, & Zaphiris, 2017).

Os jogos, principalmente on-line, são ambientes nos quais o trabalho em conjunto com outros jogadores é muitas vezes necessário para que se possa progredir no jogo. Desses, os *Massively Multiplayer Online Role-Playing Games* (MMORPGs) se destacam, pois possuem atividades que só podem ser executadas em grupos cujo tamanho pode extrapolar 40 usuários. Para obter sucesso nas mesmas, muitos *players* se organizam em clãs ou *guilds* dentro do jogo. Esses clãs existem com o intuito de reunir jogadores com objetivos em comum para se ajudar durante a progressão no *game* e, devido à grande interação e proximidade entre os membros de um clã, muitas vezes relações de amizade, companheirismo e até mesmo romance acontecem entre seus membros (Herodotou, Kambouri, & Winters, 2014).

Em um estudo realizado na *University of London*, um grupo de pesquisadores investigou o perfil psicológico de jogadores de um dos MMORPGs mais famosos atualmente, *World of Warcraft*. Foram aplicados também questionários sobre autonomia, competência, relações e sobre as suas motivações para jogar jogos on-line (Herodotou, Kambouri, & Winters, 2014). Mais de mil *players* responderam as escalas divulgadas em fóruns virtuais sobre o jogo, sendo os dados analisados após a coleta. Os autores descreveram em seus resultados que os participantes que se engajavam frequentemente em atividades on-line com seus clãs, grupos de amigos ou outros jogadores, demonstravam um grau maior de satisfação social em comparação com outros jogadores. Os participantes também apontaram a indicação de um amigo da vida real como uma das principais motivações para ter começado a jogar *World of Warcraft*. Entretanto, quando perguntados sobre o motivo para continuar a jogar, os colegas virtuais e a interação com outros jogadores são listados como fortes razões. Além de incentivar a formação de relações sociais dentro do jogo, a dedicação a determinados tipos de jogos possui relação também com os comportamentos na vida real, como é apontado na pesquisa conduzida por Harrington e O'Connell (2016).

Esses pesquisadores da *University College Dublin* investigaram o quanto o comportamento prossocial de crianças em contexto escolar (ajudar na sala, dividir materiais com os colegas) e a empatia das mesmas estão relacionados com o quanto elas jogam *games* que apresentem conteúdos que incentivem essas atitudes. O estudo, conduzido com 500 crianças com idades entre 9 e 15 anos e de diferentes escolas na Irlanda, elencou os jogos mais jogados por cada criança que respondeu questionários sobre seu comportamento dentro dos jogos, com perguntas como: "Com que frequência você ajuda outros jogadores ou personagens nesse jogo?" Os resultados apontaram para a existência de relações entre o uso de *videogames* com conteúdo prossocial e comportamentos como cooperação, compartilhamento e empatia na relação com outros em sala de aula (Harrington & O'Connel, 2016). Esses comportamentos permitem ao ser humano construir vínculos melhores com seus pares, estando fortemente relacionados

Significado/propósito

Quando se pergunta para pessoas em geral sobre quais os aspectos que tornam uma vida mais feliz, é comum ouvir respostas envolvendo possuir mais dinheiro, bens materiais e sucesso financeiro. Entretanto, o efeito dos ganhos monetários é significativo para o bem-estar apenas até o ponto em que o sujeito possui o suficiente para suprir suas necessidades básicas (Diener & Oishi, 2000). Após esse ponto, a influência da riqueza para a felicidade se mantém estável, independente da classe econômica. Apesar de a posse de bens materiais não ter uma grande influência na felicidade, o modo como eles são aplicados possuem um importante efeito para o bem-estar. Utilizar o dinheiro com outras pessoas, como presentear alguém ou investir em projetos de caridade, participando da vida de outros e se dedicar a um bem maior que sua vida pessoal pode trazer uma grande satisfação e experiências positivas (Diener & Oishi, 2000).

O significado ou propósito na vida é vivenciado quando o sujeito se dedica a fazer parte de algo maior do que si mesmo, podendo ser vivido através da religiosidade, família, política, ações humanitárias e outras esferas (Seligman, 2011). Muitos jogos eletrônicos também propiciam aos seus jogadores esse sentido de pertencimento a algo maior, onde suas ações contribuem para o bem maior e avanço da comunidade de *gamers,* tanto dentro do jogo como fora dele (McGonigal, 2011). Esse fato pode ser observado em jogos como *World of Warcraft,* em que jogadores se dedicam a auxiliar seus colegas de clã mesmo que não obtenham retorno direto. *Pokémon – Sun* e *Pokémon – Moon* também contam com eventos globais nos quais todos os jogadores podem participar; esses são compostos por desafios imensos como "capturar um milhão de *Pokémons* em uma semana". Para cumprir esses objetivos, os *players* se dedicam por horas e, após a meta ser atingida, recompensas são distribuídas para todos os jogadores independentemente de quanto cada um contribuiu para a conclusão do evento. O sentimento de que suas ações importam para algo maior e agregam aos seus valores e crenças pessoais também propiciam a experiência de significado e propósito.

Oliver e outros pesquisadores (2016) pediram para 512 jogadores, separados em dois grupos, descreverem um jogo de sua escolha e os motivos por se sentirem atraídos pelos mesmos. Enquanto o primeiro grupo respondia a uma série de questionários sobre *games* que julgavam como puramente divertidos, o segundo era questionado quanto a jogos que considerasse uma experiência significativa. Os participantes do primeiro grupo associaram a diversão principalmente às características de jogabilidade e dinamismo, enquanto o segundo grupo evidenciou uma relação maior dos jogos significativos com uma história envolvente e a evocação de emoções profundas. Esses *games* foram relacionados também com uma introspecção significativa, devido a elementos que levam os jogadores a indagar sobre seus valores e crenças. Os autores também encontraram relações entre a apreciação de ambos os tipos de *games* e a satisfação de necessidades de autonomia, gratificação e até mesmo realização, a última faceta do modelo *PERMA* de Seligman (2011) a ser discutida nesse capítulo.

Realização

As pessoas se sentem realizadas em sua vida quando se dedicam e buscam cumprir objetivos que lhes tragam um senso de conquista e satisfação; isso acaba por contribuir para seu sentido de competência e bem-estar (Ryan & Deci, 2000). Os *games* estão frequentemente desafiando seus jogadores a se superarem, pequenas metas ou grandes objetivos espalhados no decorrer do jogo fazem os *players* se sentirem avançando e aprimorando suas habilidades (Przybylski, Rigby, & Ryan, 2010). A grande maioria dos *videogames* possuem elementos de progressão, como passar de fase ou subir de nível; isso fornece ao usuário uma visualização imediata da melhora e proporciona ao mesmo um sentimento de competência no momento da conquista (Ryan, Rigby, & Przybylski, 2006).

Esse fato, em conjunto com o grande poder engajador dos *games*, é responsável por um grande movimento para a utilização de jogos eletrônicos na esfera educacional. Uma revisão sistemática de literatura realizada por pesquisadores da *Vanderbilt University* extraiu os dados de 69 artigos empíricos publicados entre os anos 2000 e 2012 que avaliaram o efeito da utilização de *games* para promover o aprendizado de estudantes em contexto escolar. Após análise dos dados de todos os estudos, os autores encontraram um efeito significativamente benéfico dos jogos eletrônicos para o aprendizado cognitivo de crianças e adolescentes. De acordo com os autores, o retorno e a recompensa imediatos após o cumprimento do objetivo motivam os jogadores a continuar na atividade e pode proporcionar uma satisfação relacionada ao cumprimento de tarefas. Vivenciar esse sentimento pode acarretar em grandes benefícios para o bem-estar e para a saúde mental de um indivíduo (Ryan & Deci, 2000).

As conquistas também foram consideradas um dos principais motivos que levam uma pessoa a jogar os MMORPGs. Yee (2006), em seu modelo empírico de motivações para jogar jogos on-line, considera o componente da conquista como um dos três fatores que motivam os jogadores a se engajar nesses *games*. Muitos dos jogos atualmente, além dos tradicionais modos de gratificação através de avanço de fases ou níveis, gratificam seus jogadores com troféus virtuais, que são exibidos no perfil virtual do usuário e podem ser acessados por outros. São de dificuldades variadas, podendo ser conquistados em tarefas desde vencer o primeiro nível do jogo a atividades árduas como terminar o jogo em um determinado limite de tempo sem perder nenhuma vida. Curiosamente, muitas vezes o troféu virtual é a única recompensa para esses *players* que dedicam horas a fio para tentar alcançar esses objetivos, mas apenas ele já é suficiente para que a satisfação de ter conquistado algo importante seja vivenciada (Jakobsson, 2011).

164 Parte III – Psicologia Positiva e temas especiais

Outras considerações

Apesar de muitos estudos apontarem para uma maior experiência de bem-estar relacionada à dedicação aos jogos eletrônicos, outros fatores também devem ser considerados quando se pensa nos efeitos dos jogos eletrônicos. O tempo de jogo pode ser um fator moderador para que os efeitos no bem-estar de jogadores sejam significativos. Uma pesquisa conduzida por Allahverdipour e outros (2010) investigou o comportamento relacionado a jogos eletrônicos em 444 adolescentes de uma cidade do Irã.

Os pesquisadores aplicaram questionários sobre os hábitos de engajamento aos *videogames*, indagando sobre horas de jogo, dias da semana em que costuma jogar e *games* preferidos. Além desses, aplicaram escalas para avaliar a saúde mental, agressão e efeitos colaterais relacionados ao uso de jogos eletrônicos. Os resultados das análises dos dados apontaram para uma possível relação entre o bem-estar e o tempo de dedicação aos jogos. Adolescentes que não jogavam, os que dedicavam de 1 a 6 horas por semana aos jogos e os que reportaram jogar mais de 10 horas semanais apresentaram escores piores nas escalas de ansiedade, depressão e insônia do que os participantes que jogavam entre 6 e 10 horas por semana (Allahverdipour et al., 2010). Ou seja, os efeitos benéficos dos jogos para o bem-estar se mostram apenas em jogadores que jogam de forma equilibrada. Porém, o conceito de horas de jogo moderadas é nebuloso na literatura, não havendo um consenso sobre quanto seria o tempo ideal de dedicação aos *videogames*. Outro fato que complica a definição de um tempo ideal de jogo é que cada um demanda um tempo de engajamento diferente; enquanto alguns *games* possuem partidas que duram minutos, outros necessitam de horas para que o jogador consiga cumprir um objetivo.

As grandes diferenças entre jogos também se tornam, para os pesquisadores que buscam estudar essa área, algo mais complicado. Cada jogo é único, apesar de serem classificados em gêneros (RPGs, jogos de tiro, ação, entre outros). Os tipos de jogos estão se mesclando cada vez mais, levando alguns autores a considerar que os gêneros de jogos são tão fluidos que as classificações utilizadas falham em abranger toda a variedade presente (Clarke, Lee, & Clark, 2015). Sendo assim, os efeitos que os *games* podem acarretar variam de jogo para jogo. Jogos de tiro são conhecidos por treinar acuidade visual e velocidade do tempo de resposta enquanto MMORPGs estimulam a interação com outros e o desenvolvimento de habilidades sociais (Granic, Lobel, & Engels, 2013; Herodotou, Kambouri, & Winters, 2014). Portanto, não se pode generalizar os efeitos, tanto negativos como positivos, para todos os gêneros de *videogames* sem que estudos futuros sejam conduzidos.

Outro fato que se deve levar em consideração, quando se fala no uso de jogos eletrônicos e pesquisas com crianças e adolescentes, é a classificação indicativa ESRB (*Entertainment Software Rating Board*). Essa organização avalia o conteúdo dos *games* e estipula a faixa etária indicada para cada, sendo a nota presente nas embalagens e *websites* dos jogos. Existem sete notas que podem ser indicadas aos *games*, sendo elas: eC (*Early Childhood*), conteúdo para crianças pequenas, geralmente educacional; E (*Everyone*), recomendado para todas as idades, usualmente com conteúdo de fantasia e gráficos em desenho sem nenhum tipo de agressividade; E10+ (*Everyone 10+*), para todos a partir de 10 anos de idade, semelhante ao E mas com a presença mínima de violência; T (*Teen*), jogos para adolescentes a partir de 13 anos, podendo apresentar temas um pouco mais violentos e pouco sangue; M (*Mature*), é recomendado para pessoas com mais de 17 anos e pode apresentar violência intensa, sangue, conteúdo sexual e linguagem forte; Ao (*Adults Only*), é a classificação mais pesada, indicado apenas para adultos e pode apresentar violência extrema, conteúdo sexual explícito e apostas com dinheiro real; RP (*Rating Pending*), aparece em jogos que ainda não foram avaliados.

Apesar desse sistema existir desde 1994, nem todos seguem à risca suas indicações; nos Estados Unidos, 78% dos jovens adultos não fazem ideia do que é o ESRB e para que serve, e 33% dos pais deixam as crianças jogar qualquer jogo, sem verificar seu conteúdo (Weigle & Reid, 2014). Além dos adultos, muitos pesquisadores também ignoram a classificação indicativa dos jogos para seus participantes de pesquisa, como no estudo de Gabbiadini e outros (2014). Nesse, os autores expuseram 174 adolescentes entre 13 e 19 anos a sessões de jogos da série *Grand Theft Auto*. Esse jogo possui a classificação M, ou seja, é indicado apenas para pessoas com mais de 17 anos, sendo vários participantes desse estudo expostos a conteúdo impróprio para sua idade. Adicionalmente, em nenhum momento os procedimentos éticos ou a nota ESRB do *game* são descritos no artigo, possivelmente até por desconhecimento dos próprios pesquisadores.

Conclusão

Neste capítulo buscou-se evidenciar as potencialidades dos jogos eletrônicos, em contrapartida com as pesquisas que relacionam os mesmos com comportamentos de adição e agressividade. Utilizando como base uma série de estudos, discorreu-se sobre o efeito que os *videogames* podem trazer para o bem-estar, explorando suas contribuições para cada uma das esferas propostas pelo modelo *PERMA* de Martin Seligman (2011). Os jogos podem influenciar positivamente as emoções, engajamento, relações, pertencimento e realizações de um indivíduo, além de outros benefícios cognitivos, sociais e motivacionais. Porém, é necessário também atentar para fatores como o tempo de jogo, o gênero de jogo e sua classificação indicativa, para que suas potencialidades possam ser exploradas da melhor maneira possível.

Os jogos eletrônicos tiveram um papel importante no passado como primeiros meios de entretenimento virtual, fazem parte ativamente do presente, sendo acessados e utilizados por grande parte da população para diversão, tanto profissional como casual, e serão fundamentais no futuro para muito mais do que apenas entretenimento. Jogos eletrônicos já estão sendo utilizados em meios educacionais, para maior aprendizado; médicos, em reabilitações neurológicas; e até no trabalho, buscando efeitos motivacionais (Granic, Lobel, & Engels, 2013; Jones et al., 2014). Apesar de muitos estudos ainda

166 Parte III – Psicologia Positiva e temas especiais

serem necessários para que se possa definir com mais exatidão como e quais jogos podem trazer benefícios para o ser humano, os *games* já fazem parte da cultura mundial e são adorados por milhões de pessoas.

Concluindo, a classificação os jogos como vilões causadores de adição e agressividade não é sustentada em um grande número de estudos empíricos atuais. Quando utilizados com moderação, podem trazer benefícios para o bem-estar e treinar uma série de habilidades que podem auxiliar o indivíduo a viver uma vida melhor, permitindo ao mesmo ganhar experiência e subir de nível tanto no mundo virtual como no real. Esses ganhos desenvolvimentais mostram-se diretamente alinhados à perspectiva da Psicologia Positiva, o que pode continuar a ser endereçado em pesquisas e intervenções futuras que tomem por base esses repertórios aqui explorados.

Referências

American Psychiatric Association (2014). *DSM-5: Manual diagnóstico e estatístico de transtornos mentais.* Artmed.

Bean, A. M., Nielsen, R. K., Van Rooij, A. J., & Ferguson, C. J. (2017). Video game addiction: The push to pathologize video games. *Professional Psychology: Research and Practice, 48*(5), 378.

Brown, K. W., & Ryan, R. M. (2003). The benefits of being present: Mindfulness and its role in psychological well-being. *Journal of Personality and Social Psychology, 84*(4), 822-848. https://doi.org/10.1037/0022-3514.84.4.822

Caplan, S. E. (2005). A social skill account of problematic Internet use. *Journal of Communication, 55*(4), 721-736. https://doi.org/10.1111/j.1460-2466.2005.tb03019.x

Charlton, J. P., & Danforth, I. D. W. (2007). Distinguishing addiction and high engagement in the context of online game playing. *Computers in Human Behavior, 23*(3), 1.531-1.548.

Clark, D. B., Tanner-Smith, E. E., & Killingsworth, S. S. (2016). Digital games, design, and learning: A systematic review and meta-analysis. *Review of Educational Research, 86*(1), 79-122. https://org/10.3102/0034654315582065

Csikszentmihalyi, M. (1999). *A descoberta do fluxo: A psicologia do envolvimento com a vida cotidiana.* Rocco.

Diener, E. (1984). Subjective well-being. *Psychological Bulleting, 95,* 542-575. https://doi.org/10.1037/0033-2909.95.3.542

Diener, E., & Oishi, S. (2000). Money and happiness: Income and subjective well-being across nations. In E. Diener & E.M. Suh (eds.). *Culture and subjective well-being* (pp. 185-218). The MIT Press.

Ferguson, C. J. (2015). Do angry birds make for angry children? A meta-analysis of video game influences on children's and adolescent's aggression, mental health, prosocial behavior, and academic performance. *Perspectives on Psychological Science, 10*(5), 646-666. https://doi.org/10.1177/1745691615592234

Francis, D. B., Comello, M. L. G., & Marshall, L. H. (2016). How Does Gameplaying Support Values and Psychological Well-Being Among Cancer Survivors? *Games for Health Journal, 5*(2), 128-134.

Fredrickson, B. L. (2003). The value of positive emotions. *American Scientist, 91*(4), 330-335. https://doi.org/10.1511/2003.4.330

Gabbiadini, A., Riva, P., Andrighetto, L., Volpato, C., & Bushman, B. J. (2014). Interactive effect of moral disengagement and violent video games on self-control, cheating, and aggression. *Social Psychological and Personality Science, 5*(4), 451-458.

Granic, I., Lobel, A., & Engels, R. C. (2014). The benefits of playing video games. *American Psychologist, 69*(1), 66-78. https://doi.org/10.037/a0034857

Harrington, B., & O'Connell, M. (2016). Video games as virtual teachers: Prosocial video game use by children and adolescents from different socioeconomic groups is associated with increased empathy and prosocial behavior. *Computers in Human Behavior, 63*, 650-658.

Herodotou, C., Kambouri, M., & Winters, N. (2014). Dispelling the myth of the socio-emotionally dissatisfied gamer. *Computers in Human Behavior, 32*, 23-31. https://doi.org/10.1016/j.chb.2013.10.054

Ilies, R., Wagner, D., Wilson, K., Ceja, L., Johnson, M., DeRue, S., & Ilgen, D. (2017). Flow at Work and Basic Psychological Needs: Effects on Well Being. *Applied Psychology, 66*(1), 3-24. https://doi.org/10.1111/apps.12075

Jakobsson, M. (2011). The achievement machine: Understanding Xbox 360 achievements in gaming practices. *Game Studies, 11*(1), 1-22.

Jayawickreme, E., Forgeard, M. J., & Seligman, M. E. (2012). The engine of well-being. *Review of General Psychology, 16*(4), 327. https://doi.org/10.1037/a0027990

Jones, C. M., Scholes, L., Johnson, D., Katsikitis, M., & Carras, M. C. (2014). Gaming well: Links between videogames and flourishing mental health. *Frontiers in Psychology, 5*, 260.

Kent, S. L. (2001). *The Ultimate History of Video Games – From Pong to Pokemon: The Story behind the Craze That Touched Our Lives and Changed the World, Prima Communications.* Three Rivers Press.

Keyes, C. L. (2002). The mental health continuum: From languishing to flourishing in life. *Journal of Health and Social Behavior, 43*(2), 207-222. https://doi.org/10.2307/3090197

Kowert, R., Festl, R., & Quandt, T. (2014). Unpopular, overweight, and socially inept: Reconsidering the stereotype of online gamers. *Cyberpsychology, Behavior and Social Networking, 17*, 141-146.

Liu, C. C. (2017). A model for exploring players flow experience in online games. *Information Technology & People, 30*(1), 139-162. https://doi.org/10.1108/ITP-06-2015-0139

Maslow, A. H. (1954). *Motivation and personality.* Harper & Row. https://doi.org/10.1111/j.1467-6494.1954.tb01136.x

McGonigal, J. (2011). *Reality is Broken: Why Games Make Us Better and How They Can Change the World.* Random House.

McGuire, F. A. (1984). Improving the quality of life for residents of long term care facilities through video games. *Activities, Adaptation & Aging, 6*(1), 1-7. https://doi.org/10.1300/S016v06n01_01

Norsworthy, C., Gorczynski, P., & Jackson, S. A. (2017). A systematic review of flow training on flow states and performance in elite athletes. *Graduate Journal of Sport, Exercise & Physical Education Research, 6,* 16-28.

Oliver, M. B., Bowman, N. D., Woolley, J. K., Rogers, R., Sherrick, B. I., & Chung, M. Y. (2016). Video games as meaningful entertainment experiences. *Psychology of Popular Media Culture, 5*(4), 390-405.

Oslo, C. K. (2010). Children's motivations for video game play in the context of normal development. *Review of General Psychology, 14*(2), 180-187.

Przybylski, A. K., Rigby, C. S., & Ryan, R. M. (2010). A motivational model of video game engagement. *Review of general psychology, 14*(2), 154-166. https://doi.org/10.1037/a0019440

Przybylski, A. K., Weinstein, N., Murayama, K., Lynch, M. F., & Ryan, R. M. (2012). The ideal self at play: The appeal of video games that let you be all you can be. *Psychological science, 23*(1), 69-76.

Ruiz-Ariza, A., Casuso, R. A., Suarez-Manzano, S., & Martínez-López, E. J. (2018). Effect of augmented reality game Pokémon Go on cognitive performance and emotional intelligence in adolescent young. *Computers & Education, 116,* 49-63.

Rupp, M. A., Sweetman, R., Sosa, A. E., Smither, J. A., & McConnell, D. S. (2017). Searching for Affective and Cognitive Restoration: Examining the Restorative Effects of Casual Video Game Play. *Human Factors, 59*(7), 1.096-1.107.

Ryan, R. M., & Deci, E. L. (2000). Self-determination theory and the facilitation of intrinsic motivation, social development, and well-being. *American Psychologist, 55*(1), 68-78.

Ryan, R. M., Rigby, C. S., & Przybylski, A. (2006). The motivational pull of video games: A self-determination theory approach. *Motivation and Emotion, 30*(4), 344-360.

Sourmelis, T., Ioannou, A., & Zaphiris, P. (2017). Massively Multiplayer Online Role Playing Games (MMORPGs) and the 21st century skills: A comprehensive research review from 2010 to 2016. *Computers in Human Behavior, 67,* 41-48.

Van Rooij, A. J., Van Looy, J., & Billieux, J. (2016). Internet Gaming Disorder as a formative construct: Implications for conceptualization and measurement. *Psychiatry and Clinical Neurosciences, 71*(7), 445-458.

Uttal, D. H., Meadow, N. G., Tipton, E., Hand, L. L., Alden, A. R., Warren, C., & Newcombe, N. S. (2013). The malleability of spatial skills: A meta-analysis of training studies. *Psychological Bulletin, 139,* 352-402.

Ventura, M., Shute, V., & Zhao, W. (2013). The relationship between video game use and a performance-based measure of persistence. *Computers & Education, 60,* 52-58.

Weigle, P., & Reid, D. (2014). Helping parents promote healthy and safe computer habits. *Adolescent Psychiatry, 4*(2), 92-97.

West, G. L., Konishi, K., Diarra, M., Benady-Chorney, J., Drisdelle, B. L., Dahmani, L., ... & Bohbot, V. D. (2017). Impact of video games on plasticity of the hippocampus. *Molecular Psychiatry, 23*, 1.566-1.574.

White, N. P. (2008). *A brief history of happiness*. Blackwell Puvlishing.

Yee, N. (2006). Motivations for play in online games. *CyberPsychology & Behavior, 9*(6), 772-775. https://doi.org/10.1089/cpb.2006.9.772

12
Psicologia Positiva e uma pitada de problematização
Felicidades, direitos LGBTT, interseccionalidades

LEONARDO RÉGIS DE PAULA
VINCENT PEREIRA GOULART
FERNANDA DOS SANTOS DE MACEDO

O que te faz feliz faria outra pessoa feliz? Como se constroem os limites dos imperativos morais no que nossa sociedade compreende como felicidade? E como ela se articula com a promoção de direitos fundamentais? Tendo em vista que as políticas públicas são elaboradas para populações, de que modo contemplar as diferenças? E quando essas diferenças foram historicamente vistas como desvio, patologia, negligenciando que gênero e sexualidade são categorias que influenciam experiências de vida, especialmente o bem-estar? Portanto, neste capítulo nosso objetivo é, a partir da discussão entre estudos interseccionais e Psicologia Positiva, problematizar como noções de bem-estar/ felicidade operam na experiência da comunidade Lésbica, Gay, Bissexual, Transgênero e Travestis (LGBTT).

Para consecução de tal objetivo, abordamos criticamente o constructo 'felicidade' buscando apreender como a promessa de felicidade se relaciona com promoção de direitos fundamentais, especialmente de pessoas que se identificam como LGBTT. Posto que esse é um grupo heterogêneo e múltiplo, recorremos aos estudos interseccionais para ponderarmos as articulações singulares dos marcadores sociais da diferença (raça, classe social, etnia, geração, escolaridade, religião, entre outros). Ainda, intentamos promover uma interlocução entre Psicologia Positiva e perspectivas interseccionais a respeito da promoção de bem-estar à comunidade LGBTT. Portanto, além de nos valermos de conceitos e referências da Psicologia Positiva, nossa fundamentação teórico-metodológica se baseia em perspectivas interseccionais (e. g. Ahmed, 2010; Brah, 2006; Piscitelli, 2008), sobretudo para problematizar aspectos micropolíticos que precisam ser considerados quando temos como propósito a promoção de Direitos Humanos e bem-estar de pessoas marcadas por inequidades sociais.

Psicologia e seu armário: Discursos psi sobre gênero e sexualidade

A Psicologia, enquanto campo de saber e disciplina científica, por muito tempo, especificamente desde o século XIX até metade do século XX, foi uma das responsáveis

12 Psicologia Positiva e uma pitada de problematização – Felicidades, direitos LGBTT... **171**

por posicionar a diversidade sexual e de gênero no campo desviante de uma vida saudável (Costa, 2017). Em vista disso, criam-se linhas divisórias entre o que é considerado normal e patológico a respeito da sexualidade e de identidade de gênero. Apesar dos movimentos de luta por direitos terem promovido resistências e mudanças que borram as fronteiras entre o que Butler (2003) descreve como a suposta linearidade compulsória entre sexo/gênero/desejo, essa ainda opera nos processos de subjetivação.

Em *História da sexualidade I – A vontade de saber*, Foucault (1988) refere que, durante os séculos XVIII e XIX, a identidade das pessoas começa a estar cada vez mais associada às suas sexualidades; ou seja, os discursos acerca da sexualidade – que produzem objetos e também estabelecem domínios de intervenção – se inscrevem na constituição do sujeito no Ocidente. A sexualidade, portanto, funcionaria como um dispositivo em que, por meio dele, constrói-se a norma em relação às sensações do corpo e das qualidades do prazer, por exemplo. Colocamo-nos sob o signo do sexo, esse enquanto sexo-história, sexo-discurso, sexo-significação, o que nos leva à questão do que somos. O conceito de dispositivo, para Foucault, é apontado inicialmente como um operador material do poder, ou seja, trata-se de técnicas, estratégias ou formas de assujeitamento utilizadas pelo poder para penetrar e operar o controle sobre os corpos (Revel, 2005).

Dessa forma, o que somos também está relacionado com a circunstância em que se deu o entendimento e as relações do sexo na história, quais foram os discursos que a partir dele foram construídos e a sua significação. Trata-se de um dispositivo histórico e não dado da natureza, por meio de uma rede de práticas, discursos, técnicas, intensificação dos prazeres e formação do conhecimento (Cirino, 2007), que teria se estabelecido por meio da burguesia, a qual, além da exploração econômica e do domínio das práticas de mercado, demandava domínio sobre os corpos. Essa repressão sexual seria um modo fundamental da ligação entre o saber, o poder e a sexualidade na sociedade ocidental, a qual só poderia ser transposta através de resistências e da transgressão da lei.

Nardi (2010) retoma que partindo dos termos que inicialmente designavam patologias, no decorrer do século XX, emergiram formas identitárias binárias. Ou seja, o termo homossexualidade passou a reconhecer certa "identidade homossexual". Nesse sentido, o autor sugere que o termo produziu seu oposto ao nomear *a posteriori* o "sujeito heterossexual" e, da forma que os discursos constituem os objetos dos quais falam, colocando-nos frente a definições que nos interpelam: "ser homossexual" (o que implica assumir o que se é) ou "ser heterossexual" (que é dado como pressuposto). Nessa lógica, a bissexualidade não é visibilizada enquanto uma orientação sexual, mas como uma oscilação presa à binariedade, sendo mantida como objeto de suspeita por todos/as aqueles/as que se identificam com as categorias polo (homo e hétero).

Desde o século XX, muitos pesquisadores e ativistas políticos investiram na quebra da concepção de doença no âmbito da diversidade sexual, entendendo-a como variação da normalidade. Em 1973, a Associação Americana de Psiquiatria removeu a homossexualidade do Manual Diagnóstico e Estatístico de Transtornos Mentais III (DSM), antes nomeado "homossexualismo" e entendido como psicopatologia. Não por acaso, na

172 Parte III – Psicologia Positiva e temas especiais

mesma época o psicólogo George Weinberg cunha o termo homofobia. Para este autor, a homofobia indicava o medo "irracional" da homossexualidade que produz reações "irracionais" e o desejo de destruir o estímulo da fobia ou tudo que possa se relacionar a ela (Nardi, 2010).

No que tange à população de travestis e transexuais, o poder dos saberes psi e das ciências biomédicas insiste em manter a diversidade de gênero em critérios diagnósticos tanto no DSM quanto no Código Internacional de Doenças (CID). Dessa forma, patologizam as identidades trans, baseados em fundamentos que tratam a transgeneridade e a travestilidade como anormalidades que necessitam de algum tipo de correção, relegando a essas instituições psi e biomédicas o controle sobre os corpos e as identidades de gênero, conforme a Rede Internacional Pela Despatologização Trans (2011). Esse saber científico se funde com uma cultura sexista e heterocisnormativa[5] ensejando práticas de transfobia. O preconceito, o desatendimento aos direitos fundamentais, a exclusão estrutural, ameaças, agressões, homicídios, dentre outras violências direcionadas para pessoas trans e travestis, são denominados por Jesus (2013) como transfobia. Em que pese a homofobia e a transfobia guardarem significativas especificidades é importante evidenciar que a norma de gênero arraigada no tecido social ao legitimar certos corpos, identidades e vivências produz outros que precisam buscar pelo reconhecimento e legibilidade de uma sociedade que não consegue perceber suas próprias identidades e vivências como naturalizadoras.

Analisar a preocupação com as questões relativas à anormalidade da comunidade LGBTT nos leva a pressupor que essas práticas são pensadas a partir de um suposto sofrimento em relação à própria identidade de gênero ou orientação sexual, desconsiderando que o possível sofrimento está inscrito em um contexto social e histórico – demasiado machista, homofóbico, transfóbico, lesbofóbico, entre outras formas de sociedade violenta – que produz desigualdades e hierarquiza sujeitos por determinadas práticas e modos de ser. Observamos, dessa forma, que a psicologia, historicamente, aproximou algumas práticas a modos mais saudáveis de vida e, por conseguinte, contribuiu para tentativas de adaptação dos sujeitos a espaços normativos da sociedade. No que tange à diversidade sexual e de gênero, a psicologia esteve, por muito tempo, apropriada da angústia, sem contextualizá-la, apenas "tratando-a". Aliás, tal disciplina, de modo geral, quando trata dessas questões não as aborda no sentido de enfatizar os aspectos positivos que emergem das transformações sociais impulsionadas em grande parte pelo movimento LGBTT, tal como a abertura para a multiplicidade de corpos, orientações sexuais, identidades e expressões de gênero, a aceitação da diferença em diversos âmbitos.

---

5. O termo heteronormatividade refere-se "à forma como a norma da sexualidade elege a heterossexualidade como o padrão, com base no qual todas as outras expressões da sexualidade são hierarquizadas, julgadas, definidas e esquadrinhadas" (Nardi & Machado, 2015, p. 160). Ao passo que a cisnormatividade, segundo Vergueiro (2015), diz respeito à normatividade de gênero que "exerce, através de variados dispositivos de poder interseccionalmente situados, efeitos colonizatórios sobre corpos, existências, vivências, identidades e identificações de gênero que, de diversas formas e em diferentes graus, não estejam em conformidade com seus preceitos normativos" (p. 43).

12 Psicologia Positiva e uma pitada de problematização – Felicidades, direitos LGBTT... **173**

Justamente como uma alternativa a uma ciência psicológica que enfatizava a doença, o sofrimento e a patologia, emerge a Psicologia Positiva, movimento iniciado por Martin Seligman (Paludo & Koller, 2007). A Psicologia Positiva, conforme sugerem essas autoras, debruça-se nas potencialidades e virtudes humanas, buscando promover uma melhoria na qualidade de vida dos sujeitos. Da mesma maneira que é importante a compreensão sobre a felicidade e qualidade de vida, também o é reconhecer que há uma diversidade de modos de entender e experienciar a felicidade em vários momentos da vida. Felicidade que é atrelada a aspectos sociais, históricos e políticos, conforme discutiremos nas seções seguintes.

"Serei feliz se você for feliz": A promessa da felicidade e algumas notas para além dela

Das requintadas e sorridentes fotos nas redes sociais às matérias jornalísticas de como ser feliz – passando pelas "pílulas da felicidade" – é inegável a elevação do objeto "felicidade" como campo de investigação, como meta compartilhada socialmente. Objeto construído por diversos discursos (biomédico, farmacêutico, psicológico, midiático, pedagógico etc.). Apesar desse giro da felicidade, ser feliz é uma necessidade? Sua perscrutação amplia horizontes ou limita experiências? Como a noção de felicidade se relaciona com qualidade de vida, proteção de direitos fundamentais?

Em que pese ser apontada como fator pessoal, entendemos que o que é considerado felicidade compreende uma possibilidade de emergência em um contexto coletivo. Nosso intuito neste capítulo não é analisar o que torna as pessoas felizes, mas apreender algumas ressonâncias na vida das pessoas que a pressuposição de determinados valores e práticas como felicidade acarreta. Isto posto, baseamo-nos na "promessa da felicidade" descrita por Sara Ahmed (2010), a qual explicita que algumas escolhas de vida estão associadas ao ser feliz em detrimento de outras escolhas e modos de ser. Assim, Ahmed evidencia a importância dos objetos e contextos que materializam a consecução da felicidade, já que eles agregam um conjunto de atributos e relações atrelados ao "ser feliz" (Ciello, 2016). Exemplos utilizados pela autora de "objetos da felicidade" (Ahmed, 2010, p. 45) são a família e o casamento. Dessa forma, ela ressalta que quando as ciências que se debruçam sobre o estudo da felicidade a encontram em certos lugares, tal resultado é performativo, pois acaba gerando esses lugares como sendo bons, logo, tornam-se alvos a serem buscados ou preservados.

A leitura de Ahmed (2010) nos instiga a pensar sobre o imperativo moral produzido pela promessa da felicidade. As moralidades circulantes em nossa sociedade, ao nos mostrarem os lugares reconhecidos da felicidade, produzem hierarquias entre modos de ser e viver. Conforme citamos, um desses lugares reconhecidos como propulsores da felicidade é o casamento, especialmente, o casamento heterossexual. Ahmed exemplifica tal fato através de algumas narrativas literárias e cinematográficas

174 Parte III – Psicologia Positiva e temas especiais

sobre feministas, *queers*[6], e migrantes. Um desses arquivos em análise é o romance "Spring Fire", de autoria de Vin Packer, publicado em 1952. Sua publicação foi condicionada a exigência de não possuir um final feliz para evitar tornar a homossexualidade atrativa. Conforme as palavras de Ahmed "um tanto ironicamente, então, o final infeliz se torna um presente político: fornece um meio através do qual a ficção *queer* poderia ser publicada"[7] (2010, p. 88).

Ao longo do livro, Ahmed (2010) discorre sobre histórias de pessoas *queers* que são recorrentemente interpeladas pela sociedade, especialmente pela família, acerca de suas expressões de gênero e de seus relacionamentos amorosos. Por conseguinte, quando a criança ou, inclusive, o adulto enuncia que seu modo de vida não é exatamente aquele que a família esperava, uma das reações parentais usuais é "Eu só quero que você seja feliz, querido/a, e esta é uma vida tão infeliz"[8] (Goodman et al, 1983, p. 17, como citado em Ahmed, 2010, p. 92). Assim, em sua investigação sobre ficção *queer*, Ahmed percebe que o medo da infelicidade expresso recorrentemente pela família emerge não necessariamente em relação à criança ser *queer*, mas ao fato da criança ser infeliz. Tal associação é possível por se sustentar em uma lógica permeada pelo pressuposto de que as experiências mais distantes da heterocisnormatividade acarretam em uma vida infeliz. Visto que o que pode trazer sofrimento ou infelicidade à população LGBTT é preconceito e violências arraigados nas relações e instituições sociais e não a identidade de gênero e/ou orientação sexual por si só, destacamos que a preocupação das famílias de pessoas *queer* só ganha sentido quando trazemos à cena o contexto histórico-social-político que produz e reitera tais vivências afastadas da promessa da felicidade.

Assim, Ahmed (2010) provoca a pensar sobre o que denomina *"happiness scripts"* (2010, p. 59), isto é, o conjunto de instruções que as pessoas devem seguir para serem felizes, que implicam em *scripts* de gênero e de relações raciais. Esses *scritps* ganham forma e força na sociedade e se tornam visíveis nas relações próximas, quando a felicidade de um fica intimamente atrelada a fazer o outro feliz: "serei feliz se você for feliz". Nossa produção de subjetividades passa por reconhecer quais os valores que aqueles/as que nos rodeiam elegem como bons. Em relação à felicidade não é diferente. Portanto, entendemos que o "dever da felicidade" (Ahmed, 2010, p. 7), a pressuposição de que a promoção da nossa própria felicidade pode aumentar a de outras pessoas, é produtor de opressões quando meu desejo não é igual ao do outro. O dever da felicidade pode aproximar as pessoas, através do compartilhamento de aspirações, ao mesmo tempo, pode coagir sujeitos a expressarem determinados comportamentos, afetos etc. Como no caso do compulsório desfecho infeliz do romance "Spring Fire", na omissão de relacionamentos gays e lésbicos

---

6. Quando empregamos o termo *"queer"* o fazemos para manter a opção da autora. *Queer* é um termo guarda-chuva que engloba lésbicas, gays, bissexuais, transgêneros e travestis e muitas outras formas de se identificar ou de dizer sobre si. No restante do texto optamos pelo termo população LGBTT por possuir maior inteligibilidade no contexto brasileiro, sendo, ainda, uma afirmação política.

7. Tradução nossa.

8. Tradução nossa.

12 Psicologia Positiva e uma pitada de problematização – Felicidades, direitos LGBTT... **175**

perante uma família que tem a expectativa de um casamento heterosexual do/a filho/a, ou na associação impositiva e descritiva entre a leitura sexuada de corpos e identidades.

O fio condutor da promessa da felicidade, portanto, atrela o dever com a felicidade do outro aos *happiness scripts*. Nesse sentido, se já temos instituídos os valores e objetos associados à felicidade, os *scripts* podem ser pensados como dispositivos de alinhamento dos corpos com o que já está alinhado. Os pontos que indicam o caminho a ser traçado são performativos na medida em que um ponto em uma linha pode ser uma demanda para permanecer na linha; em outras palavras, trata-se de se tornar aceitável para um mundo que já decidiu o que é aceitável (Ahmed, 2010). Contudo, desviar-se desse caminho é ser ameaçado com a infelicidade. A escolha de nos fundamentarmos na discussão proposta por Ahmed é estratégica, pois ela se dedica à história daqueles/as que estão dispostos/as a arriscar a lidar com as consequências do desvio.

Sara Ahmed (2010) nos mostra que pessoas *queer*, geralmente, são consideradas desviantes do alinhamento que produz/é produzido por uma vida feliz. Contudo, observamos que, em certa medida, as experiências de vida de pessoas *queer* também são capturadas por dispositivos de normalização. Ou seja, o casamento – objeto atrelado à felicidade conforme citamos anteriormente –, mais recentemente, passa a operar também como um objeto de aprimoramento da qualidade de vida para pessoas LGBTT. Tal como pode ser exemplificado pelo estudo norte-americano com pessoas LGBT com 50 anos ou mais, que concluiu que sujeitos casados relataram melhor qualidade de vida e, ainda, mais recursos econômicos e sociais do que solteiros (Goldsen et al., 2017).

Pesquisas tais como essa, que se dedicam a estudar a qualidade de vida de pessoas LGBTT e a produzir conhecimento, são urgentes e necessárias, pois nos fornecem dados empíricos para analisar as políticas e leis vigentes. Contudo, vale ressaltar que esses estudos também se inscrevem naquele circuito que reitera certos espaços atrelados à felicidade, especialmente, quando recorrentemente relacionam algumas instituições ou comportamentos ao bem-estar, como o modelo familiar de um casal legalmente casado e com filhos. Nesse sentido, o casamento de pessoas LGBTT pode contribuir no reconhecimento social desses sujeitos ao aproximá-los àqueles *happiness scripts* (Ahmed, 2010). No entanto, apropriando-nos da noção de *"queer happiness"* (Ahmed, 2010, p. 94), tal situação pode ser igualmente lida como criando um modo diferente de felicidade que não se localiza em um ponto de uma linha reta. Sobretudo, apreendemos das análises da autora que os finais das histórias não precisam, obrigatoriamente, serem finais felizes nos moldes do padrão normativo e, ainda, que é possível e politicamente potente reivindicar sua felicidade *queer*.

Se, por um lado, refutamos a noção de um ideal de felicidade sustentado em certos padrões preestabelecidos, por outro, é inegável que a legalização do casamento de casais gays e de lésbicas possibilita o exercício de direitos civis que antes eram absolutamente impraticáveis. Nesse ponto reside o paradoxo da felicidade *queer* que se aproxima de alguns padrões socialmente edificados, mas ao mesmo tempo rompe com eles e produz novos espaços atrelados à felicidade. É difícil assegurar exatamente como a aquisição de

176 Parte III – Psicologia Positiva e temas especiais

direitos se relaciona com o incremento da felicidade; todavia, compreendemos que a garantia de direitos civis e sociais é ação fundamental na promoção da qualidade de vida e bem-estar de qualquer população. Tendo em vista que cada comunidade possui necessidades específicas e experienciam contextos e recursos díspares, seguiremos discutindo sobre felicidade, bem-estar, qualidade de vida, considerando como as iniquidades sociais complexificam a análise de tais conceitos e a realização de ações junto às populações.

"Eu só quero é ser feliz, dar pinta tranquilamente na favela onde eu nasci": Articulações com a perspectiva interseccional

O relatório do ano de 2017 sobre assassinatos de LGBTs no Brasil, organizado pelo Grupo Gay da Bahia, denuncia números alarmantes: "A cada 19 horas um LGBT é barbaramente assassinado ou se suicida vítima da 'LGBTfobia'" (GGB, 2017, p. 1). Dados como esses indicam para a urgência de tornar de fato efetivas políticas públicas para população LGBTT e o cumprimento de leis nessas situações. Se pessoas trans, gays, lésbicas, bissexuais, travestis precisam, cotidianamente, lutar pela legitimidade de suas existências – indo de encontro ao discurso científico patologizante passado e atual –, como não considerar gênero e sexualidade categorias que atravessam a noção de bem-estar? Em que pese a felicidade não estar atrelada, necessariamente, a aspectos extrínsecos (tais como dinheiro, status social) e que se pode ser feliz apesar disso, desconsiderar as condições materiais de saúde, segurança, educação pode obscurecer desigualdades sociais.

A proteção e promoção dos direitos humanos estão intimamente associadas à luta contra o preconceito, a discriminação e a violência motivada pela não aceitação das diferenças. As desigualdades, as explorações e as opressões, as quais restringem direitos fundamentais, oportunidades e diminuem a qualidade de vida das pessoas, estão atreladas ao bem-estar dos sujeitos, especialmente em grupos pertencentes a minorias sociais, como a população LGBTT e suas interseccionalidades com geração, raça, escolaridade, deficiência, classe social, entre outros marcadores sociais da diferença.

O enfoque das interseccionalidades emerge, teórica e politicamente, evidenciando que o gênero não é o único fator de desigualdade e discriminação. Ademais, não se trata de conceber gênero, raça, sexualidade como variáveis independentes, pois a opressão de cada uma está inscrita dentro da outra – é constituída pela outra e é constitutiva dela (Brah, 2006). Para Brah e Phoenix (2004), os marcadores de diferença não operam na dinâmica de um somatório e sim de articulação; conceituando interseccionalidade como "indicador dos complexos, irredutíveis, variados e variáveis efeitos que resultam quando múltiplos eixos de diferenciação – econômicos, políticos, culturais, psíquicos, subjetivos e empíricos – se cruzam em contextos históricos específicos" (Brah & Phoenix, 2004, p. 2).

Segundo Crenshaw (2002), as interseccionalidades revelam o desafio no campo acadêmico de incluir o debate sobre a violação de direitos humanos, tendo em vista que de-

12 Psicologia Positiva e uma pitada de problematização – Felicidades, direitos LGBTT... **177**

terminados grupos da sociedade são atingidos com maior intensidade, como as violações caracterizadas por sexismo, racismo, cissexismo, heterossexismo, preconceito de classe e de geração. Sendo assim, sua perspectiva acerca das interseccionalidades visa a aprofundar de outra maneira o debate sobre violência, enfocando o contexto como protagonista da questão e os marcadores sociais da diferença atrelados a ele. A ênfase não recai, essencialmente, no indivíduo, mas nas condições sociais que permitem ou não que certos grupos acessem lugares de cidadania. Logo, esse debate implica o entendimento de como o contexto que certos grupos ocupam restringe as oportunidades (Ribeiro, 2017).

Isto posto, lançar uma análise interseccional é atentar para as experiências completamente diferentes que os sujeitos enfrentam em suas vidas, ou ainda, que conformam o modo de se colocar e vivenciar o mundo tendo tais marcadores da diferença como balizadores das experiências. Nosso intuito é salientar que quando falamos sobre a noção de bem-estar e população LGBTT é imprescindível termos em mente que não lidamos com um grupo homogêneo em identidades, demandas, histórias de vida etc. As identificações baseadas na sexualidade e gênero são atravessadas por outras diferenças, que tornam a "sopa de letrinhas" LGBTT – retomando a denominação de Facchini (2005) – múltipla e dinâmica.

Essa multiplicidade de identidades, demandas, trajetórias de vida, posicionamentos políticos, além de expressão da diversidade constituinte, é pauta de disputas no movimento LGBTT. Contudo, a querela em torno dos sujeitos representados pelo movimento e os processos de transformação decorrentes foram possíveis pelo tensionamento de pessoas que não se enxergavam/enxergam representadas pelo movimento LGBTT. Historicamente, os movimentos pela diversidade sexual promoviam maior visibilidade a homens cis gays, brancos e suas pautas. Tendo em vista tal cenário, em entrevista, Viviane Vergueiro (Ramírez, 2014) argumenta a favor da voz trans que problematiza as identidades de gênero normativas, inclusive, dentro do próprio movimento LGBTT, pontuando privilégios de sujeitos cis em terem seus nomes refletidos nos documentos (como a carteira de identidade). As violências que muitas pessoas trans passam durante o processo de retificação do registro civil (seja quando ocorre a solicitação de perícia corporal, laudos psiquiátricos ou simplesmente pelo fato dessa demanda exigir um processo judicial) ratificam a importância da análise interseccional quando discutimos promoção de bem-estar e reivindicamos políticas públicas para efetivá-la.

Assim como é evidente o privilégio cis dentro e fora da comunidade LGBTT, também é o privilégio branco. Dessa forma, em uma análise interseccional no âmbito brasileiro, a raça/cor/etnia opera como um marcador de diferença crucial que expõe a distinção social sustentada por práticas racistas. Sobretudo, é a partir das articulações da raça/cor com classe social, orientação sexual e identidade de gênero que podem ser apreendidos *performances*, reconhecimentos sociais, estereótipos. Visando a exemplificar como tais articulações se engendram em espaços de lazer e sociabilidade erótica, apresentamos um relato elaborado por Simões (2011) a partir do trabalho de Isadora Lins França (2010) na cidade de São Paulo:

> Tuca é um rapaz negro, cabeleireiro, estilista e maquiador. Filho e neto de empregada doméstica. Tuca é um rapaz que prefere assumir uma *performance* de gênero feminina e que se chama de "bicha preta". [...] Tuca se vale de estratégias de estilização corporal em que ressaltam os cuidados com os cabelos. Ele contou à pesquisadora que usar cabelo canecalon comprido o faz ser observado na rua como "estilosa"; falou também que suas experiências de usar cabelo raspado o tornaram mais atraente na cena, de certa maneira virilizando-o ao olhar de possíveis parceiros. Já outros penteados, como as "trancinhas rasta" ou o uso de um acessório como a touca, eram por ele evitados, pois ele entendia que os remetiam a estereótipos de "marginal" (Simões, 2011, p. 163).

Em nosso país, o racismo se assenta nas características físicas das pessoas, isto é, a cor da pele, os cabelos crespos e os traços do rosto que remetam à negritude baseiam o preconceito e a discriminação; logo, as pessoas negras (pretas e pardas) aprendem no cotidiano que as relações raciais no Brasil lhes reservam olhares estereotipados e estigmatizados (Guaranha et al., 2015). Tal como Tuca percebe ocorrer consigo, conforme muda a estilização de seu cabelo: ora é lido como estilosa, ora marginal, e por vezes como mais atraente. Essa variação dos estereótipos que circunscrevem a experiência dele emerge desse modo, justamente, na articulação dos marcadores sociais que produzem seu corpo – raça, classe social, idade, orientação sexual e expressão de gênero. Ao discutirem sobre práticas de acolhimento a pessoas em situação de violação de direitos humanos, Guaranha et al. salientam que o racismo afeta a autoestima das pessoas negras porque estas sofrem com uma produção de subjetividade que desvaloriza seu corpo e prejudica sua autoimagem.

Considerando, ainda, a felicidade em uma análise interseccional, não podemos passar despercebidos na música que inspirou o subtítulo desta seção: *Rap da felicidade* (1995), dos compositores Cidinho e Doca. A música marca questões sociais que estão articuladas com o bem-estar comunitário e individual. Podemos compreender a música não somente como um *hit* que invadiu as comunidades, contudo também como uma forma de manifesto. Essa canção é pela morte de cada menino negro pela violência policial, pelas travestis que foram mortas brutalmente pela transfobia, pelos meninos e meninas mortos pelos seus pais por compartilhar a sua orientação sexual, pelas crianças que desde muito cedo sofrem preconceito nas escolas quando não se identificam com o gênero que lhes foi designado; é denúncia da violência motivada pela intolerância religiosa nas comunidades, da corrupção que afeta diretamente a educação, saúde e assistência para populações marginalizadas; enfim, é um manifesto pelo direito de ser feliz.

A letra da música nos faz refletir a execução de políticas públicas que visam ao bem-estar da população e influenciam diretamente na felicidade dos sujeitos. Temos, então, a elaboração de políticas públicas como fruto de reivindicações de movimentos sociais e organizações civis que apontam quando e como o estado democrático falha na prestação de assistência a direitos fundamentais. O movimento LGBTT e várias ONGs têm

12 Psicologia Positiva e uma pitada de problematização – Felicidades, direitos LGBTT... **179**

atuado incessantemente na busca pela efetivação dos Direitos Humanos. Irineu (2014) retoma que a luta por reconhecimento e equiparação de direitos ocorre desde a "estigmatização" da Aids nos anos de 1980 – situação-chave na imersão dessas pautas na arena política. Ao longo desses anos, os movimentos pela diversidade sexual têm buscado a afirmação de identidades subalternizadas em razão da sexualidade e do gênero, visando a promover um processo de reconhecimento da diferença para que se tornem passíveis de acolhimento social e proteção jurídica (Irineu, 2014).

Nesse campo se constroem as estratégias contemporâneas de defesa de direitos igualitários às minorias sexuais, como a elaboração e implementação de políticas públicas afirmativas voltadas para a população LGBTT (Pereira, 2016) – por exemplo, o Programa Brasil sem Homofobia, a Política Nacional de Saúde Integral de Lésbicas, Gays, Bissexuais, Travestis e Transsexuais, os potentes debates nas Conferências LGBTT. As conferências são formas – de nível municipal, estadual e nacional – da comunidade LGBTT analisar coletivamente as demandas latentes e mais urgentes e encaminhar aos órgãos responsáveis pela execução. Em 2016, por exemplo, foi realizada a 3ª Conferência de Políticas Públicas de Direitos Humanos de LGBTT que abordou o tema "Por um Brasil que criminalize a violência contra lésbicas, gays, bissexuais, travestis e transexuais". Esse evento avaliou a efetividade das políticas públicas para enfrentamento à violência praticada contra a população LGBTT, tendo em conta o pacto federativo e a relação entre os Três Poderes; propôs estratégias para enfrentar a discriminação sofrida pela população LGBTT em decorrência de sua orientação sexual e/ou identidade de gênero; e de forma articulada integrou, a partir de uma avaliação, o Sistema Nacional de Promoção da Cidadania e Enfrentamento à Violência com as demais políticas públicas (Ministério dos Direitos Humanos, 2016).

Considerando os dados até aqui apresentados acerca da violência contra pessoas LGBTT no país, é de suma importância tensionar não só as políticas públicas vigentes, mas também o Estado, para que se crie políticas que sejam, de fato, eficientes, visto que as políticas existentes ou não são executadas como deveriam, ou são ignoradas. Por vezes, não se tem conhecimento dessas políticas públicas, pois os profissionais não possuem acesso, nem mesmo passam por um treinamento ou qualificação para que possam atuar na execução dessas políticas. Além disso, organizações de sociedade civil voltadas a Direitos Humanos têm se comprometido a tentar preencher lacunas dessas políticas, ou até mesmo promover novos tipos de projetos voltados à população LGBTT. Nesse sentido, essas organizações acabam realizando um trabalho que o Estado não dá conta ou não está interessado em promover.

O Brasil é o país que mais mata pessoas trans e travestis, acima de tudo travestis negras, segundo o projeto Transgender Europe (2016). A partir dessa informação, o que temos de políticas públicas referentes à segurança para essas populações? Considerando que a segurança não é um problema isolado, tem-se uma série de fatores que levam a população trans e travesti a ser marginalizada, como a evasão escolar e os escassos direitos fundamentais. Somado a esses fatores, a falta de qualificação dos profissionais dos mais

180 Parte III – Psicologia Positiva e temas especiais

diversos setores para trabalhar com essas populações é um agravante. Logo, a marginalização e a invisibilidade de pessoas trans e travestis perante os olhos do Estado e da sociedade são fatores de extrema relevância ao se falar em bem-estar dessas populações.

A partir disso, é nítido que, inclusive, pessoas trans e travestis não só estão entre a população que mais é morta, como também entre a que se mata: apesar do Brasil ser o 8º país com o maior índice de suicídio do mundo e carecer dados acerca da população trans e travesti nesse aspecto, o relatório "Transexualidades e Saúde Pública no Brasil", do Núcleo de Direitos Humanos e Cidadania LGBT e do Departamento de Antropologia e Arqueologia, informa que 85,7% dos homens trans já pensaram ou tentaram suicídio (Lucon, 2016). E essas questões não são apenas brasileiras, embora, sim, o Brasil seja o país que mais mata pessoas trans e travestis no mundo inteiro. Nos Estados Unidos, por exemplo, 41% das pessoas trans já tentaram suicídio em algum momento, dado esse também alarmante, segundo a ONG National Gay and Lesbian Task Force (Lucon, 2016). Essas informações só confirmam a grave situação dessas populações e, portanto, é imprescindível que a psicologia olhe mais atentamente para esses sujeitos, suas vivências e suas demandas, bem como colabore com o fim da patologização das identidades trans, em que suas identidades são vistas como transtorno mental ou até mesmo perversão.

É preciso que as práticas psicológicas sejam adaptáveis a diversos contextos, vivências e sujeitos, a fim de que possam não só colaborar com a qualidade de vida dos sujeitos, mas também atenuar um quadro macropolítico de desigualdades sociais, discriminação e de patologização de vivências e de identidades. Como exemplo de práticas psis importantes, tem-se a nota técnica do Conselho Regional de Psicologia do Rio Grande do Sul (CRP/RS, 2016), acerca da produção de documentos psicológicos em situações de alteração/adequação de nome no registro civil e de procedimentos de modificação corporal de pessoas transexuais e travestis, a qual orienta psicólogos e psicólogas na produção de documentos psicológicos. A ideia desses documentos e dos atendimentos é que sejam humanizados, desprovidos de práticas patologizantes que consideram as transgeneridades e as travestilidades como doenças ou transtornos mentais. Da mesma forma, o Conselho Federal de Psicologia (CFP) adotou campanhas que reforçam práticas psis despatologizantes, somando forças inclusive com o movimento internacional de Despatologização das Identidades Trans[9].

Outra necessidade é que os instrumentos psicológicos avaliativos estejam de acordo com a realidade brasileira e com as populações que nela vivem. Estamos realmente considerando esses fatores ao trabalhar com os sujeitos? Consideramos as vivências da travesti periférica, do jovem negro gay, ou será que, em nossas práticas, estamos igualando às vivências de um sujeito branco, cisgênero, hétero e de classe média alta, ao realizarmos estudos, pesquisas e avaliações?

---

9. Para informações sobre a campanha Despatologização das Identidades Trans promovida pelo CFP, acessar o link: http://despatologizacao.cfp.org.br/

Sendo assim, tendo em vista que a formulação de políticas públicas é influenciada também por produções acadêmicas, é crucial atentarmos para o que as pesquisas científicas podem reproduzir. Giacomoni (2004) pontua que os estudos acerca do bem-estar subjetivo podem colaborar para uma melhor qualidade de vida das populações, sendo estas necessárias para complementar as medidas objetivas, como os índices econômicos, quando somente indicadores sociais objetivos não dão conta, como, por exemplo, renda per capita e índices de violência. Nesse sentido, sugerimos também um olhar mais amplo através do estudo do bem-estar. A perspectiva interseccional pode ser uma forma complementar para o avanço desses dados sugeridos pela autora, porque é uma perspectiva que reivindica espaço para a análise da experiência, a qual ocorre no nível microssocial, isto é, escutando pessoas, ONGs, operadores de políticas; conhecendo os contextos; acompanhando trajetórias.

Outro fator relevante, ainda sobre as pesquisas científicas, é pensar o olhar do/a pesquisador/a para os diferentes contextos levando em consideração as moralidades. A visão de mundo de um pesquisador, na maioria das vezes branco de classe média, pode ser diferente de uma pessoa negra de periferia. Nesse sentido, quando pensamos o campo de estudo do bem-estar, não podemos ignorar o que a filósofa Djamila Ribeiro (2017) chama de quebra de visão universal. O conceito aborda, neste contexto, as diferentes formas de se experienciar aspectos positivos na vida. Sendo assim, o/a pesquisador/a, ao se deparar com um modo de satisfação de vida ou comportamento distantes ou até destoantes do código moral que se ampara – código que se sustenta em valores, sentimentos, afetos compartilhados por seu grupo social –, pode deixar de classificar determinados modos, comportamentos enquanto aspecto de satisfação ou bem-estar. Os marcadores sociais constituem nossa forma de olhar e avaliar o mundo e, igualmente, de fazer pesquisa. Porém, isso não deve nos paralisar academicamente, quiçá ser mais um elemento de análise na elaboração de nossos projetos ou discussão de dados de pesquisa. Conforme defende Haraway (1995), a objetividade na produção de conhecimento envolve localizar-se socialmente para explicitar de onde se está olhando para o fenômeno em estudo.

Psicologia Positiva e perspectiva interseccional: Será que dá match?

Se imaginássemos um encontro entre pesquisadores/as da Psicologia Positiva e das perspectivas interseccionais, haveria pontos em comum? Haveria trocas, complementações, interlocuções? Em que pese serem vertentes que possuem suas histórias de emergência particulares, suas especificidades epistemológicas, no que poderia uma aprender com a outra? Muitos dirão que seria um encontro improvável, que a chance de se esbarrarem em um corredor seria rara, pela distância teórica entre elas, que também ergue barreiras – circulam por diferentes eventos acadêmicos, nas universidades geralmente não ocupam o mesmo espaço físico. Alguns mais dispostos, ou mais esperançosos, apostariam em um encontro de bar – talvez através de uma amizade em comum, ou devido a alguma eventualidade –, pois acreditam que um passo importante é começar a conversa, conhecer aquilo que parece estranho ou diferente para, inclusive, construir críticas e questionamentos com mais embasamento.

Uma das desmitificações imprescindíveis é a noção de campo homogêneo e coeso. Justamente utilizamos os termos "estudos" ou "perspectivas" quando nos referimos às interseccionalidades por não as entender uma única teoria, e sim diversas perspectivas que possuem em comum a análise dos marcadores sociais da diferença e de como suas articulações geram hierarquizações e vivências diferentes, mas que têm modos variados de pensar a análise dessa articulação conforme suas proximidades teórica-epistemológica-políticas – como pode ser visto em Piscitelli (2008). Igualmente, a Psicologia Positiva não é um bloco único de modos de pensar e agir.

Sendo assim, as perspectivas interseccionais parecem contribuir à Psicologia Positiva no sentido de análise mais aprofundada sobre quem são esses sujeitos que ela investiga, como questões sociais atravessam a vida deles e modificam suas reações. Nesse sentido, objetiva considerar não só que as pessoas são diferentes, mas que as produções de subjetividades são sociais, fazendo toda a diferença ao trabalhar com constructos como o bem-estar, o qual está diretamente atrelado não só a questões individuais, assim como macrossociais. Um dos desafios é alinhar os conhecimentos científicos da Psicologia Positiva e suas práticas à realidade dos contextos específicos de vivências dos marcadores sociais da diferença; ou seja, aproximar o olhar investigativo da Psicologia Positiva das interseccionalidades dessas populações.

Marujo e Neto (2010) afirmam que a Psicologia Positiva surgiu para expandir o que era terreno da Psicologia Comunitária; no caso, o reconhecimento de que não é possível fazer uma ciência neutra e que é inevitável tomar posições ao se fazer ciência. E é a partir desse aspecto que, ao estudar a felicidade, a Psicologia Positiva assume um lado ao atentar-se a valores do que será estudado: se vamos estudar uma patologia específica de determinada população ou indivíduo, ou se o que interessa está nas condições em que essas populações vivem. Acredita-se que é a partir de questionamentos acerca de como queremos uma prática psi inclusiva que emerge a possibilidade de mudanças no campo científico e prático da Psicologia Positiva, fazendo com que esse campo se atente a questões que vão além das experiências intraindividuais.

Entendemos que é importante lançar o olhar para as potencialidades e virtudes humanas, contudo devemos atentar em como essas se apresentam em um contexto complexo e vasto de desigualdades sociais e de marcadores de diferença, tal qual o brasileiro. Por exemplo, Yunes (2003) questiona, ao se falar de resiliência em famílias de baixa renda, de acordo com critérios de Walsh sobre o que é resiliência, de que modo escapar da concepção dominante de resiliência e promover um uso criterioso do conceito, evitando classificações ideologicamente estipuladas. Da mesma forma, a autora questiona a tendência a patologizar a pobreza e, frequentemente, revitimizar essas populações ao

12 Psicologia Positiva e uma pitada de problematização – Felicidades, direitos LGBTT... **183**

culpabilizá-los pela própria pobreza, como se não fossem resilientes o suficiente ou não se enquadrassem nos critérios do que é ser resiliente.

Viver em contexto de desigualdades sociais não é fácil e as pessoas precisam dar muito mais de si e se sacrificar, muitas vezes, para conquistar direitos que outras pessoas possuem sem o esforço de lutar por eles. É preciso muita resiliência para poder passar cotidianamente por situações de preconceito, de discriminação e de pobreza. A pressão para garantir o mínimo para a subsistência é gigante, o estresse e o sofrimento podem assumir a mesma proporção. Por esses e outros motivos, dizer que essas populações são vulneráveis é um equívoco: elas vivem em situação de vulnerabilidade, o que é diferente de ser vulnerável. Por muitas vezes, carregam um mundo nas costas; a força para sobreviver e ainda lutar pelos seus direitos e de todo um coletivo não é mero detalhe. Inclusive, é possível encontrar felicidade mesmo em contextos de vulnerabilidade, visto que as relações interpessoais e os momentos que se constrói em família, em coletivo ou até mesmo individualmente também podem proporcionar bem-estar, fazendo com que o significado de felicidade e de sentido da vida também possa ser questionado e revisto.

A felicidade pode estar em ter com quem contar nos momentos de dificuldade ao se deparar todos os dias com opressões estruturais e institucionais, ou no empoderamento de si[10]. Deparar-se com um semelhante ou com quem sofra opressões similares, olhar e reconhecer-se, encontrando motivação e alívio no outro em momentos de adversidade, também é felicidade, a qual não se trata puramente de momentos de plena alegria e sucesso. A felicidade só existe em contrapartida à tristeza, às dores, às dificuldades. No entanto, isso não significa que as desigualdades e as opressões deixam de ocorrer e que deixam de causar efeitos devastadores, motivadores de grande sofrimento, na vida dessas pessoas.

Dentre todas essas questões, caso o simulado diálogo entre os/as pesquisadores/as seguisse, talvez, nesse ponto, a pessoa envolvida com a perspectiva interseccional argumentasse ao/a pesquisador/a da Psicologia Positiva que, apesar de ser significativo às minorias sociais evidenciar que todos podem ser felizes independentemente das condições sociais, econômicas e políticas, estagnar nessa constatação sem considerar o contexto em que isso é percebido e também proferido pode gerar efeitos nefastos – tal como a percepção de que não é necessário que a sociedade e o Estado se voltem para a melhoria dessas condições que justamente contribuem no incremento do bem-estar.

Conforme expusemos nas seções anteriores, a felicidade varia de acordo com o governo vigente e seus planos de políticas. A execução de políticas que visam ao bem-estar da população influencia diretamente na felicidade dos sujeitos, considerando que vivemos em uma sociedade sob um sistema vasto de desigualdades e muitos grupos ou têm seus direitos desfalcados e vivem precariamente, ou são completamente marginalizados. Sendo assim, nossa intenção com esse texto recai não só em evidenciar que os marca-

---

10. A política de ações afirmativas nas universidades públicas do Brasil é um bom exemplo para ressaltar a importância do compartilhamento dos obstáculos cotidianos erguidos pela discriminação e a consequente força dos movimentos sociais na busca por direitos.

184 Parte III – Psicologia Positiva e temas especiais

dores de diferenças sociais atravessam as experiências e, logo, o bem-estar, mas também em enunciar que as diferenças podem ser potentes na elaboração de estratégias de mudança por uma sociedade mais democrática e com equidade. Voltamos à história de Tuca, disparador para a reflexão sobre as nuanças entre situações de vulnerabilidade e as experiências particulares que ele constrói, as quais tensionam a suposta linearidade esperada para sua trajetória.

> A vida de Tuca é marcada por situações de contraste que lhe permitem atravessar barreiras de classe, o que parece lhe tornar impactantes as experiências de estar sempre deslocando expectativas e convenções relacionadas a posição social, cor/raça, gênero e sexualidade. Através do relacionamento amoroso com um rapaz branco, de classe média, ele encontrou estímulo para voltar a estudar e se aperfeiçoar como cabeleireiro e maquiador. Com todas as dificuldades que o lugar de "bicha preta" podem ter trazido a Tuca, ainda assim é um lugar que ele busca tornar confortável, possibilitando interações que podem não ser as sonhadas, mas são as possíveis e por ele vistas como positivas, não só em termos de relacionamentos erótico-afetivos, mas também para tornar viáveis projetos de vida mais amplos. Para Tuca, parece haver possibilidades múltiplas de manejo na interação com outras pessoas para reverter situações a princípio desvantajosas em seu favor. Não lhe faltam também habilidade e disposição para isso (Simões, 2011, pp. 163-164).

A narrativa sobre a vida de Tuca fornece elementos para discutirmos a respeito de bem-estar/felicidade atravessadas pelas reverberações dos marcadores de diferença, posto que podem produzir tanto diversidade quanto hierarquia e desigualdade (Simões, 2011). As formas de enunciar a si mesmo, tais como a anteriormente citada estilização do cabelo realizada por Tuca, além do que evidenciar o racismo e a hierarquização social decorrente dele, expõem sobre a possibilidade de agência dos sujeitos. Seguindo a discussão de Simões, os marcadores de diferença podem classificar e circunscrever pessoas em determinados lugares, posições, papéis, identidades, mas também permitem que as pessoas se tornem reconhecidas e explorem diferentes possibilidades de ação e *performance*. É essa possibilidade de mudança, a percepção de que pode ser diferente, que parece garantir ânimo para construção e compartilhamento de estratégias de (r) existência em contextos violentos e excludentes.

Diferente dos saberes e práticas psi que historicamente enfocaram (e produziram) a patologia, o anormal, inferimos que tanto a Psicologia Positiva quanto as perspectivas interseccionais compartilham um olhar para as potencialidades. A primeira através do reconhecimento das forças e virtudes dos sujeitos independentemente de onde e como; ao passo que na análise interseccional – pelo menos em algumas delas – através da noção de agência, isto é, da capacidade de ação presente em qualquer relação. Por isso, os questionamentos lançados retratam articulações iniciais entre perspectivas diferentes que aparentam dispor de muitos argumentos e indagações para estimular um debate, seja a respeito da produção de conhecimento na psicologia e áreas afins, ou no que tange

12 Psicologia Positiva e uma pitada de problematização – Felicidades, direitos LGBTT... **185**

à efetivação de direitos e elaboração de práticas de cuidado com populações em situações de vulnerabilidade.

O movimento que tentamos fazer neste texto entre Psicologia Positiva e estudos interseccionais – especialmente, na discussão sobre promoção de direitos à população LGBTT – nos mostra campos de possibilidade para se fazer Psicologia com ambos os aportes teóricos, a fim de que a prática seja humanizada e inclusiva, ao se considerar que há outras diversas formas de vivências e de conjunturas na sociedade em que vivemos. É importante que estejamos em frequente instrumentalização para aprimorar nossas práticas enquanto profissionais da Psicologia, atentos às realidades existentes e conscientes das posições e espaços que ocupamos.

Referências

Ahmed, S. (2010). *The Promise of Happiness*. Duke University Press.

Brah, A. (2006). Diferença, diversidade, diferenciação. *Cadernos Pagu, 26*, 329-376. https://doi:10.1590/S0104-83332006000100014

Brah, A., & Phoenix, A. (2004). Ain't I A Woman? Revisiting Intersectionality. *Journal of International Women's Studies, 5*(3), 75-86.

Butler, J. (2003). *Problemas de gênero: Feminismo e subversão de identidade*. Civilização Brasileira.

Cidinho & Doca (1995). Rap da felicidade. *Eu só quero é ser feliz* [CD]. Spotlight Records.

Ciello, F. J. (2016). Feminist killjoys e reflexões (in)felizes sobre obstinação e felicidade. *Revista Estudos Feministas, 24*(3), 1.019-1.022. https:// doi:10.1590/1806-9584-2016v24n3p1019

Cirino, O. (2007). O desejo, os corpos e os prazeres em Michel Foucault. *Mental, 5*(8), 77-89.

Conselho Regional de Psicologia do Rio Grande do Sul (2016). *Nota Técnica do CRPRS acerca da produção de documentos psicológicos em situações de alteração/adequação de nome no registro civil e de procedimentos de modificação corporal de pessoas transexuais e travestis* [Recuperado de http://www.crprs.org.br/upload/others/file/6c19186c57ef 302582397d32f69db5f4.pdf].

Costa, A. B. (ago./2017). Dialogando Gênero e Sexualidade na Escola. In Conselho Regional de Psicologia. *Dialogando Gênero e Sexualidade na Escola*. Evento conduzido pelo Conselho Federal de Psicologia. Porto Alegre.

Crenshaw, K. (2002). Documento para o encontro de especialistas em aspectos da discriminação racial relativos ao gênero. *Revista Estudos Feministas, 10*(1), 171-188. https://doi.org/10.1590/So104-026X20020001000/1

186 Parte III – Psicologia Positiva e temas especiais

Facchini, R. (2005). *Sopa de letrinhas? O movimento homossexual e produção de identidades coletivas nos anos de 1990*. Garamond.

Foucault, M. (1988). *A história da sexualidade I – A vontade de saber*. Graal.

Giacomoni, C. H. (2004). Bem-estar subjetivo: Em busca da qualidade de vida. *Temas em Psicologia da SBP, 12*(1), 43-50.

Goldsen, J., Bryan, A. E. B, Kim, H., Muraco, A., Jen, S., & Fredriksen-Goldsen, K. I. (2017). Who Says I Do: The Changing Context of Marriage and Health and Quality of Life for LGBT Older Adults. *Gerontologist, 57*(S1), S50-S62. https://doi:10.1093/geront/gnw174

Grupo Gay da Bahia (2017). *Pessoas LGBT mortas no Brasil: Relatório 2017* [Recuperado de https://homofobiamata.files.wordpress.com/2017/12/relatorio-2081.pdf].

Guaranha, C., Scobernatti, G., Romanini, M, & Silveira, R. S. (2015). Reflexões sobre acolhimento em situações de violação de direitos no campo do gênero e da sexualidade. In H. C. Nardi, P. S. Machado, & R. S. Silveira (orgs.). *Diversidade sexual e relações de gênero nas políticas públicas: o que a laicidade tem a ver com isso?* (pp. 167-198). Deriva/Abrapso.

Haraway, D. (1995). Saberes localizados: a questão da ciência para o feminismo e o privilégio da perspectiva parcial. *Cadernos Pagu,* (5), 7-41.

Irineu, B. A. (2014). 10 anos do Programa Brasil sem Homofobia: Notas críticas. *Temporalis, 14*(28), 193-220. https://doi:10.22422/2238-1856.2014

Jesus, J. G. (2013). Transfobia e crimes de ódio: assassinatos de pessoas transgênero como genocídio. In E. M. A. Maranhão (org.). *(In)Visibilidade Trans 2* (pp. 101-123). História Agora.

Lucon, N. (2016). *"Suicídio entre a população trans" é tema de Seminário em São Paulo* [Recuperado de http://www.nlucon.com/2016/04/suicidio-entre-populacao-trans-e-tema.html].

Marujo, H. A., & Neto, L. M. (2010). Psicologia Comunitária Positiva: um exemplo de integração paradigmática com populações de pobreza. *Análise Psicológica, 28*(3), 517-525 [Recuperado de http://www.scielo.mec.pt/scielo.php?script=sci_arttext&pid=S0870-82312010000300011&lng=pt&tlng=pt].

Ministério dos Direitos Humanos (2016). *Relatório Final – 3ª Conferência Nacional de Políticas Públicas de Direitos Humanos de Lésbicas, Gays, Bissexuais, Travestis e Transexuais* [Recuperado de http://www.sdh.gov.br/sobre/participacao-social/cncd-lgbt/relatorio-final-3a-conferencia-nacional-lgbt-1/].

Nardi, H. C. (2010). Educação, heterossexismo e homofobia. In F. Pocahy (org.). *Políticas de enfrentamento ao heterossexismo – Corpo e prazer* (pp. 151-167). Nuances.

Nardi, H. C., & Machado, P. S. (2015). Heteronormatividade. In E.M. Fleury-Teixeira, & S.N. Meneghel (orgs.). *Dicionário feminino da infâmia – Acolhimento e diagnóstico de mulheres em situação de violência* (pp. 160-162). Ed. Fiocruz.

12 Psicologia Positiva e uma pitada de problematização – Felicidades, direitos LGBTT... **187**

Paludo, S. S. & Koller, S. H. (2007). Psicologia Positiva: uma nova abordagem para antigas questões. *Paideia, 17*(36), 9-20. https://doi:10.1590/S0103-863X2007000100002

Pereira, C. F. (2016). Notas sobre a trajetória das políticas públicas de direitos humanos LGBT no Brasil. *Revista Interdisciplinar de Direitos Humanos, 4,* 115-137.

Piscitelli, A. (2008). Interseccionalidade, categorias de articulação e experiências de migrantes brasileiras. *Sociedade e Cultura, 11*(2), 263-274. https://doi.org/10.5216/sec.v11i2.5247

Rede Internacional Pela Despatologização Trans (2011). Manifesto [Recuperado de http://www.stp2012.info/old/pt/manifesto].

Ramírez, B. (2014). Colonialidad e cisnormatividade: Entrevista com Viviane Verguei-ro. *Iberoamérica Social: Revista-red de estudios sociales (III),* 15-21 [Recuperado de http://iberoamericasocial.com/colonialidade-e-cis-normatividade-conversando-com-viviane-verguero].

Revel, J. (2005). *Foucault – Conceitos essenciais.* Claraluz.

Ribeiro, D. (2017). *O que é lugar de fala?* Letramento.

Simões, J. A. (2011). Marcadores de diferença na "comunidade LGBT": Raça, gênero e sexualidade entre jovens no centro de São Paulo. In L. Colling (org.). *Stonewall 40 + o que no Brasil?* (pp. 157-173). EdUfba.

Transgender Europe (2016). Trans Murder Monitoring [Recuperado de https://tgeu.org/tdor-2016-press-release/].

Vergueiro, V. (2015). *Por inflexões decoloniais de corpos e identidades de gênero inconformes – Uma análise autoetnográfica da cisgeneridade como normatividade* [Dissertação de Mestrado. Recuperado de https://repositorio.ufba.br/ri/handle/ri/19685].

Yunes, M. A. M. (2003). Psicologia positiva e resiliência: O foco no indivíduo e na família. *Psicologia em Estudo, 8,* 75-84. https://doi:10.1590/S1413-73722003000300010

13
Desenvolvimento de um Programa de Psicologia Positiva para a Promoção de Saúde de Aposentados Programa Vem Ser

HELEN B. DURGANTE
LIRIEL W. MEZEJEWSKI
DÉBORA D. DELL'AGLIO

O fenômeno da experiência subjetiva de "ser aposentado" tem sido considerado paradoxal, em termos de saúde geral para o indivíduo aposentado, uma vez que pode ser percebido tanto com o aumento de satisfação com a vida e relações interpessoais, quanto com consequências negativas. As mudanças advindas a partir da aposentadoria requerem preparação, adaptação psicológica e social frente a essa etapa do ciclo vital (França & Murta, 2014). Entre os aspectos desafiadores para a saúde de indivíduos aposentados estão aqueles relativos à reorganização e utilização do tempo/rotina, reestruturação socioeconômica, morte de familiares, perdas características desta faixa etária e solidão (Barbosa, Monteiro, & Murta, 2016; World Health Organization, 2015). Estereótipos e preconceitos que permeiam crenças sobre a aposentadoria como sendo uma fase de vida com inaptidões físicas, cognitivas e sexuais, independente da idade biológica, podem contribuir para uma visão negativa acerca de si e de sua fase de vida atual (Pereira & Guedes, 2012).

Em termos de práticas para a promoção de saúde em contexto nacional, a partir do estabelecimento de convenções norteadoras para o fortalecimento da rede nacional de assistência em saúde (MS, 2010a; WHO, 2005), o Brasil passou a direcionar esforços para a implementação de programas em saúde, visando a uma forma mais padronizada e assertiva para a promoção de saúde. A Política Nacional de Promoção de Saúde, implementada a partir de 2006 no país, apesar de recente, tornou-se prioridade na agenda política para o fortalecimento da Saúde Pública em âmbito nacional (MS, 2010b). Esta enfatiza a necessidade de implementar programas de saúde para além de práticas preventivas, ou aquelas que tendem a focar tão somente na redução dos fatores de risco para o indivíduo, com o fortalecimento de fatores protetivos, considerados determinantes e condicionantes para a superação de adversidades, e subsequente quadro saúde-doença (MS, 2010a; 2010b).

Sob este enfoque, com ênfase na atenção primária, equipes de saúde do país têm buscado o aprimoramento de concepções pretéritas, introduzindo o papel do cuidado

13 Desenvolvimento de um Programa de Psicologia Positiva para a Promoção de... **189**

integral da saúde – promoção, prevenção e tratamento (Ramos et al., 2014). Esta perspectiva amplia o escopo de atuação em saúde para incluir a adoção de políticas e programas de saúde que incentivem o florescimento de potencialidades para o autocuidado – responsabilização sobre determinantes em saúde – e constituição de um envelhecimento saudável e ativo.

Cabe lembrar que a atenção básica em saúde mental no Brasil intenta um modelo de saúde que não se restringe à cura de doenças (MS, 2013), mas que sobrepõe os conceitos de prevenção e educação para a saúde, buscando evitar a doença *a priori*. Desse modo, pode-se propor intervenções implicadas na crença de que há novas formas de perceber e experimentar a vida, independentemente da faixa-etária que o indivíduo se encontra (MS, 2013; Santos, 2016). Um dos instrumentos da atenção básica para intervenção em saúde são os programas em grupos. Vistos como espaços produtores de saúde, os grupos costumam ser orientados por ações programáticas e, desde que bem pensados em sua finalidade, estrutura e manejo, permitem trocas de experiências e transformações subjetivas difíceis de serem alcançadas em atendimentos individuais (MS, 2013). Desse modo, a perspectiva da educação em saúde, mediante propostas de grupos, possui potencial de impacto positivo em indicadores de saúde (MS, 2013).

Em relação a esses aspectos, modelos de Intervenções Psicológicas Positivas (IPPs) – com base na Psicologia Positiva – têm sido introduzidos em contextos internacionais com caráter de promoção de saúde geral, ou ainda preventivo para o desenvolvimento de patologias, e também de tratamento na estabilização de transtornos mentais (Bolier, Haverman, Westerhof, Riper, Smit, & Bohlmeijer, 2013). Práticas voltadas apenas à redução de sintomas clínicos têm sido consideradas fundamentais como passo inicial em intervenções psicológicas, para a redução dos riscos associados às doenças e/ou retorno à linha de base (não patológico) nos processos psicoemocionais do indivíduo.

Porém, modelos de intervenções positivas visam a transpor o foco da abordagem terapêutica de redução do negativo para incluir também a promoção do positivo, ou de promover forças-virtudes de caráter que favoreçam o bem-estar e funcionamento ótimo em saúde (Casellas-Grau, Font, & Vives, 2013). Evidências nesse sentido sugerem que o fortalecimento, ou desenvolvimento de forças-virtudes, tende a potencializar ganhos em saúde física e subjetiva – emocional-mental (Seligman, Steen, Park, & Peterson, 2005). Por exemplo, maior satisfação na vida, estado de ânimo (vitalidade), indicadores de saúde geral e funcionamentos favoráveis frente às adversidades, ou eventos altamente estressores, como resultados obtidos em IPPs.

Entre as forças-virtudes trabalhadas em modelos de IPPs está o otimismo, como variável moderadora para a redução de mortalidade por doenças cardiovasculares, devido a seu papel de influência para a adoção de comportamentos pró-saúde, tais como cessação do tabagismo, maior atividade física, alimentação balanceada e redução de sintomas depressivos (Ronaldson et al., 2015). A inteligência emocional (empatia) também tem sido trabalhada em intervenções, dado seu caráter preditor de bem-estar e afeto positivo (Gallagher & Vella-Brodrick, 2008). Similarmente, Nygren et al. (2005) encontraram

190 Parte III – Psicologia Positiva e temas especiais

correlações significativas entre significado de vida e percepção de saúde física e mental na terceira idade, resiliência, senso de coerência e autotranscendência (identificação das características de experiências da terceira idade e reflexão das possibilidades de expansão dos limites do *self*).

Ademais, um programa de intervenção baseado em forças, com duração de cinco sessões estruturadas por temas específicos (curiosidade, gratidão, esperança, humor e entusiasmo), teve como resultados correlações positivas entre autoregulação e aumento de satisfação de vida, bem como prudência e aumento de satisfação de vida (Proyer, Ruch, & Buschor, 2012). De modo semelhante, Killen e Macaskill (2014), em programa de intervenção, com duração de duas semanas em caráter on-line e presencial, para o desenvolvimento da gratidão em 88 idosos na Inglaterra, identificaram incremento em bem-estar e redução em estresse percebido, tanto para o grupo on-line quanto para o presencial. Já em outro programa que considera o perdão a variável de efeito, 24 idosas participaram do grupo experimental com duração de 8 semanas e foram observados resultados significativos de maior disposição ao perdão como estratégia de resolução de problemas; redução de afeto e cognição negativa; presença de afeto e comportamentos positivos; correlação positiva com autoestima e correlações negativas com ansiedade e depressão (Hebl & Enright, 1993).

Assim, a tendência atual dos estudos na área passou a ser o entendimento de processos dinâmicos de interação entre variáveis (forças-virtudes) predisponentes à maior saúde, através de modelos de programas de intervenção multicomponentes (Shults, Elder, Nichols, Sleet, Compton, & Chattopadhyay, 2009). Esses programas devem incorporar a combinação de práticas e trabalhar diferentes variáveis de resultado, com o objetivo de maximizar benefícios e resultados em saúde (Shults et al., 2009). No entanto, vale ressaltar que os programas de maior prevalência em âmbito nacional estão centrados em práticas preventivas, ou na redução dos fatores de risco à saúde, como, por exemplo, práticas alimentares saudáveis, cessação do uso de tabaco e programas direcionados à saúde física (Ramos et al., 2014). Além disso, há carência na literatura nacional sobre programas aos moldes da Psicologia Positiva, sendo ofertados para o público aposentado, em modelos de promoção de saúde, para além de redução da doença (Reppold, Gurgel, & Schiavon, 2015). Neste sentido, o objetivo deste capítulo é descrever o processo de desenvolvimento do Programa Vem Ser: Programa de Psicologia Positiva para a Promoção de Saúde de Aposentados.

O Programa Vem Ser

O Programa Vem Ser foi elaborado para intervir sobre diferentes forças (valores e autocuidado/prudência, otimismo, empatia, gratidão, perdão e significado de vida e trabalho), em formato grupal, distribuídos em seis sessões com periodicidade semanal, que integram o programa. As forças trabalhadas em cada sessão foram delimitadas de acordo com dados de revisões prévias da literatura sobre programas de promoção de

13 Desenvolvimento de um Programa de Psicologia Positiva para a Promoção de... **191**

saúde para o público-alvo de interesse, e adaptadas ao contexto de implementação do programa (Bolier et al., 2013; Durgante, 2017; Durgante, Mezejewski, Navarine e Sá, & Dell'Aglio, 2019; McGrath, 2016; Seibel, DeSousa, & Koller, 2015). O formato de seis sessões semanais (duas horas cada, totalizando 12 horas de programa) foi elaborado tendo em vista dados de meta-análise sobre IPPs, em formato grupal, aplicada para adultos com 35 anos ou mais (Sin & Lyubomirsky, 2009). Esse formato de intervenção visa a possibilitar também que os participantes tenham tempo hábil de consolidar o conhecimento e colocar em prática (através da técnica da semana) os conteúdos trabalhados em cada sessão.

A primeira sessão inclui uma atividade de abertura (apresentações e estabelecimento de vínculo, normas de funcionamento do grupo), e a última sessão inclui uma atividade recreativa de encerramento do programa (café compartilhado). O programa está fundamentado teoricamente na perspectiva da Terapia Cognitivo Comportamental (Knapp & Beck, 2008) para a promoção e educação para a saúde, e da Psicologia Positiva (Seligman et al., 2005; Snyder & Lopes, 2009), aplicada para psicoterapias positivas (Magyar-Moe, Owens, & Conoley, 2015).

Forças trabalhadas nas sessões do programa

As forças trabalhadas no programa foram selecionadas a partir de evidências prévias da literatura sobre seus efeitos positivos para o maior bem-estar e, consequentemente, redução de sintomas depressivos e ansiogênicos, após participação em programas com enfoque nessas forças (Bolier et al., 2013; Durgante, 2017; Sin & Lyubomirsky, 2009). A seguir estão descritas brevemente as forças trabalhadas em cada sessão do Programa Vem Ser.

Sessão 1: Valores e Autocuidado/Prudência

A prudência enquanto força diz respeito ao cuidado em fazer escolhas com discernimento e priorizações cautelosas, tanto no sentido de dizer, como de fazer algo que a pessoa possa se arrepender no futuro. Está relacionada ao zelo quanto a excessos ou descuidos para se ter uma vida mais plena (Seibel et al., 2015). O objetivo da sessão de abertura é discutir valores e autocuidado/prudência em relação a aspectos de saúde geral.

Sessão 2: Otimismo

As práticas estão embasadas na perspectiva do otimismo aprendido, onde se têm expectativas melhores para o presente-futuro e controlabilidade sobre como alcançá-las (Seligman, 2006). O objetivo da sessão é aprender sobre os benefícios do otimismo e como desenvolvê-lo.

Sessão 3: Empatia

A empatia como traço compreende a força "inteligência social", que quer dizer ter consciência sobre os motivos e sentimentos das outras pessoas. Também é pilar fundamental para a qualidade das relações interpessoais e para adaptação em diferentes situações sociais (Snyder & Lopes, 2009). O objetivo da sessão é aprender sobre os benefícios da Empatia e como desenvolvê-la.

Sessão 4: Gratidão

Gratidão compreende o reconhecimento de coisas boas que ocorreram, ocorrem ou que podem vir a ocorrer, causados por alguém ou alguma situação, intencional ou não. Também diz respeito à ressignificação de eventos adversos e o que pôde ser aprendido com eles (Snyder & Lopes, 2009). O objetivo da sessão é aprender sobre os benefícios da gratidão e como desenvolvê-la.

Sessão 5: Perdão

O perdão é um processo cognitivo (pensamentos) e afetivo (emoções), onde o indivíduo abandona, ou escolhe, abrir mão da mágoa, ressentimento e dívida do transgressor (vingança), pois compreende o custo para si em manter emoções negativas (Snyder & Lopes, 2009). O objetivo da sessão é aprender sobre os benefícios do perdão e como desenvolvê-lo.

Sessão 6: Significados de vida e trabalho

Também descrito como "senso de propósito" (Snyder & Lopes, 2009), o significado é variável fundamental para o bem-estar e saúde global e para traçar e atingir metas/objetivos. O objetivo da sessão é refletir sobre significados de vida e trabalho e como desenvolvê-los.

Aspectos multicomponentes do Programa Vem Ser

Entre os diferentes elementos de caráter multicomponente do programa estão:

1) *Uso de recursos didáticos multimétodos:* O programa foi elaborado tendo em vista diferenças individuais no processo de aquisição de conhecimento/aprendizagem de indivíduos adultos. Isto é, a partir da introdução de práticas variadas, tais como psicoeducação, dinâmicas individuais e grupais, vídeo-debates, técnicas de relaxamento com música (direcionadas ao tema da sessão vigente), imagística e tarefas de casa, pretendeu-se maior impacto do programa para atingir os objetivos das sessões e do programa como um todo. Neste caso, objetivou-se atender necessidades individuais de modo mais amplo, tanto para indivíduos com maior capacidade de retenção e

13 Desenvolvimento de um Programa de Psicologia Positiva para a Promoção de... **193**

elaboração de conteúdos audiovisuais (lúdicos), quanto aqueles que se beneficiam mais de práticas reflexivas, de leituras e debates.

2) *Foco no aperfeiçoamento de diferentes variáveis de resultado (forças):* A partir da inclusão de diferentes forças a serem trabalhadas em sequência lógica, com a progressão de complexidade dos temas abordados em cada sessão, objetivou-se a construção de conhecimento cumulativo. Ou seja, cada tema/força trabalhada na sessão dá subsídio para o aperfeiçoamento de novos temas/forças trabalhadas em sessões subsequentes. Este modelo também tende a favorecer maior engajamento entre os participantes, e participantes-moderador.

3) *Inclusão de diferentes critérios para avaliação do programa:* Foram estabelecidos critérios para avaliação de resultados (critérios de eficácia da intervenção) e de processo (critérios de efetividade da intervenção) com base em diretrizes para boas práticas de avaliação de intervenções em saúde (APA, 2002; Gottfredson et al., 2015). Além disso, foi introduzido delineamento misto longitudinal (avaliação qualitativa e quantitativa dos dados), com avaliação pré-teste (T1), pós-teste (T2) e de seguimento (T3), como tentativa de maior poder de detecção de diferenças em variáveis de resultado de interesse (Creswell, 2003; Durgante & Dell'Aglio, 2018).

Diretrizes gerais de organização das sessões do Programa Vem Ser

A organização e estrutura das sessões foram fundamentadas na abordagem cognitivo-comportamental, a partir da inclusão de técnicas tais como: descoberta guiada através do questionamento socrático e empirismo colaborativo; alvos comportamentais/ensaio comportamental; ensaio cognitivo; programação de atividades e tarefas graduais; resolução de problemas; treino da escuta ativa; registros de pensamentos funcionais (adaptado); ressignificação (Knapp, 2004; Knapp & Beck, 2008; Kronemyer & Bystritsky, 2014).

Todas as sessões do programa seguem uma sequência lógica estrutural para a condução das sessões. A seguir, estão apresentadas as diferentes abordagens e técnicas utilizadas em todas as sessões do programa, de acordo com a ordem sequencial em que são conduzidas desde a abertura até o encerramento de cada sessão:

1) *Verificação do humor e frase quebra-gelo:* Trata-se de uma abordagem inicial/de abertura para verificar como os participantes estão desde a última sessão, acontecimentos significativos na semana/vida seguidos da introdução de uma frase quebra-gelo relacionada ao tema da sessão. A frase é apresentada ao grupo no início da sessão para fomentar reflexões e debates, motivados pela moderadora. Esta técnica serve para, além de aliviar/reduzir tensões iniciais no começo da sessão (construir *rapport* inicial); também auxilia os participantes a tomarem consciência sobre conhecimentos já adquiridos, ou construídos em grupo, sobre os temas da sessão.

2) *Momento de psicoeducação:* Abordagem clínica baseada em métodos experimentais e científicos que pressupõe a educação dos indivíduos sobre seus processos, ou

seja, prover conhecimentos que auxiliem o indivíduo a "aprender" sobre seu transtorno. No programa, a proposta foi adaptada nas sessões para fornecer conhecimentos sobre forças, auxiliando em aprendizados sobre saúde. Dados indicam que a psicoeducação tem impacto positivo na motivação para mudanças de comportamentos e reabilitação (Knapp, 2004). Pretende-se, portanto, o uso da cognição na identificação de pensamentos e comportamentos disfuncionais, os quais interferem negativamente na saúde (Lopes & Cachioni, 2012). Esse método foi utilizado a fim de promover atitudes e perspectivas mais positivas dos participantes quanto aos cuidados de sua saúde.

3) *Dinâmicas grupais e individuais*: As dinâmicas grupais e individuais tendem a desinibir e descontrair os participantes e equipe técnica. Mediante atividades lúdicas e interativas, as dinâmicas proporcionam maior concentração e envolvimento no tema da sessão. Ademais, favorecem a exposição de opiniões, sentimentos e relatos pessoais (Vieira et al., 2013), o que desenvolve processos de interação entre o grupo, e entre grupo com os temas do programa.

4) *Vídeos-debate sobre temas da sessão*: Trata-se de recurso lúdico mais imagético, a fim de agregar na abordagem psicoeducativa e na compreensão do tema da sessão. Os vídeos apresentavam histórias fictícias, representativas de aspectos de vida, e são conduzidos por parte do moderador de modo a serem relacionados com o tema da sessão. Três sessões do programa apresentam vídeos em suas estruturas psicoeducativas, conforme seguem: sessão 2 – Otimismo; sessão 3 – Empatia; e sessão 4 – Gratidão.

5) *Música e aplicação da técnica de relaxamento*: Composta por visualização, a qual é caracterizada pela representação imagética (imagística) de um acontecimento, de um objeto ou de uma sensação visíveis apenas mentalmente, a técnica de relaxamento é um processo de imaginação guiada pelo moderador do programa. A concentração é direcionada às imagens mentalmente formadas e transformadas conforme a técnica. Agregada à técnica, inclui-se música de sons da natureza (cantos de pássaros, sons do mar e de água correndo) a fim de facilitar a concentração focada e reduzir a interferência de ruídos externos ao ambiente do programa. Esses recursos tendem a servir como suporte físico e emocional, pois induzem a um maior relaxamento do corpo e maior conexão entre corpo e mente (Gaspar Cabete, Cavaleiro, & Pinteus, 2012).

6) *Tarefas de casa*: Entregues em fichas amarelas ao final de cada sessão, para cada participante, contendo instruções não exaustivas, autoexplicativas, sobre atividades a serem desenvolvidas durante a semana. As tarefas foram elaboradas para que cada participante praticasse ao longo da semana, no seu ambiente fora do programa, experiências positivas em saúde relacionadas aos temas trabalhados nas sessões (Knapp & Beck, 2008). Incluem técnicas cognitivas, a exemplo de observar uma situação de outra pessoa e praticar a empatia (ensaio cognitivo), ou o uso de cartões-lembretes para "ensinar" ao cérebro pressupostos/regras adaptativas (autoafirmações positivas); e técnicas comportamentais, a exemplo de prescrição de tarefas graduais (protocolo de autocuidado), ou por meio do registro de pensamentos funcionais (diário

da gratidão) – adaptado da clínica para pensamentos disfuncionais. A última sessão (significado de vida e trabalho) não inclui tarefa de casa.

7) *Revisão do tema da sessão anterior* (na sessão posterior): A partir da segunda sessão, antes de entrar no tema da sessão atual e abrir com a frase quebra-gelo, é necessário retomar as lembranças que os participantes têm sobre o que foi abordado na sessão anterior. Isso possibilita a consolidação de memórias/aprendizados sobre os temas trabalhados no programa, além de permitir à equipe técnica avaliar o quanto os participantes conseguiram apreender os conteúdos trabalhados.

8) *Rever tarefa de casa* (na sessão posterior): Da mesma forma, antes de iniciar a sessão atual com a frase quebra-gelo, a partir da segunda sessão do programa há um espaço inicial (*rapport*) para os participantes compartilharem como foi a realização da tarefa de casa, se conseguiram ou não desenvolver o que foi proposto, quais as dificuldades encontradas para execução da tarefa, como se sentiram e em quais das suas vivências identificaram o tema/conteúdos da sessão como aplicáveis em suas vidas. A partir deste momento inicial, pode-se avaliar o engajamento dos participantes com os temas propostos, o que pode ser proposto para reduzir barreiras na execução da tarefa, bem como sua compreensão e aplicação (generalização dos conteúdos) fora do ambiente do programa.

Processo de elaboração do Programa Vem Ser: Implementação-piloto

Inicialmente foi realizada uma busca de publicações nacionais e internacionais na área de IPPs para a promoção de saúde de adultos/aposentados na América Latina e Brasil. Após a detecção de insuficiente acervo nacional disponível sobre essas práticas e necessidade desses serviços disponibilizados em modelos grupais, em caráter breve, para aposentados, optou-se por dar continuidade à proposta de desenvolvimento do programa. Seguiu-se com busca apurada sobre diretrizes para o desenvolvimento e critérios para avaliação de programas, além de instrumentos validados para uso no Brasil, com, no mínimo, estudos publicados (revisados por pares) de adaptação e avaliação de diferentes critérios de validade psicométrica dos instrumentos. Aqueles instrumentos que satisfizeram esses critérios foram incluídos como potenciais a serem utilizados como medidas de resultados. Prosseguiu-se também com a elaboração, com base na literatura científica, dos questionários para avaliação de resultados (entrevista inicial [T1], ao final [T2], e três meses após o término do programa [T3] – estudo de seguimento) e das fichas dos observadores, para avaliação de processo.

A equipe técnica do Programa Vem Ser ($N=10$), em sua primeira versão, foi composta por estudantes de graduação, mestrado e doutorado de Psicologia da Universidade Federal do Rio Grande do Sul, além da pesquisadora encarregada e professora orientadora responsável pelo projeto. Após organização de equipe técnica, houve a autoaplicação dos instrumentos selecionados como potenciais indicadores de saúde,

Parte III – Psicologia Positiva e temas especiais

buscando consenso inter-juízes sobre quais instrumentos seriam mais adequados para uso no programa. Após consenso da equipe técnica sobre quais instrumentos comporiam o protocolo de avaliação, este foi aplicado, em caráter piloto, em pessoa idosa/aposentada (78 anos). Esta medida de manipulação interna (*manipulation check*) foi tomada para verificar se, de fato, o protocolo poderia ser compreendido por pessoa externa à equipe técnica, e também em relação ao tempo estimado para preencher o protocolo geral, contendo todos os instrumentos selecionados.

A partir disso, seguiu-se com treinamento/capacitação dos membros da equipe do programa. Foi realizado um treinamento da equipe para atuar no processo de elaboração de material de divulgação (*folders*, panfletos, *banners*, vídeos) e na divulgação do programa nos locais de interesse; capacitação para atuação nas entrevistas de admissão e aplicação dos instrumentos; treino sobre a tarefa de observação durante as sessões do programa e para lidar com possíveis demandas intervenientes que pudessem surgir ao longo da implementação do programa. Houve posterior capacitação sobre tabulação de dados, para assegurar que o processo de aplicação/tabulação do protocolo de avaliação fosse feito por pessoas diferentes da pesquisadora encarregada pelo programa.

Após todos esses ajustes preliminares, a estrutura inicial do programa foi estabelecida, contendo os temas, objetivos e técnicas a serem conduzidos em cada sessão. Como processo conjunto ao treino de equipe (familiarização com o programa), a versão inicial do Programa Vem Ser foi aplicada pela moderadora aos membros da equipe técnica, que, além de serem participantes, atuaram também como revisores, contribuindo com análises críticas sobre a estrutura, implementação e questionários/fichas das sessões. Esta aplicação-piloto interna do programa para os membros da equipe técnica – painel de especialistas – serviu consideravelmente para que modificações fossem introduzidas na versão original do programa, tais como: alterações de dinâmicas grupais e individuais para reduzir o viés terapêutico-clínico e fomentar aspectos lúdicos; modificação e retirada de itens de questionários e ficha dos observadores; inclusão de músicas para as técnicas de relaxamento de cada sessão; seleção de vídeos curtos (no máximo 5 minutos cada) para dinâmicas de vídeo-debates em algumas sessões do programa; modificação dos slides, com a inclusão de fotos, paisagens e frases motivacionais quebra-gelo para abertura das sessões; impressão em folhas coloridas das fichas das sessões e tarefas de casa da semana.

Etapas concluídas do Programa Vem Ser

1) Condução de estudo de viabilidade

Após a divulgação do programa, foi organizada uma lista com os contatos de todos aposentados que demonstraram interesse em participar da intervenção. A equipe técnica realizou contatos conforme a ordem cronológica na lista, a fim de agendar a entrevista inicial (T1) e a inscrição dos participantes no programa. Tratou-se, portanto, de uma amostra composta por conveniência. Encerradas as inscrições, o primeiro grupo do Programa Vem Ser ($n=11$) foi implementado como estudo de viabilidade. Os demais interessados

13 Desenvolvimento de um Programa de Psicologia Positiva para a Promoção de... **197**

constituíram uma lista de espera para posterior desenvolvimento do programa. Este grupo do estudo de viabilidade foi composto por participantes do sexo feminino, com desistência de uma participante por motivos de saúde. Ao final da implementação do programa, foram avaliadas opiniões/sugestões feitas pelas participantes sobre a proposta/estrutura do Programa Vem Ser, além de ajustes necessários identificados mediante vinhetas registradas pelas observadoras (Durgante, Navarine e Sá, & Dell'Aglio, 2019). O estudo de viabilidade favoreceu a modificação de critérios estruturais do programa, tais como:

1) aumento do tempo da entrevista inicial, que passou de 0h40 para 1h (considerando a necessidade de conhecer melhor os participantes e esclarecer a proposta do programa);

2) aumento do tempo de duração das sessões, que eram inicialmentede 1h30 e passaram a ter 2h de duração (a partir da observação das necessidades de tempo para atingir todo planejamento de cada sessão);

3) remoção do critério de inclusão que exigia não estar participando de intervenções psicológicas concomitantes (tendo em vista que a maioria dos interessados no programa participava de outras atividades, tais como grupos de terceira idade, grupos de caminhada e/ou ginástica etc.);

4) inclusão de formas de auxílio para o preenchimento dos questionários, como uso de régua e/ou leitura dos itens por terceiros;

5) envio de mensagens-lembretes para cada participante contendo data e horário das sessões seguintes;

6) reposicionamento dos observadores no espaço físico das sessões (antes permaneciam em cantos extremos ao fundo da sala, e, posteriormente, posicionaram-se nos cantos direito e esquerdo da sala, próximos ao grupo);

7) remoção de itens do questionário de admissão sobre o uso de medicamentos controlados e diagnóstico de psicopatologias (devido à alta incidência de participantes que se incluíam nesses critérios) e disponibilidade para T3 (este item foi incluído no material de divulgação do programa, como critério necessário para participação);

8) adaptação e remoção de itens da ficha dos observadores (considerando as necessidades apresentadas pelos próprios observadores).

Em consonância com as avaliações positivas das participantes e com as mudanças estruturais implementadas, os interessados que permaneceram em lista de espera e novos interessados durante o processo de divulgação do programa foram conduzidos para os grupos seguintes do Programa Vem Ser.

2) Estudo quase-experimental do programa

A partir das divulgações feitas sobre o programa, houve alta demanda por participação (n=133) e sete novos grupos interventivos, em caráter quase-experimental, foram ofertados para atender aos interessados. Ao todo, 105 pessoas realizaram suas inscrições, porém seis não iniciaram o programa por motivos não especificados. Assim, 99 participantes foram alocados para o grupo controle (n=34, sem intervenção) e experimental (*n*=65), segundo suas preferências por participar no Programa Vem Ser, ou somente preencher o protocolo de avaliação para terem devolutivas quanto aos seus resultados em indicadores de saúde avaliados. Dentre os 65 participantes do grupo experimental, 54 completaram o programa e a avaliação em T2. Assim, dados de 88 participantes (totalizando grupo experimental e controle), que realizaram a segunda avaliação de saúde, foram utilizados para avaliação de resultados do programa (Durgante & Dell'Aglio, 2019).

Após três meses de término de cada grupo do programa, os participantes foram contatados para a última avaliação de saúde (T3), como previsto para estudo de seguimento (Durgante, Bedin, Lima, & Dell'Aglio, no prelo). Ao todo 81 participantes (totalizando o grupo experimental e controle) responderam avaliação de seguimento (T3) e seus dados foram utilizados para avaliação de resultados do programa em longo prazo. Na Figura 1 é apresentado o fluxograma de processo de busca (demanda) pelo programa, até a conclusão de T3.

Figura 1 – Fluxograma de processo de busca (demanda) pelo programa até a conclusão de T3

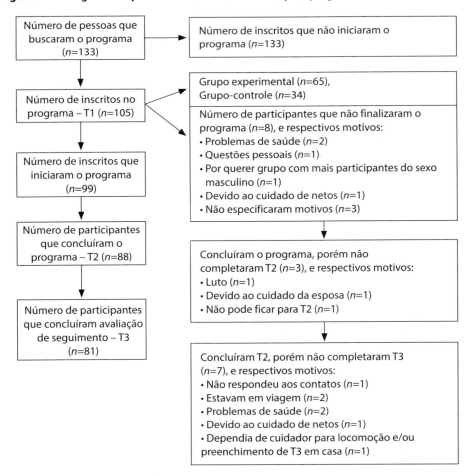

3) Perspectivas futuras

A partir de dados obtidos durante o desenvolvimento do programa, pôde-se observar alta demanda e adequada aceitabilidade dos participantes quanto a este modelo de abordagem em saúde. Dessa forma, foi possível detectar a carência de serviços ofertados com perspectiva integrada em saúde – promoção, prevenção e reabilitação –, com enfoque no desenvolvimento/manutenção de forças/virtudes de caráter, para essa população. Tendo em vista as avaliações e *feedbacks* recebidos dos participantes, pode-se perceber que o modelo sugerido no Programa Vem Ser, de intervenção breve, através da combinação de práticas clínicas e enfoque da Psicologia Positiva, vai ao encontro de perspectivas contemporâneas sobre envelhecimento ativo e produtivo, como recurso para desenvolver e manter um melhor estado de saúde com o avançar da idade.

Entende-se que é necessário transpor o paradigma negativo em relação aos aspectos de saúde em idades avançadas, buscando um enfoque positivo no que tange à promoção e manutenção da saúde como processo contínuo, no qual o prognóstico em saúde representa o resultado do acúmulo de escolhas e estilo de vida, processos emocionais/mentais e fatores genéticos do indivíduo como um todo. A concepção de atuação pontual em saúde via métodos meramente curativos e interventivos, a fim de responder às demandas/queixas em saúde, não basta e não se sustenta enquanto modelo vigente.

É fundamental que profissionais e gestores de saúde atentem para a combinação de práticas e recursos para a redução de doenças, assim como forneçam ferramentas/conhecimentos/acesso a informações de práticas de promoção de saúde, para que os indivíduos possam, de fato, atuar diariamente, com maior discernimento em relação à sua própria saúde. Modelos com base na Psicologia Positiva têm demonstrado resultados satisfatórios, com o incremento em diferentes indicadores de saúde, em contexto internacional. Com base nos dados obtidos até então no Programa Vem Ser, pode-se observar uma tendência de replicação desses indicadores positivos no contexto de implementação do programa.

Tendo em vista que há progressiva redução de doenças como efeito indireto de intervenções positivas, além de benefícios diretos quando indivíduos se tornam gestores de sua própria saúde, e replicadores de boas práticas em saúde (aplicando conhecimentos junto a seus familiares, comunidades, grupos sociais/relacionais), os ganhos obtidos através desse modelo de intervenção podem atingir amplitude ainda maior do que até então empiricamente mensurados. Sugere-se a continuidade de práticas fundamentadas com base em evidências científicas sólidas (pesquisa aplicada) e via Psicologia Positiva, para que repercussões e avanços em saúde sejam inseridos como pilares para nortear políticas públicas, práticas profissionais e disseminação de conhecimentos em saúde em contexto nacional.

Referências

American Psychological Association (APA) (2002). Criteria for evaluating treatment guidelines. *American Psychologist, 57,* 1.052-1.059.

200 Parte III – Psicologia Positiva e temas especiais

Barbosa, L. M., Monteiro, B., & Murta, S. G. (2016). Retirement adjustment predictors – A systematic review. *Work, Aging and Retirement, 2*(2), 262-280. https://doi:10.1093/workar/waw008

Bolier, L., Haverman, M., Westerhof, G. J., Riper, H., Smit, F., & Bohlmeijer, E. (2013). Positive psychology interventions: A meta-analysis of randomized controlled studies. *BMC Public Health, 13*(1), 1-20. https://doi:10.1186/1471-2458-13-119

Casellas-Grau, A., Font, A., & Vives, J. (2013). Positive psychology interventions in breast cancer. A systematic review. *Psycho-Oncology, 23*(1), 9-19. https://doi:10.1002/pon.3353

Creswell, J. W. (2003). *Qualitative, quantitative and mixed methods approaches.* Sage Publications.

Durgante, H. B. (2017). Methodological quality of strength-based intervention programmes in Latin America: A systematic review of the literature. *Contextos Clínicos, 10*(1), 2-22. https://doi:10.4013/ctc.2017.101.01

Durgante, H., & Dell'Aglio, D. D. (2019). Multicomponent positive psychology intervention for health promotion of Brazilian retirees: A quasi-experimental study. *Psicologia: Reflexão e Crítica, 32*(1). https://doi:10.1186/s41155-019-0119-2

Durgante, H., & Dell'Aglio, D. D. (2018). Critérios metodológicos para a avaliação de programas de intervenção em psicologia. *Avaliação Psicológica, 17*(1), 155-162. https://dx.doi.org/10.15689/ap.2017.1701.15.13986

Durgante, H., Bedin, L. M., Lima, M. P., & Dell'Aglio, D. D. (no prelo). Follow-up study of a Positive Psychology Intervention for retirees: Intervention effects an impact. *Current Psychology – Springer.*

Durgante, H., Mezejewski, L. W., Navarine e Sá, C., & Dell'Aglio, D. D. (2019). Intervenções psicológicas positivas para idosos no Brasil. *Ciências Psicológicas, 13*(1), 106-118. https://doi.org/10.22235/cp.v13i1.1813

Durgante, H., Navarine e Sá, C., & Dell'Aglio, D. D. (2019). Psicologia Positiva para promoção de saúde em aposentados: estudo de viabilidade. *Avances en Psicología Latinoamericana, 37*(2), 269-281. http://dx.doi.org/10.12804/revistas.urosario.edu.co/apl/a.6375

França, C. L., & Murta, S. G. (2014). Fatores de risco e de proteção na adaptação à aposentadoria. *Psicologia Argumento, 32,* 33-43.

Gallagher, E. N., & Vella-Brodrick, D. A. (2008). Social support and emotional intelligence as predictors of subjective well-being. *Personality and Individual Differences, 44*(7), 1.551-1.561. https://doi:10.1016/j.paid.2008.01.011

Gaspar Cabete, D., Cavaleiro, A. M., & Pinteus, M. T. (2012). Visualização: Uma intervenção possível em psicologia da saúde. *Análise Psicológica, 21*(2), 195-200. https://doi:10.14417/ap.109

Gottfredson, D. C., Cook, T. D., Gardner, F. E. M., Gorman-Smith, D., Howe, G. W., Sandler, I. N., & Zafft, K. M. (2015). Standards of evidence for efficacy, effectiveness, and scale-up research in prevention science: Next generation. *Prevention Science, 16*(7), 893-926. https://doi:10.1007/s11121-015-0555-x

13 Desenvolvimento de um Programa de Psicologia Positiva para a Promoção de... **201**

Hebl, J., & Enright, R. D. (1993). Forgiveness as a psychotherapeutic goal with elderly females. *Psychotherapy: Theory, Research, Practice, Training, 30*(4), 658-667. https://doi:10.1037/0033-3204.30.4.658

Killen, A., & Macaskill, A. (2014). Using a gratitude intervention to enhance well-being in older adults. *Journal of Happiness Studies, 16*(4), 947-964. https://doi:10.1007/s10902-014-9542-3

Knapp, P. (2004). *Terapia cognitivo-comportamental na prática psiquiátrica*. Artmed.

Knapp, P., & Beck, A. T. (2008). Cognitive therapy: Foundations, conceptual models, applications and research. *Revista Brasileira de Psiquiatria, 30*(Suppl II), 54-64.

Kronemyer, D., & Bystritsky, A. (2014). A non-linear dynamical approach to belief revision in cognitive behavioral therapy. *Frontiers in Computational Neuroscience, 55*(8), 1-25. https://doi:10.3389/fncom.2014.00055

Lopes, L. O., & Cachioni, M. (2012). Intervenções psicoeducacionais para cuidadores de idosos com demência: uma revisão sistemática. *Jornal Brasileiro de Psiquiatria, 61*(4), 252-261. https://doi:10.1590/s0047-20852012000400009

Magyar-Moe, J. L., Owens, R. L., & Conoley, C. W. (2015). Positive psychological interventions in counseling. *The Counseling Psychologist, 43*(4), 508-557. https://doi:10.1177/0011000015573776

McGrath, R. E. (2016). Measurement invariance in translations of the VIA Inventory of Strengths. *European Journal of Psychological Assessment, 32*(3), 187-194. https://doi.org/10.1027/1015-5759/a000248

Ministério da Saúde (2013). *Cadernos de Atenção Básica 34 – Saúde Mental*. Ministério da Saúde.

Ministério da Saúde (2010a). *Uma análise da situação de saúde e da agenda nacional e internacional de prioridades em saúde*. Série G. Secretaria de Vigilância em Saúde/Departamento de Análise de Situação de Saúde/Estatística e Informação em Saúde.

Ministério da Saúde (2010b). *Política Nacional de Promoção da Saúde. Série pactos pela saúde 2006*. Secretaria de Vigilância em Saúde/Secretaria de Atenção à Saúde.

Nygren, B., Aléx, L., Jonsén, E., Gustafson, Y., Norberg, A., & Lundman, B. (2005). Resilience, sense of coherence, purpose in lifeand self-transcendence in relation to perceived physicaland mental health among the oldest old. *Aging & Mental Health, 9*(4), 354-362. https://doi:10.1080/1360500114415

Pereira, T. M. F. R. A., & Guedes, S. S. (2012). Novo Tempo – A experiência de implantação do programa de preparação para o pós-carreira no IFRN. *Holos, 4*(1), 158-177. https://doi:10.15628/holos.2012.676

Proyer, R. T., Ruch, W., & Buschor, C. (2012). Testing strengths-based interventions: A preliminary study on the effectiveness of a program targeting curiosity, gratitude, hope, humor, and zest for enhancing life satisfaction. *Journal of Happiness Studies, 14*(1), 275-292. https://doi:10.1007/s10902-012-9331-9

Ramos, L. R., Malta, D. C., Gomes, G. A. O., Bracco, M. M., Florindo, A. A., Mielke, ... & Hallal, P. C. (2014). Prevalence of health promotion programs in primary health care units in Brazil. *Revista de Saúde Pública, 48,* 837-844. https://doi:10.1016/j.jsams.2012.11.848

Reppold, C. T., Gurgel, L. G., & Schiavon, C. C. (2015). Research in positive psychology: A systematic literature review. *Psico-USF, 20*(2), 275-285. https://doi:10.1590/1413-82712015200208

Ronaldson, A., Molloy, G. J., Wikman, A., Poole, L., Kaski, J.-C., & Steptoe, A. (2015). Optimism and recovery after acute coronary syndrome. *Psychosomatic Medicine, 77*(3), 311-318. https://doi:10.1097/psy.0000000000000155

Santos, J. V. (2016). A saúde como palanque. *IHU On-Line,* (491), 45-47.

Seibel, B. L., DeSousa, D., & Koller, S. H. (2015). Adaptação brasileira e estrutura fatorial da Escala 240-item VIA Inventory of Strengths. *Psico-USF, 20*(3), 371-383. https://doi.org/10.1590/1413-82712015200301

Seligman, M. E. P. (2006). *Learned optimism – How to change your mind and your life.* Random House Inc.

Seligman, M. E. P., Steen, T. A., Park, N., & Peterson, C. (2005). Positive psychology progress: Empirical validation of interventions. *American Psychologist, 60,* 410-421. https://doi:10.1037/0003-066x.60.5.410

Shults, R. A., Elder, R. W., Nichols, J. L., Sleet, D. A., Compton, R., & Chattopadhyay, S. K. (2009). Effectiveness of multicomponent programs with community mobilization for reducing alcohol-impaired driving. *American Journal of Preventive Medicine, 37*(4), 360-371. https://doi:10.1016/j.amepre.2009.07.005

Sin, N. L., & Lyubomirsky, S. (2009). Enhancing well-being and alleviating depressive symptoms with positive psychology interventions: A practice-friendly meta-analysis. *Journal of Clinical Psychology, 65*(5), 467-487. https://doi:10.1002/jclp.20593

Snyder, C. R. & Lopes, S. J. (2009). *Psicologia positiva: Uma abordagem científica e prática das qualidades humanas.* Artmed.

Vieira, C. M., Santiago, L. S., Tavares, P. C. W., Brandt, A., Negri, F., & Oliveira, M. R. M. (2013). Aplicação da técnica de grupo focal em pesquisa da Rede-SANS sobre as ações de alimentação e nutrição na atenção básica em saúde. *Cadernos de Saúde Coletiva, 21*(4), 407-413. https://dx.doi.org/10.1590/S1414-462X2013000400008

World Health Organization (WHO) (2015). *World report on ageing and health.* Author.

World Health Organization (WHO) (2005). *Envelhecimento ativo – Uma política de saúde.* Escritório Regional para as Américas da Organização Mundial de Saúde.

14
A religiosidade/espiritualidade na Psicologia Positiva
Uma força de caráter relacionada à transcendência

VIVIAN FUKUMASU DA CUNHA
LUCIANA FERNANDES MARQUES
ANNE MARIE GERMAINE VICTORINE FONTAINE
FABIO SCORSOLINI-COMIN

Tudo que move é sagrado
E remove as montanhas
Com todo o cuidado
(Beto Guedes, *Amor de índio*).

Parece-nos importante iniciar este capítulo pelo reconhecimento da importância da temática – a religiosidade/espiritualidade (R/E) – em uma obra ligada à Psicologia Positiva. A Psicologia Positiva não apenas destaca questões que priorizam uma visão mais adaptativa do ser humano como também se debruça sobre aspectos que porventura sejam negligenciados em outras abordagens ou correntes teóricas. Assim, destacar as religiosidades e as espiritualidades que atravessam o ser humano em diferentes culturas e contextos é não apenas reconhecer que essas dimensões podem ter uma ressonância negativa para o sujeito, incitando medo, culpa e até mesmo extremismos, mas também que podem ser positivas. Nessa acepção positiva, podem ser investigadas e desenvolvidas as circunstâncias em que a sua promoção está associada a uma qualidade de vida melhor, mais adaptativa e plena de significado, além de compreender melhor as suas intersecções com outras dimensões.

Em consonância com a proposta da Psicologia Positiva, a R/E será abordada neste capítulo como uma potencial força de caráter relacionada à transcendência. Reconhecer a R/E como força já opera uma ruptura importante em relação ao tema. Assim, as religiosidades e as espiritualidades, no plural, seriam mais do que um aspecto que pode estar presente na vida individual e coletiva do sujeito, mas que poderia assumir uma posição de força, impulsionando o indivíduo para a adaptação, a sobrevivência, a busca por significado, a resistência e seu consequente amadurecimento ao longo de

Parte III – Psicologia Positiva e temas especiais

todo o ciclo vital. A partir desse preâmbulo, o objetivo deste capítulo é apresentar a dimensão da R/E, sobretudo no campo das ciências sociais e da saúde, discutindo de que modo a Psicologia Positiva tem se apropriado desse construto a partir de pesquisas e intervenções.

Percurso histórico e nomenclaturas: Religiosidades e espiritualidades

Até o presente momento o(a) leitor(a) pode ter notado que trouxemos algumas terminologias para tratar, teoricamente, da mesma temática: R/E, religiosidades e espiritualidades, no plural. Permitam-nos acrescentar outras: religiosidade e espiritualidade, no singular, além do termo religião. Embora essa polissemia caracterize nosso campo de interesse e arduamente tente expressar através da linguagem um fenômeno tão rico e multifacetado, cabem-nos, aqui, algumas explicações que justificam nossas opções epistemológicas e, consequentemente, a seleção das nomenclaturas exploradas no presente capítulo. Antes de prosseguir, um breve apanhado histórico pode ser especialmente útil.

As pesquisas envolvendo as temáticas da religião, da religiosidade e da espiritualidade cresceram consideravelmente nos últimos anos, notadamente em áreas como a Psicologia, a Medicina e a Enfermagem. No entanto, esse interesse não data da contemporaneidade e inclusive poderíamos questionar se o advento da *internet* e do crescimento ao acesso à informação não é simplesmente o que potencializa esse interesse. Esses fenômenos estão presentes milenarmente na história da humanidade, especialmente a partir da Era Axial (800-200 a.C.), um período crucial em que teve início a maior parte das religiões mundiais praticadas atualmente (Catré, Ferreira, Pessoa, Catré, & Catré, 2016). Tais dados nos levam a deduzir que a R/E é tão antiga quanto o próprio ser humano. No campo da ciência psicológica, diferentes áreas trazem à baila essa dimensão, como a Psicologia da Religião, Psicologia Social, Psicologia da Personalidade, Psicologia da Saúde e, mais recentemente, a Psicologia Positiva.

Contemporaneamente, por apresentarem-se como fenômenos distintos, às vezes mal compreendidos, a discussão dos conceitos de religião, religiosidade(s) e espiritualidade(s) ocupa um lugar importante na reflexão atual que circunda o tema, especialmente pelas críticas em relação à sua investigação (Garcia & Koenig, 2013). No entanto, não parece promissor que um consenso restrito exista, pois seus significados podem variar conforme o campo de investigação, autores, objetivos de pesquisas e a relação que promovem nos indivíduos (Catré et al., 2016; Koenig, 2008a). Assim, tratar de religião, da religiosidade e de espiritualidade constitui um desafio que atravessa diversas áreas do conhecimento científico, especialmente para pesquisadores sensíveis e curiosos de explorar às últimas consequências e não se entregarem a uma racionalidade acadêmica reducionista. A nossa leitura do tema passa, inequivocamen-

14 A religiosidade/espiritualidade na Psicologia Positiva – Uma força de caráter... **205**

te, pelo modo como essas dimensões podem ser trabalhadas pela ciência psicológica em uma ampla visão, permitindo que em trabalhos futuros sejam exploradas suas intersecções com outros campos de conhecimento científicos e não científicos (arte, tradição, saberes populares etc.).

O Conselho Regional de Psicologia de São Paulo (CRP/SP), a partir do Relatório Síntese das Discussões dos Seminários Estaduais Psicologia, Laicidade e as Relações com a Religião e a Espiritualidade (CRP-SP, 2015), em "Recomendações para atuação profissional do psicólogo" acordou seu entendimento da seguinte maneira:

- Religião = instituição social composta por um sistema de crenças e práticas reunidas que sustentam uma suposta relação com uma dimensão transcendental.

- Religiosidade = modo pessoal de lidar com ou vivenciar um sistema de crenças e práticas religiosas que podem estar ou não ligadas a uma instituição.

- Espiritualidade = busca de sentido para a vida que pode ou não estar ligada a uma crença religiosa.

Essas definições se assemelham a outras encontradas e utilizadas na área da Saúde (Lucchetti, Granero, Bassi, Latorraca, & Nacif, 2010; Moreira-Almeida, Koenig, & Lucchetti, 2014). Muitas das investigações na atualidade, embora tenham a preocupação de esclarecer os conceitos, acabam por utilizar uma terminologia combinada, intercambiável, religião/espiritualidade ou R/E, que seria uma maneira de descrever uma relação entre elas ou sinônimos (Albuquerque et al., 2018; Koenig, 2012; Longuiniere, Yarid, & Silva, 2018). Isso porque, apesar de serem conceitos e fenômenos diferentes, incluem uma multidimensionalidade, influenciando positivamente e negativamente a subjetividade e o comportamento humano, apresentando uma sobreposição que deve ser avaliada cuidadosamente, pois as religiões também estão interessadas em assuntos espirituais (Hill et al., 2001).

Nesses estudos, observa-se a preocupação com o efeito que R/E pode ter nos indivíduos, suas influências positivas ou negativas, e não os fenômenos em si ou o questionamento da sua veracidade. Dessa maneira, o termo combinado R/E parece-nos apropriado, pois na avaliação das pessoas pode ser tanto religioso como espiritual (Koenig, 2008b). Atualmente, em função do pluralismo e da globalização, observa-se frequentemente que os indivíduos vêm construindo a sua própria identidade religiosa e sua relação com o sagrado, não se limitando a nada em específico e consumindo uma variedade de crenças e práticas ao mesmo tempo (Maraldi, 2016). Apesar destas variações e idiossincrasias, dificilmente esse indivíduo pode ser independente de sua própria cultura e da influência social e educacional.

A preocupação científica da Psicologia ou de outras áreas da saúde, bem como salientam Hill et al. (2001), deve ser a identificação das condições em que a R/E envolve fenômenos que se desenvolvem através da vida, relacionados a aspectos cognitivos, afetos e emoções inerentes ao contexto sociopsicológico, expressos individualmente e em grupo, ou pelo menos influenciado por um grupo, em que é relevante para o estudo da personalidade ou dos traços ligados a ela. Observa-se que o significativo aumento das pesquisas em relação à temática nos últimos anos sofre influência desses aspectos, mas o interesse pela temática desde sempre foi cientificamente estudado por áreas consideradas marginalizadas como, por exemplo, a Psicologia da Religião (Barros-Oliveira, 2007). A fim de ampliar a discussão e não reduzi-la em termos epistemológicos, neste capítulo empregaremos a nomenclatura R/E como equivalente às discussões que envolvem as religiões, as religiosidades e as espiritualidades, primando por uma abordagem integradora (Scorsolini-Comin, 2018).

Fatores associados ao aumento das pesquisas sobre R/E na contemporaneidade

O impulso atual que se assiste na investigação e discussão da R/E sofre a influência de dois fatores principais. O primeiro fator é que, segundo Koenig (2008a), o termo espiritualidade passou por variações nesses últimos anos, ganhando um status dissociado dos termos religião e religiosidade e, com isso, uma validação e interesse do campo científico. A partir desse novo modelo de entendimento, a espiritualidade seria um fenômeno "aceitável" para as investigações empíricas, ao passo que "religião e ciência não se misturam", despertando o interesse de novos pesquisadores para a temática. No entanto, Marques (2010) alerta que esse antagonismo e polarização do objeto de estudo podem ser um risco, pois o que pode ser comum a ambas pode acabar se perdendo.

O segundo fator que parece ter influenciado significativamente no aumento da investigação da R/E foi o marco instituído como Psicologia Positiva, a partir de sua oficialização e maior expressão a partir da década de 1990 (Barros-Oliveira, 2007; Catré et al., 2016). Direcionada para identificação e compreensão das qualidades e virtudes humanas, bem como o auxílio no sentido de que as pessoas tenham vidas mais felizes, a Psicologia Positiva apresenta a **espiritualidade** como uma das suas 24 forças de caráter, e que levaria à virtude de transcendência (Snyder & Lopez, 2009). A proposta desta classificação seria seu valor universal, podendo ser identificada em diferentes países, culturas e sistemas de crenças, de maneira que o indivíduo que reconhece suas forças e virtudes seria impulsionado ao seu desenvolvimento pleno e saudável, seu "florescimento", o objetivo da Psicologia Positiva (Scorsolini-Comin, Fontaine, Koller, & Santos, 2013). Peterson e Seligman (2004), expoentes da Psicologia Positiva, investigaram diversas religiões, filosofias e culturas no mundo, chegando ao consenso de que existem seis principais virtudes humanas e 24 forças de caráter, que são os ingredientes psicológicos que levariam ao desenvolvimento dessas virtudes, como reproduzido na Tabela 1, a seguir.

14 A religiosidade/espiritualidade na Psicologia Positiva – Uma força de caráter... **207**

Tabela 1 – *Virtudes e forças de caráter* (adaptado de Peterson & Seligman, 2004).

Virtude	Forças de caráter
Sabedoria e Conhecimento	Criatividade
	Curiosidade
	Discernimento (critério)
	Gosto pela aprendizagem
	Perspectiva
Coragem	Bravura (coragem)
	Persistência (perseverança)
	Integridade (honestidade)
	Entusiasmo (vitalidade)
Humanidade	Amor
	Bondade (generosidade)
	Inteligência social
Justiça	Cidadania (responsabilidade social)
	Imparcialidade (equidade)
	Liderança
Temperança	Perdão e misericórdia
	Humildade/modéstia
	Prudência
	Autorregulação (autocontrole)
Transcendência	Apreciação pela beleza e excelência
	Gratidão
	Esperança
	Humor
	Espiritualidade

A espiritualidade, definida por Peterson e Seligman (2004), sinônimo também de religiosidade, fé e propósito, seria a capacidade de ter crenças coerentes sobre um propósito e significado no universo, sabendo onde o próprio se encaixa dentro desse esquema maior, com crenças sobre o significado da vida, que modelam a conduta e proporcionam conforto. Essa capacidade pode estar mais ou menos desenvolvida em cada pessoa, sendo disponível a todos em potencial. Dentro da proposta desses autores, a espiritualidade refere-se a crenças e práticas baseadas na convicção de que existe uma dimensão transcendente (não física) da vida, sendo as crenças persuasivas, difusas e estáveis, que informam os tipos de atribuições que as pessoas fazem, os significados que elas constroem e as relações e maneiras de conduta. Nesse caso, a definição da força de caráter **espiritualidade** poderia também abarcar uma possível relação com religião/ religiosidade justificando o seu estudo conjunto (R/E). Essa atribuição está relacionada

208 Parte III – Psicologia Positiva e temas especiais

à versão moderna de espiritualidade, que inclui religião/religiosidade, mas se expande além disso (Koenig, 2008a). Ainda que originalmente a Psicologia Positiva empregue o termo espiritualidade por ser mais abrangente, a partir da compreensão de seus autores, seguiremos neste capítulo com o emprego da noção de R/E.

A R/E, a partir da Psicologia Positiva, seria uma das forças necessárias que guiam a transcendência. Este sentido de transcendência pode ser relacionado a atravessar, ultrapassar e transpor o cotidiano, no sentido de que a R/E pode funcionar como um recurso ou uma estratégia do sujeito para se fortalecer, buscar o seu sentido de vida, a sua ancoragem na vida ou, em outras palavras, o seu sentido de saúde. Interessante notar que a R/E no contexto da Psicologia Positiva possui uma conotação positiva como um recurso que leva ao crescimento e florescimento, minimizando os seus possíveis efeitos negativos.

A transcendência, aqui, não se relacionaria apenas aos aspectos filosóficos que recobrem o tema e que não serão aqui aprofundados, mas à capacidade de compreender, resistir e de ultrapassar. Nesse aspecto, a R/E contribuiria nesse itinerário, criando forças e condições para esse processo. No campo da saúde a R/E pode desempenhar um papel bastante especial, pois se relaciona à capacidade de superação diante de um obstáculo normalmente associado ao adoecimento. Assim, a R/E funcionaria como um recurso potente nesse caminho de busca pelo sentido da vida, promovendo aspectos saudáveis e/ou enfrentamento da doença.

Contribuição da Psicologia Positiva aos estudos da R/E

Apesar de não ser o único motivo para o crescimento das pesquisas sobre R/E, a Psicologia Positiva, ou os estudos que derivam desse referencial, parecem ocupar grande parte da produção relacionada à R/E. Perterson e Seligman (2004) destacam que o corpo de investigação da R/E inclui: a criação e validação de instrumentos que atendam à aferição desses constructos; a investigação do significado funcional e o papel da R/E na relação de saúde psicológica e física; o exame das dimensões cognitiva e emocional, preocupando-se o estilo de atribuição, crenças e criação de significado; em uma linha mais sociologicamente orientada, para o mapeamento de padrões de envolvimento e deliniamento do impacto da R/E nas formas de participação na coesão social; e para a exploração de aspectos da neurofisiologia da R/E.

Nesse campo de investigações, a partir das mensurações e pesquisas disponíveis, Koenig (2012) apresenta uma revisão de literatura com diversos estudos correlacionais sobre a saúde física e mental. As evidências sugerem mais resultados de relações positivas do que negativas, de modo que as práticas religiosas/espirituais são comumente usadas para lidar com o adoecimento e mudanças estressantes na vida e as pessoas com maior R/E apresentam melhor saúde mental e se adaptam mais rapidamente a problemas de saúde em comparação àquelas sem ou pouca R/E. Tais estudos são promissores para se pensar na implicação da R/E e a relação em saúde, fazendo-nos lembrar de que a

Psicologia enquanto campo teórico acadêmico e prático tem dedicado pouco espaço à exploração dessas intersecções, deixando um vasto território inexplorado. Vale a pena enfatizar, contudo, que R/E também pode ser correlacionada negativamente com saúde e, consequentemente, agravar ou levar a novas situações estressantes. Nestes casos, é essencial a contínua investigação das circunstâncias relacionadas aos desfechos positivos e negativos da R/E com a saúde física e mental.

Na relação com as emoções positivas, a R/E se destaca como um recurso para lidar com angústia ou sofrimento, mas estudos sobre o caminho inverso, em que emoções positivas também levariam ao desenvolvimento da R/E são testados, identificando uma possível relação de que algumas emoções positivas provocadas pela percepção de maravilhamento, excitação, respeito, apreciação do belo e da natureza levaria a um aumento da percepção da sua R/E (Saroglou, Buxant, & Tilquin, 2008). O empenho dos estudos da Psicologia Positiva não para por aí.

Estudos que exploram a relação das virtudes e a R/E também são encontrados, buscando compreender como se dá essa relação ou o quanto a R/E está relacionada a questões como, por exemplo, paciência ou sofrimento (Root Luna, Van Tongeren, & Witvliet, 2017; Schnitker & Emmons, 2017; Schnitker, Houltberg, Dyrness, & Redmond, 2017). Na hipótese dessas investigações, por exemplo, a R/E estaria positivamente relacionada à paciência que, por sua vez, relaciona-se positivamente e diretamente com comportamentos moderados e bem-estar, bem como, indiretamente, através de reavaliação cognitiva (Schnitker et al., 2017), ressaltando que essas seriam pesquisas preliminares. Igualmente não se pode afirmar, ainda, a direção dessas correlações, se as pessoas que têm mais paciência procuram desenvolver sua R/E ou ao contrário.

Na avaliação sobre a qualidade de vida, a R/E e as crenças pessoais também aparecem positivamente associadas (Rocha & Fleck, 2011), mas a crítica desse estudo e de outros que avaliam as correlações que envolvem a R/E e os desfechos em saúde física e mental é de que as medidas sobre os fenômenos que envolvem R/E não são claras, o que exige um cuidado com as associações positivas ou negativas que são realizadas por esses delineamentos (Mishra, Togneri, Tripathi, & Trikamji, 2017). Apesar de ser promissora a quantidade de estudos que têm surgido procurando investigar a R/E e suas relações em saúde, aos sentimentos positivos, virtudes e à qualidade de vida, sua generalização deve ser parcimoniosa, indicando cuidados que os profissionais devem ter. Mais estudos são necessários para avaliar a qualidade dos instrumentos utilizados nessas investigações, bem como para evidenciar os processos subjacentes às relações entre R/E e saúde. No entanto, esse parece ser um cenário possível, que vem sendo construído paulatinamente e que já ganha criticidade para que possa se fazer melhorias nesse campo.

O futuro da R/E e da Psicologia Positiva

O campo da Psicologia Positiva promete a ascensão de estudos voltados para o que faz os seres humanos felizes, o que os leva a uma "boa vida", e parece incluir a dimensão da R/E. Com seu marco histórico recente, é natural que seu impulso acadêmico apre-

210 Parte III – Psicologia Positiva e temas especiais

sente um caminho em que há muito que se percorrer. Koenig (2012) acredita que o campo da R/E está crescendo rapidamente, saindo de condições marginalizadas e caminhando para um eixo central de atenção em saúde. Nesta perspectiva, é compreensível, dentro da visão preconizada pela Organização Mundial de Saúde (OMS), de um sujeito bio-psico-sócio-espiritual, que o interesse e o aumento dessas pesquisas aconteçam, de modo que o investimento em investigações sobre a R/E pode ser financeiramente viável, levando-se em conta que a maior parte da população mundial, em maior ou menor grau, possui em sua cultura tradições religiosas/espirituais. Entretanto, é imprescindível que, além dos estudos, esses achados sejam testados e colocados em prática no campo da saúde, bem como tenham espaço nos currículos dos cursos de graduação e pós-graduação na área da saúde.

O aumento dessas investigações científicas apresenta repercussões para a prática profissional em Psicologia e em saúde no que tange à atuação dos profissionais. Para os psicólogos e outros profissionais de saúde, ainda é frequente um aprendizado que desconsidera essa dimensão em suas formações profissionais (Dal-Farra & Geremia, 2010; Espinha, Camargo, Silva, Pavelqueires, & Lucchetti, 2013; Henning-Geronasso & Moré, 2015). Mais do que não apresentar a temática na formação no ensino superior, por exemplo, os profissionais encaram também o desafio de conseguir articular tais conhecimentos de maneira ética e respeitosa diante da pluralidade cultural que compõe a sociedade (Herschkopf & Peteet, 2016).

Se as evidências continuarem sustentando a importância da R/E nos desfechos em saúde, na qualidade de vida, no bem-estar, sem dúvida refletirá uma grande mudança cultural de como a R/E é encarada socialmente (Hill et al., 2000). Freitas e Piasson (2016) retratam o quanto essa temática já percorre os veículos midiáticos, reconhecendo o que por muito tempo vem sendo negado, que a R/E é uma dimensão intrínseca ao humano e suas diversas expressões devem ser ouvidas e qualificadas como legítimas manifestações da subjetividade e da cultura. No entanto, são muitos os desafios da prática profissional na área de saúde, já que além de informação também é necessário que os profissionais não tenham preconceito e sejam flexíveis nas suas próprias crenças (Cunha & Scorsolini-Comin, 2019a).

Para que os profissionais consigam olhar e atender a necessidade de atenção à R/E do outro (paciente, cliente ou usuário), devem partir da sua própria experiência, conhecendo e identificando qual a sua visão de ser humano e de mundo, lembrando que sua subjetividade perpassa suas experiências de vida familiares, culturais, religiosas/espirituais, educacionais, políticas e também profissionais (Espíndula, Valle, & Bello, 2010; Peteet, 2014). Nesse ponto, é até recomendado que o profissional seja capaz de olhar para suas próprias questões religiosas/espirituais, reconhecendo-se como alguém que também possui uma R/E (Scorsolini-Comin, 2015) e que essa é uma força promotora de recursos transcendentes. Nesse sentido, a formação não pode ser apenas voltada para a racionalidade do futuro "técnico", mas deve considerá-lo também como um ser espiritual, cheio de vicissitudes e complexidades.

Desafios do psicólogo clínico

Em nossa experiência pessoal, enquanto pesquisadores e psicólogos clínicos, desenvolvemos um caminho que culminou na investigação de questões relacionadas à R/E. Como pesquisadores dessa dimensão, enfrentamos o desafio de fazermos pesquisa nesse campo, assim como aplicar esses conhecimentos em nossa prática. Através de nossas próprias experiências pessoais e profissionais, passamos a observar os efeitos que a R/E promovia nas pessoas, interessando-nos por como se dá essa relação na prática profissional em psicoterapia.

Especificamente, em uma pesquisa realizada com 24 psicoterapeutas brasileiros, passamos a observar as influências e os receios que envolvem a temática no atendimento clínico psicológico (Cunha & Scorsolini-Comin, 2019a, 2019b). Os psicoterapeutas que participaram dessa pesquisa foram provenientes de duas cidades de médio porte localizadas nos Estados de São Paulo e Minas Gerais, com média de idade de 36,4 anos. O tempo médio com experiência em psicoterapia foi 10,5 anos e a maioria dos participantes foi do sexo feminino (n=18).

A partir de entrevistas aplicadas face a face e individualmente, chegamos à conclusão de que a temática da R/E perpassa o *setting* psicoterápico inevitavelmente. Isso implica dizer que, em maior ou menor grau, os psicoterapeutas entrevistados passaram por situações em que a R/E foi explicitada e, quando necessário, alvo de intervenção psicológica. Nos momentos em que a dimensão da R/E foi trazida para o espaço terapêutico em um sentido negativo, a mesma foi mencionada em termos de seus aspectos restritivos, limitadores, punitivos ou reprimidos. Quando avaliada como um recurso positivo, foi usada na construção ou abertura para o desenvolvimento de outros comportamentos ou para promoção de sentido e significado da vida.

Podemos dizer que, nessa segunda acepção, a R/E parece mais diretamente ligada aos pressupostos da Psicologia Positiva. Não que a Psicologia Positiva se interesse apenas pelos desfechos positivos, mas é que considerar a R/E como recurso já pressupõe um modo diferente de abordar a questão. Ainda que se conserve um olhar atento e que constantemente se busquem evidências científicas para determinadas afirmações, considerar a R/E como recurso envolve potencializar essa estratégia no cuidado prestado, no caso, relacionado à psicoterapia. Quando o profissional assume a R/E como recurso ele poderá, de fato, abordar e manejar essa dimensão ao longo do processo psicoterápico, não relegando essa expressão como aspecto alternativo do sujeito, mas justamente prenhe de significado.

Outra constatação é de que a temática da R/E esteve predominantemente ausente na formação em Psicologia desses profissionais. Pelo tempo médio de experiência em psicoterapia (10,5 anos), considerando mais os cinco anos de graduação, poucos participaram ou presenciaram as descobertas e avanços mais recentes promovidos a partir do impulso da Psicologia Positiva. As noções éticas instituídas pelo Código de Ética Profissional do Psicólogo (CEP) a partir do Conselho Federal de Psicologia (CFP), em 2005, são

212 Parte III – Psicologia Positiva e temas especiais

conhecidas pelos profissionais, o que não ocorre com as mais recentes considerações incluídas em 2013 pelas Notas Técnicas do Posicionamento do Sistema Conselho de Psicologia para a questão de "Psicologia, religião e espiritualidade" (CFP, 2013).

Esses documentos emitidos pelo CFP (2005, 2013) são importantes para se pensar questões éticas relacionadas à temática e à inserção na formação em Psicologia no Brasil. Foi só em 2013, o que pode ser considerado muito recente, que a R/E foi reconhecida, esclarecida e registrada pelo CFP como apresentando uma relação com a ciência psicológica, mesmo que há muito tempo já se estudavam e trabalhavam tais relações, por exemplo, no domínio da Psicologia da Religião.

Nossa pesquisa confirma mais uma vez o que vem sendo encontrado em outras pesquisas na área, evidenciando a importância da contínua formação profissional e maior discussão da temática, além da urgente necessidade da inclusão do tema da R/E nos cursos de graduação da área da saúde e da Psicologia, em particular. Por mais que a R/E venha ocupando um lugar de destaque em pesquisa, seus avanços empíricos ainda não chegam com a mesma intensidade na prática profissional, o que acarreta em manter um posicionamento mais marginalizado do assunto e dificulta o reconhecimento dessa dimensão como parte da experiência subjetiva e cultural do ser humano (Freitas & Piasson, 2016). Em outras palavras, nossa investigação também surpreendeu os participantes, pois explorava uma temática que não era comumente alvo de reflexão por parte deles.

Em nenhum momento identificou-se algum posicionamento radical ou práticas que poderiam ser enquadradas como antiéticas, mas também não se observou muita disposição para que essa dimensão fosse parte ou incluída com veemência na atividade psicoterápica. Quando não investigada para fins como a anamnese, ou quando não mencionada pelos próprios pacientes, os participantes relatam ser comum que a temática da R/E fique ausente da relação psicoterápica.

Abordar ou não abordar a temática da R/E ainda é um caminho pouco discutido cientificamente, mas levando em consideração dados de que os próprios pacientes gostariam de ter R/E abordada na investigação da sua saúde (Lucchetti et al., 2010), que a OMS inclui a dimensão espiritual como importante na relação em saúde (Dal-Farra & Geremia, 2010) e as evidências que mostram possíveis relações positivas e negativas que influenciam na saúde física e mental (Koenig, 2012), ficam aqui algumas reflexões: estamos preparados e dispostos a aprofundar o universo que exige considerar a R/E? O quão aberto emocionalmente estamos para adentrar nas crenças e visões de mundo religiosas/espirituais das pessoas com quem trabalhamos?

No final da pesquisa, buscou-se conhecer como foi para os psicoterapeutas conversar sobre o assunto, de maneira que não apresentaram dificuldades ou qualquer desconforto e constrangimento. Ao contrário, revelou-se uma oportunidade para que pensassem sobre essas questões, uma abertura para novas reflexões e reavaliações, mostrando que o tema pode e deve ser discutido sem preconceitos e julgamentos, o que pode ser simples de ser dito, mas muito difícil de ser colocado em prática.

14 A religiosidade/espiritualidade na Psicologia Positiva – Uma força de caráter... **213**

Pensando no cenário no qual surgiu a Psicologia Positiva, que foi promover uma mudança no foco em reparar as piores coisas da vida, mas também impulsionar a construção de qualidades positivas (Seligman & Csikszentmihalyi, 2000) e a nossa herança do modelo biomédico, em que compete ao profissional observar e compreender para, posteriormente, intervir, remediar, tratar (Moreira, Romagnoli, & Neves, 2007), pode-se dizer que avançamos bastante nos últimos 20 anos sobre a investigação da temática da R/E, mas não o suficiente.

Considerações finais

O tema da R/E nas ciências é ainda um "tabu". Por compor a cultura milenarmente, de historicamente se ligar à Medicina e à Psicologia a partir de seus representantes e de uma relação com o cuidado físico e mental, a associação e vinculação com religiões específicas parece não ser totalmente desconstruída na atualidade. Ao falar em R/E teme-se não fazer uma ciência válida e digna. Em nenhum momento o objetivo da ciência é provar a validade e veracidade de credos religiosos/espirituais específicos, mas é seu papel refletir e discutir a participação e impacto deles na subjetividade e na cultura e pesquisar forma de integrá-los à assistência e ao cuidado de pessoas em sofrimento.

Assim, não nos cabe validar a R/E, mas buscar formas de compreender como os sujeitos a empregam, estabelecendo-se relações positivas, adaptativas e construtivas, promotoras de saúde e bem-estar, ou se aprisionam em posicionamentos que não permitem o avanço dessa dimensão na caracterização de forças proposta pela Psicologia Positiva. Igualmente precisamos conhecer quais os indicadores de uma R/E positiva e de uma negativa, e em que circunstâncias se manifestam, diferenciando inclusive estados místicos de estados psicopatológicos de consciência. Há muito o que se fazer nesse campo quando se fala de pesquisa, intervenção e ensino profissional na área de saúde.

Com o impulso da Psicologia Positiva, observa-se uma maior discussão científica no que tange a cada um dos conceitos, religião, religiosidade, espiritualidade e, consequentemente, seus construtos. Tais discussões aparecem com maior frequência, exigindo que essas definições ganhem formas de avaliação e mensuração, o que ajuda a investigar sua relação com saúde física e mental, passando a chamar a atenção dos profissionais para as potencialidades que têm a oferecer nos desfechos em saúde. Arrisca-se a dizer que os pesquisadores da R/E podem ser considerados pesquisadores da Psicologia Positiva, pois estão preocupados em desvendar as relações positivas e negativas que incluem essa dimensão, ainda que epistemologicamente guardem suas especificidades.

Considerar a R/E como um campo, parte de estudos promovidos pela Psicologia Positiva, parece se adequar ao objetivo ao qual se preconiza, já que R/E é um fenômeno que se observa especialmente no quesito pró-social da espécie humana. O empenho em se fazer ciência tem colocado a R/E como um campo novo e despertado aos pesquisadores, em que seus achados ainda não são suficientes, mas caminham a cada dia para aprofundamentos através de diversos tipos de investigações. Consequentemente, esse

214 Parte III – Psicologia Positiva e temas especiais

tema apresentará novos desafios para a prática profissional e nos convida para refletir sobre nossas próprias crenças, sejam elas religiosas/espirituais ou não. Tais reflexões permitem também pautar-nos na tolerância e no respeito, o que parece ser condição importante para lidar com as vicissitudes da atualidade. Espera-se que o futuro da temática possa ser reconhecido e discutido, não mais relegado, ocupando um espaço na formação de profissionais e aprimorado pelas investigações que crescem no campo da Psicologia Positiva.

Referências

Albuquerque, U. P., Ferreira Júnior, W. S., Sousa, D. C. P., Reinaldo, R. C. P. S., Nascimento, A. L. B., & Gonçalves, P. H. S. (2018). Religiosity/Spirituality matters on plant-based local medical system. *Journal of Religion and Health, 57*(5), 1.948-1.960.

Barros-Oliveira, J. H. (2007). Espiritualidade e religião: tópicos de Psicologia Positiva. *Psicologia, Educação e Cultura, XI*(2), 265-287.

Catré, M. N. C., Ferreira, J. A., Pessoa, T., Catré, A., & Catré, M. C. (2016). Espiritualidade: Contributos para uma clarificação dos conceitos. *Análise Psicológica, 34*(1), 31-46. https://doi.org/10.14417/ap.877

Conselho Federal de Psicologia (2013). Posicionamento do Sistema de Conselhos de Psicologia para a questão de Psicologia, Religião e Espiritualidade. *GT Nacional Laicidade e Psicologia.* Autor.

Conselho Federal de Psicologia (2005). *Código de Ética Profissional do Psicólogo.* Autor.

Conselho Regional de Psicologia de São Paulo (2015). *Relatório-síntese das Discussões dos Seminários Estaduais Psicologia, Laicidade e as relações com a Religião e a Espiritualidade* [Recuperado de http://www.crpsp.org.br/diverpsi/arquivos/Recomendacoes_Diverpsi.pdf].

Cunha, V. F., & Scorsolini-Comin, F. (2019a). Best professional practices when approaching religiosity/spirituality in psychotherapy in Brazil. *Counselling and Psychotherapy Research, 19*(2), capr.12.241.

Cunha, V. F., & Scorsolini-Comin, F. (2019b). Religiosity/Spirituality (R/S) in the clinical context: Professional experiences of psychotherapists. *Trends in Psychology, 27*(2), 293-307.

Dal-Farra, R. A., & Geremia, C. (2010). Educação em saúde e espiritualidade: proposições metodológicas. *Revista Brasileira de Educação Médica, 34*(4), 587-597. https://doi.org/10.1590/S0100-55022010000400015

Espíndula, J. A., Valle, E. R. M., & Bello, A. A. (2010). Religion and Spirituality: The Perspective of Health Professionals. *Revista Latino-Americana de Enfermagem, 18*(6), 1.229-1.236. https://doi.org/10.1590/S0104-11692010000600025

14 A religiosidade/espiritualidade na Psicologia Positiva – Uma força de caráter... **215**

Espinha, D. C. M., Camargo, S. M., Silva, S. P. Z., Pavelqueires, S., & Lucchetti, G. (2013). Opinião dos estudantes de enfermagem sobre saúde, espiritualidade e religiosidade. *Revista Gaúcha de Enfermagem, 34*(4), 98-106.

Freitas, M. H., & Piasson, D. L. (2016). Religião, religiosidade e espiritualidade: repercussão na mídia e formação profissional em Psicologia. *Esferas, 5*(8), 103-112.

Garcia, K., & Koenig, H. G. (2013). Re-examining definitions of spirituality in nursing research. *Journal of Advanced Nursing, 69*(12), 2.622-2.634.

Henning-Geronasso, M. C., & Moré, C. L. O. O. (2015). Influência da religiosidade/espiritualidade no contexto psicoterapêutico. *Psicologia: Ciência e Profissão, 35*(3), 711-725.

Herschkopf, M. D., & Peteet, J. R. (2016). Ethical considerations regarding religion/spirituality in consultation psychiatry. *Spirituality in Clinical Practice, 3*(3), 155-158. https://doi.org/10.1037/scp0000113

Hill, P. C., Pargament, K. I, Hood, R. W., Jr., McCullough, M. E., Swyers, J. P., Larson, D. B., & Zinnbauer, B. J. (2000). Conceptualizing religion and spirituality: Points of commonality, points of departure. *Journal for the Theory of Social Behaviour, 30*, 51-77.

Koenig, H. G. (2008a). Concerns about measuring "spirituality" in research. *The Journal of Nervous and Mental Disease, 196*(5), 349-355. https://doi.org/10.1097/NMD.0b013e31816ff796

Koenig, H. G. (2008b). *Medicine, religion and health: Where science and spirituality meet.* Templeton Foundation Press.

Koenig, H. G. (2012). Religion, spirituality, and health: The research and clinical implications. *ISRN Psychiatry, 2012.* https://doi.org/10.5402/2012/278730

Longuiniere, A. C. F., Yarid, S. D., & Silva, E. C. S. (2018). Influência da religiosidade/espiritualidade do profissional de saúde no cuidado ao paciente crítico. *Revista Cuidarte, 9*(1), 1.961-1.972.

Lucchetti, G., Granero, A. L., Bassi, R. M., Latorraca, R., & Nacif, S. A. P. (2010). Espiritualidade na prática clínica: o que o clínico deve saber? *Revista Brasileira de Clínica Médica, 8*(2), 154-158.

Maraldi, E. O. (2016). Psicoterapia, identidade e misticismo *new age*: configurações contemporâneas. In Conselho Regional de Psicologia de São Paulo. *Laicidade, religião, direitos humanos e políticas públicas* – Vol. 1 (pp. 125-128). CRP/SP [Coleção Psicologia, laicidade e as relações com a religião e a espiritualidade).

Marques, L. F. (2010). O conceito de espiritualidade e sua interface com a religiosidade e a Psicologia Positiva. *Revista Psicodebate Psicología, Cultura y Sociedad, 10*, 135-151.

Mishra, S. K., Togneri, E., Tripathi, B., & Trikamji, B. (2017). Spirituality and religiosity and its role in health and diseases. *Journal of Religion and Health, 56*(4), 1.282-1.301.

Moreira-Almeida, A., Koenig, H. G., & Lucchetti, G. (2014). Clinical implications of spirituality to mental health: Review of evidence and practical guidelines. *Brazilian Journal of Psychiatry, 36*(2), 176-182.

Moreira, J. O., Romagnoli, R. C., & Neves, E. O. (2007). O surgimento da clínica psicológica: Da prática curativa aos dispositivos de promoção da saúde. *Psicologia: Ciência e Profissão, 27*(4), 608-621.

Peteet, J. R. (2014). What is the place of clinicians' religious or spiritual commitments in psychotherapy? A Virtues-Based Perspective. *Journal of Religion and Health, 54*, 1.190-1.198.

Peterson, C., & Seligman, M. (2004). *Character strengths and virtues: A classification and handbook.* American Psychological Association.

Rocha, N. S., & Fleck, M. P. A. (2011). Avaliação de qualidade de vida e importância dada a espiritualidade/religiosidade/crenças pessoais (SRPB) em adultos com e sem problemas crônicos de saúde. *Archives of Clinical Psychiatry* (São Paulo), *38*(1), 19-23.

Root Luna, L. M., Van Tongeren, D. R., & Witvliet, C. V. (2017). Virtue, positive psychology, and religion: Consideration of an overarching virtue and an underpinning mechanism. *Psychology of Religion and Spirituality, 9*(3), 299-302.

Saroglou, V., Buxant, C., & Tilquin, J. (2008). Positive emotions as leading to religion and spirituality. *The Journal of Positive Psychology, 3*(3), 165-173. https://doi.org/10.1080/17439760891998737

Schnitker, S. A., & Emmons, R. A. (2017). The psychology of virtue: Integrating positive psychology and the psychology of religion. *Psychology of Religion and Spirituality, 9*(3), 239-241.

Schnitker, S., Houltberg, B., Dyrness W., & Redmond, N. (2017). The virtue of patience, spirituality, and suffering: Integrating lessons from Positive Psychology, Psychology of Religion, and Christian Theology. *Psychology of Religion and Spirituality, 9*(3), 264-275.

Scorsolini-Comin, F. (2018). A religiosidade/espiritualidade no campo da saúde. *Revista Ciência em Saúde, 8*, 1-2.

Scorsolini-Comin, F. (2015). Um toco e um divã: reflexões sobre a espiritualidade na clínica etnopsicológica. *Contextos Clínicos, 8*(2), 114-127. https://doi.org/10.4013/ctc.2015.82.01

Scorsolini-Comin, F., Fontaine, A. M. G. V., Koller, S. H., & Santos, M. A. (2013). From authentic happiness to well-being: The flourishing of Positive Psychology. *Psicologia: Reflexão e Crítica, 26*(4), 663-670.

Seligman, M. E. P., & Csikszentmihalyi, M. (2000). Positive Psychology: An Introduction. *American Psychologist, 55*(1), 5-14. https://doi.org/10.1037/0003-066X.55.1.5

Snyder, C. R., & Lopez, S. J. (2009). *Psicologia Positiva: uma abordagem científica e prática das qualidades humanas* (R.C. Costa, Trad.). Artmed.

15
A parentalidade diante do adoecimento crônico do(a) filho(a) por adoção
Como a Psicologia Positiva pode contribuir nas adoções necessárias?

CAMILA APARECIDA PERES BORGES
FABIO SCORSOLINI-COMIN

A instituição familiar tem sido um campo de interesse da Psicologia Positiva não apenas por ser um *locus* de interação, desenvolvimento e estabelecimento de relacionamentos interpessoais e processos de socialização, mas também por poder constituir uma significativa rede de apoio para o enfrentamento de situações adversas. Nessa acepção, pode representar um fator de proteção a partir das relações estabelecidas nesse núcleo. Embora muitas problemáticas incidam nesse espaço, a exemplo de quando um familiar adoece e necessita de cuidados, também encontramos na família potencialidades para responder a esses processos a partir do desenvolvimento de múltiplos recursos (Scorsolini-Comin & Santos, 2011). Este capítulo irá se debruçar sobre a família como campo de atenção e cuidado, pondo em destaque a temática das adoções necessárias.

Na atualidade, é possível perceber uma maior visibilidade das novas configurações familiares e novas formas de compor esses núcleos. Entre essas modalidades emerge a via adotiva como possibilitadora do exercício parental. A adoção vem sendo amplamente divulgada socialmente. No campo científico, vem adquirindo cada vez mais espaço e, com isso, destituindo mitos e crenças presentes no imaginário social. Segundo o Estatuto da Criança e do Adolescente (ECA), toda criança ou adolescente tem o direito de se desenvolver em sua família de origem, e quando essa condição não é possível, em famílias por adoção. A adoção é uma medida protetiva e tem por objetivo proporcionar à criança ou ao adolescente um ambiente adequado para o seu desenvolvimento e a convivência familiar (Pereira & Azambuja, 2015; Rosa, Boris, Melo, & Santos, 2016).

A popularmente nomeada "Nova Lei da Adoção" (Lei n. 12.210/2009) e a Lei n. 13.509, de 22 de novembro de 2017, dispõem algumas alterações em relação aos aspectos legais da adoção, dentre elas, as adoções necessárias ou adoção especial, dando prioridade a esses casos (Brasil, 2009; 2017). Assim, a adoção de crianças maiores[11], a

---

11. Anteriormente conhecida como adoção tardia, refere-se à situação a qual a criança é adotada com mais de dois anos de idade.

218 Parte III – Psicologia Positiva e temas especiais

adoção de crianças com deficiência física, com adoecimento crônico, a adoção interracial e a de irmãos são caracterizadas por pertencerem a esse grupo. Essas leis reforçam a necessidade de se pensar as verdadeiras crianças/adolescentes que estão nas instituições para adoção e, com isso, amadurecer o projeto de parentalidade.

De acordo com a literatura, observa-se que o perfil das crianças que estão disponíveis para adoção destoa daquele desejado pela maioria dos pretendentes. Isso faz com que a rigidez do perfil desejado seja um aspecto negativo para o direito à convivência familiar, dificultando a inserção das crianças e dos adolescentes em um lar, bem como a demora para a satisfação do desejo de parentalidade (Pereira & Azambuja, 2015; Rosa et al., 2016).

Os estudos com a temática da adoção de crianças com deficiência e/ou com quadro de adoecimento crônico ainda são restritos, sendo que poucas publicações exploram esse assunto (Bossa & Neves, 2018; Mozzi & Nuernberg, 2016; Silva & Cavalcante, 2015a). No entanto, é possível analisar que o perfil dos pretendentes está em transformação. Segundo Silva et al. (2017), os pretendentes que adotaram crianças com adoecimento e/ou doença crônica não demonstraram exigências quanto à condição de saúde, cor ou sexo, o que pode apontar para uma maior flexibilidade quanto ao perfil do filho desejado.

De acordo com a literatura científica, inicialmente, os pais não decidiram pela adoção de crianças e adolescentes com adoecimento (Mozzi & Nuernberg, 2016; Silva & Cavalcante, 2015b). A motivação inicial desses pais não se difere dos outros tipos de adoção, no entanto, o que pode influenciar na decisão final é a preparação psicológica, os recursos financeiros da família e, também, o acesso à informação. A rede de apoio também é apontada como um recurso para amenizar e enfrentar as dificuldades, de modo que a aceitação e o apoio são essenciais para essa nova configuração familiar. A forma como a família se relaciona com o ambiente externo também pode interferir no desenvolvimento e na adaptação da criança (Mozzi & Nuernberg, 2016; Silva & Cavalcante, 2015a, 2015b).

A partir dessa breve contextualização, o presente capítulo tem como objetivo compreender, a partir dos aspectos teóricos da Psicologia Positiva, como se dá a construção da parentalidade quando se trata de uma adoção necessária. Nesse percurso reflexivo, serão destacados os processos envolvidos no tornar-se pai/mãe de uma criança com adoecimento crônico pela via adotiva, além dos recursos desenvolvidos e as estratégias que podem auxiliar as pessoas que adotaram crianças com adoecimento crônico para terem uma melhor adaptação, convivência e qualidade de vida.

O que pode ajudar na adoção necessária?

A construção da parentalidade não diz respeito apenas ao modo como o casal escolhe ser pai/mãe e desenvolve os repertórios associados a esses papéis. A parentalidade envolve negociações não apenas entre o casal, mas também pode engajar membros das famílias de origem dos cônjuges, amigos e pessoas mais próximas. No caso da parentalidade adotiva, esse processo envolve, muitas vezes, comunicar a essas pessoas sobre o

15 A parentalidade diante do adoecimento crônico do(a) filho(a) por adoção... **219**

desejo de ser pai/mãe pela via adotiva, mas, também, do perfil de criança/adolescente que essa família pode receber.

Quando esses pais/mães se mostram abertos para a chegada de crianças/adolescentes com adoecimentos crônicos, a necessidade de compartilhamento dessa decisão pode ser ainda maior, haja vista a maior possibilidade de acionamento dessa rede de apoio social no processo de transição para a parentalidade e também ao longo de todo o processo de criação e educação dos filhos. Na perspectiva da Psicologia Positiva, a existência de uma rede de apoio social a qual o casal possa se remeter constitui um recurso importante no enfrentamento de situações complexas nesse processo de transição e também de construção da parentalidade.

Foi tentando acessar essa rede de apoio e as suas características que desenvolvemos uma pesquisa na abordagem da Psicologia Positiva. O estudo intitulado "Adoção de crianças com quadro de adoecimento crônico: investigação sobre a rede de apoio social" foi desenvolvido junto ao Programa de Pós-graduação em Psicologia da Universidade Federal do Triângulo Mineiro (UFTM). A pesquisa contou com a participação de quatro famílias que adotaram crianças com algum quadro de adoecimento crônico, ou seja, caracterizando a adoção necessária ou especial, sendo quatro mães e três pais. O tipo de adoecimento crônico se apresentou de forma variada (asma crônica, sorologia positiva para HIV e paralisia cerebral). Foram realizadas entrevistas individuais com esses pais. Buscou-se conhecer a realidade dessas famílias, desde a preparação para a adoção até as principais dificuldades e facilidades apresentadas no dia a dia.

Caracterizando os participantes, a idade dos pais apresentou uma média de 43 anos de idade, a maioria com formação em ensino superior, apenas um casal com ensino médio. Três mães possuíam formação na área da saúde. A renda das famílias foi variável, entre dois e dez salários mínimos. Todas as famílias relataram a crença em alguma religião, com destaque para o catolicismo e o espiritismo. Duas famílias eram formadas por filhos consanguíneos, sendo que esses eram de um dos cônjuges, de uma relação anterior à atual; dessa forma, os filhos consanguíneos eram mais velhos que o filho por adoção. A idade com que a criança foi adotada se apresentou de forma variável, de quatro meses a quatro anos. Esses participantes serão aqui mencionados a partir de nomes fictícios, preservando a identidade dos mesmos.

Amadurecimento do projeto parental: Em busca de recursos pessoais

Para conhecer a realidade das famílias que adotaram crianças com adoecimento crônico, em um primeiro momento é importante compreender a motivação para esse tipo de filiação, como os pais identificaram o desejo e a vontade de se constituírem como uma família. No campo da adoção, podemos entender que são muitas as motivações para o desejo de exercer a parentalidade, não se restringindo apenas à impossibilidade dos pais de gerarem filhos consanguíneos, abrindo a possiblidade de uma nova configuração familiar (Andrade, Hueb, & Alves, 2017). Em relação às famílias do presente estudo, essas apresentaram motivações variadas. Duas famílias relataram a impossibilidade de terem filhos. As outras motivações foram: ter um filho que fosse companheiro da filha e ter um filho do casal (haja vista que os filhos consanguíneos eram de relacionamentos anteriores).

A literatura aponta que nos casos das adoções de crianças com adoecimento as motivações podem estar relacionadas à vulnerabilidade da criança ou adolescente, projeto antigo de adotar, impossibilidade de ter filhos, impulso religioso, bondade, entre outros (Fonsêca, Santos, & Dias, 2009; Morelli, Scorsolini-Comin, & Santeiro, 2015). De acordo com a Psicologia Positiva, podemos analisar essas motivações como qualidades para o desejo de ter um filho(a). Para essa abordagem, o ser humano é composto de virtudes e forças de caráter que o impulsionam para o desenvolvimento pleno e saudável, relacionado tanto aos aspectos psicológicos, biológicos como sociais, possibilitando a motivação para mudanças e a busca por seus objetivos (Paludo & Koller, 2007; Scorsolini-Comin, Fontaine, Koller, & Santos, 2013; Seibel, 2016; Snyder & Lopez, 2009).

Além das motivações iniciais citadas anteriormente, as famílias trouxeram outras características individuais que as impulsionaram na concretização desse tipo de adoção. Martha e Jonathan destacaram que o voluntariado despertou o desejo pela adoção: "Vamos fazer um voluntariado, pra gente, né? Ser útil. E aí surgiu um assunto de adoção". Esse casal apontou que essa concepção foi mudada ao longo do tempo quando passaram a buscar informação sobre esse tipo de filiação através de leituras, participação das reuniões dos Grupos de Apoio à Adoção. Perceberam, então, que a ideia da adoção relacionada à caridade, "ajudar uma criança", vem sendo combatida pelos pesquisadores e profissionais da área, haja vista que a adoção é a oportunidade de exercer a parentalidade, independentemente do fato de estar ajudando ou não uma pessoa.

O casal Gaia e Odin revelou a espiritualidade/religião/religiosidade como fator essencial para a aceitação das características do filho: "Se Deus mandou ele pra nós assim, é por que é nosso". De acordo com Snyder e Lopez (2009), a espiritualidade está relacionada com o conceito de uma força maior, transcendente, sagrada e divina. Esse elemento pode constituir um fator positivo não só para a tomada de decisão, como também de aceitação pela escolha. No caso de Jenny, outra participante, a paixão pelo cuidar foi apontada como fundamental: "A paixão, assim, eu sempre tive paixão com o cuidar, né?" Dessa forma, o voluntariado, a busca por informação, a religiosidade/espiritualidade e o cuidar são forças de caráter, ou seja, são características positivas que se refletem em pensamentos, sentimentos e comportamentos (Seibel, 2016), que foram destacadas por essas famílias como qualidades positivas para a concretização da adoção.

De acordo com Barros, Martín e Pinto (2010), essas características individuais, evidenciadas anteriormente, retratam os traços individuais positivos, os quais buscam facilitar mudanças comportamentais que resultam em estratégias de *coping* promotoras das potencialidades dos indivíduos. Assim, é importante destacar que, pelo relato dessas famílias, todas enfatizaram que não imaginavam adotar uma criança com adoecimento:

15 A parentalidade diante do adoecimento crônico do(a) filho(a) por adoção... **221**

"Não pensava que tinha que ser menina, ou menino, preferência entre raça, entre sexo, não pensava isso. Mas também nunca pensei em adotar uma criança com deficiência" (Jenny). Os estudos de Mozzi e Nuernberg (2016) e Silva e Cavalcante (2015b) também apontaram que o perfil inicial da criança não era a presença de adoecimento e que a motivação foi sendo construída ao longo do processo. A partir disso, é possível compreender que a parentalidade por adoção pode apresentar suas singularidades, desde a decisão pela adoção, a preparação até a convivência com o(a) filho(a). A palavra construção pode ser a de maior impacto nesse tipo de filiação, em que a todo instante são construídos vínculos, relações e decisões.

A preparação para a adoção: Reconhecer os recursos existentes

As famílias, ao optarem pela filiação adotiva, passam por um processo avaliativo nas varas da Infância e da Juventude dos tribunais de sua respectiva comarca e também uma participação no curso preparatório para o exercício da parentalidade adotiva (Silva & Cavalcante, 2015a). No entanto, é importante ressaltar que essa preparação é recente, passando a ser exigida com a promulgação da Lei n. 12.010/2009. O processo e a preparação desses pais para a adoção deram-se de formas diversificadas entre as famílias, cada um com a sua especificidade. Essa diversidade deve ser analisada a partir das legislações que regem a adoção. Nesse estudo devemos considerar o período em que as adoções foram realizadas, ou seja, 2005, 2006 e 2013. Dessa forma, dois casos precederam a nova lei da adoção e dois ocorreram após a sua implementação.

Podemos assinalar as transformações no processo de adoção com a implementação da Lei n. 12.010/2009. Essa preparação não é uniforme em todo o país, sendo que cada comarca estabelece a sua preparação de acordo com a demanda da população local, sem especificar a forma e quais temas devem ser trabalhados (Machado, Ferreira, & Seron, 2015; Silva, Cassarino-Perez, Sarriera, & Frizo, 2017). De acordo com Hueb (2012), de modo geral, essa preparação tem sido feita em forma de curso ou discussão em grupo, e em alguns lugares ainda tem sido estruturada apenas com palestras. O casal Barney e Betty demonstrou a importância dessa preparação, destacando que foi assim que repensaram o perfil do filho desejado: "Nós fizemos as oficinas, depois a gente começou a participar das oficinas do Grupo de Apoio à Adoção e aí despertou em nós que a gente precisava mudar o perfil" (Barney). Betty ressaltou que a preparação é uma vivência que possibilita refletir sobre a decisão de adotar.

A preparação que esse casal recebeu destoa daquelas que comumente são oferecidas, pois o curso da comarca responsável pelos casos deste estudo propõe uma metodologia de oficinas participativas e construtivas, nas quais os pretendentes têm a possibilidade de vivenciar situações muito próximas da realidade de uma família com o filho por adoção (Hueb, 2012). As oficinas ocorrem no período de seis meses, com encontros quinzenais, totalizando nove encontros. O objetivo principal é oferecer um espaço para a reflexão e conscientização dos postulantes à adoção quanto às implicações

222 Parte III – Psicologia Positiva e temas especiais

psicológicas, sociais e legais que norteiam o processo (Hueb, Farinelli, Azôr, Cordeiro, & Ferreira, 2014).

Essa preparação para os postulantes é essencial, sendo que o grupo passa a oportunizar momentos de reflexão e de orientação a essas pessoas (Scorsolini-Comin, Amato, & Santos, 2006; Scorsolini-Comin & Santos, 2008; Sequeira & Stella, 2014). As trocas de experiências possibilitadas nesse meio fazem com que se trabalhem aspectos relacionados aos mitos presentes no imaginário dos pretendentes, bem como a capacidade de mudança, em que, com a experiência do outro, a pessoa passa a ressignificar concepções, conflitos e afetos. Dessa forma, os pretendentes podem se abrir a outras possibilidades, por exemplo, a construção do perfil do filho desejado.

Em relação à preparação dos pretendentes para a adoção de crianças com adoecimento, os grupos de preparação exploram a necessidade de os pais flexibilizarem o perfil do futuro filho (Scorsolini-Comin & Santos, 2008; Sequeira & Stella, 2014). No entanto, de acordo com os entrevistados, quando os pais realizam essas adoções, os mesmos não recebem informações e preparação voltadas para o adoecimento: "Não! Só foram faladas algumas coisas, assim tipo, ele está em situação de risco, né? E [...] que ele era soropositivo, tinha sorologia positiva. Mas não preparou a gente em nada" (Betty). Gaia também apontou a falta de preparação e informação por parte da Vara da Infância e Juventude: "Nada. Nem da vara, nem do abrigo, nada. Nada, nada, nada... [...] Você vai para a Apae, você vai não sei para onde [...] eu não sabia de nada, eu saí correndo atrás disso tudo" (Gaia).

Os profissionais da Vara da Infância e da Juventude são responsáveis por diversas áreas na sua atuação no campo jurídico. A falta de profissionais e a alta demanda nas comarcas podem fazer com que a equipe não tenha o tempo desejado para se empenhar nos assuntos relacionados à adoção, bem como um acompanhamento mais próximo das famílias no pós-adoção (Hueb & Cecílio, 2015; Scorsolini-Comin, 2015). A partir das entrevistas foi possível perceber a necessidade de um maior acompanhamento das famílias para oferecer suporte emocional e, também, informação. Em nenhum dos casos o diagnóstico foi revelado explicitamente, demandando que os pais procurassem ajuda e recursos próprios para investigar o adoecimento do(a) filho(a).

Outro ponto em destaque é o período de convivência. Esse termo foi determinado pela Nova Lei da Adoção, sendo um espaço de tempo em que a família convive com a criança, visitando-a na instituição de acolhimento, levando para passear, em que é analisada a adaptação tanto da criança a essa nova família, como esse novo meio que irá recebê-la. O período de tempo de convivência é variável, sendo determinado pelo juiz (Brasil, 2009; Hueb & Cecílio, 2015). Em relação às famílias deste estudo, nenhuma passou pelo período de convivência: a família de Martha e Jonathan e a família de Jenny, por realizarem a adoção antes da promulgação da nova lei. E, nos casos de Betty e Barney e Gaia e Odin, por adotarem crianças que estavam com comprometimentos graves de saúde, demandando cuidados urgentes. Então, essas famílias não tiveram essa adaptação gradual, de conhecer a realidade da criança antes de conviverem.

Ao serem questionados sobre a principal característica desse tipo de filiação, todos demonstraram gratidão e aceitação pelo filho(a), colocando em evidência que não há diferença entre filho consanguíneo ou por adoção, e o adoecimento é apenas uma condição. Apontam que os filhos consanguíneos também apresentam adoecimentos, a busca pelo cuidado e o tratamento são as mesmas, sendo que o importante é o bem-estar da criança.

Dessa forma, percebe-se que os perfis dos pretendentes podem se apresentar mais flexíveis. O conhecimento e a busca por informações são características individuais presentes nesses pais que foram fundamentais no processo da construção dessas famílias. Aos poucos, importantes transformações estão acontecendo, desde a decisão pela adoção, motivações e preparação das famílias. O trabalho e a conscientização das famílias em oferecer o bem-estar às crianças e o direito à convivência familiar e comunitária vêm ganhando destaque na sociedade.

Pensando nos recursos que a Psicologia Positiva prioriza para fazer frente às mudanças da vida, podemos agrupá-los em fatores individuais e em fatores coletivos ou comunitários que podem favorecer a adoção necessária. A partir do estudo empírico conduzido, a Figura 1 sistematiza alguns dos recursos empregados e que podem ser potencializados em intervenções com esse público. Obviamente, esses recursos não podem ser generalizados para todas as adoções necessárias, mas são pontos nos quais os pretendentes podem se ancorar para amadurecer o projeto de parentalidade e sob os quais os profissionais envolvidos (das áreas de saúde, educação e jurídica/judiciária, especialmente) podem se debruçar no sentido de promover um cuidado a essas famílias.

Figura 1 – Fatores que podem contribuir para a realização de adoções necessárias.

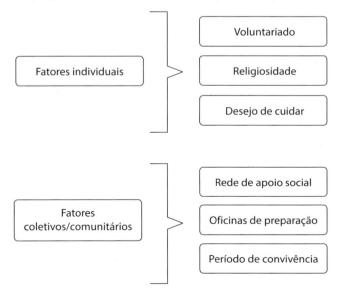

Estratégias desenvolvidas pelas famílias no processo de adaptação

Com a chegada de um novo membro na família, sendo por adoção ou não, modificações na dinâmica familiar podem acontecer, novos papéis passam a ser estabelecidos (Bicca & Grzybowski, 2014). As famílias, ao adotarem crianças com adoecimento crônico, precisam se adaptar em dois sentidos: 1º) em relação à adoção, pois os casais passam a conviver com o(a) filho(a) e, com isso, novas relações se estabelecem; 2º) em relação ao adoecimento, pois, a depender da necessidade apresentada pela criança/adolescente, novos ajustes e a busca por recursos devem ser acionados.

A criança/adolescente, ao ser diagnosticada com alguma patologia ou necessidade especial, pode gerar transformações no núcleo familiar devido à sua condição de saúde, sendo essas positivas ou negativas (Ruiz, Borges, & Lopes, 2017). De acordo com Santos et al. (2014), a doença crônica em uma criança/adolescente modifica a organização familiar, sendo que alguns fatores intensificam essa transformação, como o nível de complexidade e dependência da doença, o momento no qual a família se encontra e em termos dos recursos disponíveis no meio. Pelas falas dos participantes foi possível perceber essas transformações, em que o cuidado passou a ser voltado para as necessidades do(a) filho(a).

De acordo com Levinzon (2009), quando o(a) filho(a) por adoção chega à residência dos pais traz consigo um período delicado de adaptação a essa nova realidade, em que há a procura pela sintonia entre a criança/adolescente e a família. Em relação aos participantes deste estudo, foi possível perceber que a adaptação inicial dessas famílias se diversificou, sendo que esse fato pode ter influência do grau do adoecimento, já que as crianças que foram adotadas apresentam níveis diferentes de complexidade quanto à doença e, com isso, as demandas de cada caso exigiram atitudes diferentes por parte dos pais.

A família de Martha e Jonathan relata que a adaptação inicial transcorreu de forma natural e que os agravos do adoecimento foram aparecendo ao longo do tempo: "A gente procurou fazer uma interação muito grande, dormíamos juntos, levávamos o colchão pra sala e dormíamos os quatro juntos lá. Me lembro que ele, logo que chegou, ele dormia protegendo sempre, que é uma forma de se proteger né?" (Jonathan). Já para as outras famílias, por apresentarem adoecimentos mais graves, a adaptação foi relacionada principalmente à questão da doença, sendo necessário acionar recursos para prover o melhor cuidado do(a) filho(a), já que necessitavam de cuidados imediatos.

Percebem-se, portanto, mudanças significativas nas rotinas dessas famílias, havendo demandas específicas de cuidados, por exemplo, a dependência contínua de um cuidador, cuidados com a alimentação, o tratamento, entre outros (Ruiz et al., 2017; Santos et al., 2014). A fase inicial pode ser sentida como um período conturbado, em que cada membro passa a ter que se adaptar às necessidades da criança/adolescente, uma vez que o cuidado com o(a) filho(a) precisa ser contínuo.

O estudo de Souza e Melo (2013) aponta que não é comum mães de crianças com adoecimento crônico permanecem no mercado de trabalho nessa fase de adaptação inicial da doença. Essa realidade não foi diferente para as mães da presente pesquisa. Betty e Gaia eram autônomas e fecharam seus estabelecimentos, Martha e Jenny continuaram no trabalho, porém as rotinas se modificaram, recorreram à contratação de cuidadores para auxiliarem no cuidado quando precisavam se ausentar.

Alguns papéis são reestabelecidos, a mãe passa a abdicar-se de suas tarefas cotidianas e essa mudança também reflete nos hábitos dos outros integrantes da família (Dezoti et al., 2015; Santos et al., 2014). A rotina volta-se ao tratamento da criança/adolescente para que possa atender às suas necessidades, a participação em várias terapias, e também a realização de exames periódicos para proporcionar qualidade de vida para o(a) filho(a) e a estabilização do quadro de saúde (Finco & Bertoncini, 2016). Dessa forma, pode-se perceber que as famílias se organizam visando a oferecer o cuidado total para a criança/adolescente, de maneira que ela receba os recursos necessários para se desenvolver de forma saudável e com qualidade. Portanto, esses pais buscaram oferecer o meio propício para o florescimento (*flourishing*) dos seus filhos, para que, em decorrência de uma história anterior carregada de privações, essas crianças possam ressignificar suas condições, passem a sentir emoções positivas e a adquirir novos hábitos.

Assim, o adoecimento crônico estabelece demandas psicossociais significativas tanto para a criança como para os outros integrantes da sua família, necessitando que o meio se adapte a essa nova condição. Como vimos, as falas anteriores ilustram tanto mudanças no contexto familiar, ocupacional e social em decorrência das necessidades específicas de cada doença. Novas funções são estabelecidas e, com isso, os relacionamentos intrafamiliares passam a ter novos sentidos. O estabelecimento de rotina faz com que a família tenha regularidade e planejamento em suas ações, sendo fundamental para a adesão ao tratamento da doença. Essas são características positivas que direcionam a família para o cuidado, como também a prevenção de agravos e futuros inconvenientes devido ao adoecimento.

A partir desses aspectos mencionados, a Figura 2 sistematiza os recursos que podem ser desenvolvidos no sentido de favorecer as adoções necessárias. No entanto, há que se considerar que não se trata, aqui, de impor um modelo que possa ser empregado em todos os contextos, pelo contrário. Além disso, as estratégias podem ser mais centralizadas nos indivíduos (como no caso dos pais) ou em elementos coletivos/comunitários (como nos equipamentos de saúde).

A proposta trazida neste capítulo visa a estimular que essas adoções possam se concretizar, primando pelo apoio a essas famílias no complexo processo de adaptação não apenas da criança ao seu novo ambiente, mas da família ao novo membro e suas necessidades de saúde. Quanto mais esses recursos puderem ser empregados e potencializados, mais essas adoções serão favorecidas e melhores serão as condições de vida dessas famílias.

Figura 2 – Estratégias que podem ser desenvolvidas para favorecer as adoções necessárias.

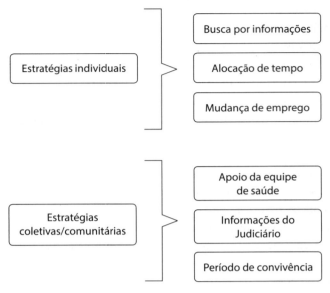

Considerações finais

A partir deste capítulo, pudemos compreender um pouco mais sobre o universo que recobre as adoções necessárias, ilustrado por meio de vivências de pais e mães que adotaram crianças com quadros de adoecimento crônico. Em todos os casos pudemos elencar recursos já trazidos por esses pais que ajudaram nesse processo de adaptação, como experiências prévias de voluntariado e apoio das estratégias de enfrentamento (*coping*), especificamente as centralizadas na religiosidade/espiritualidade.

No entanto, não são apenas os recursos pessoais que podem favorecer a adoção e a adaptação, mas também os existentes no ambiente, como a rede de apoio social da qual podem fazer parte membros da família que se revezem nos cuidados oferecidos à criança/adolescente, além de pessoas que ofereçam apoio instrumental tanto em nível de saúde (como profissionais de saúde) quanto jurídico (como profissionais do judiciário que contribuam no processo de informação acerca das condições da criança e como deve ocorrer a adaptação ao novo contexto).

A Psicologia Positiva nos aponta para a necessidade de reconhecer os recursos existentes, bem como fomentar a emergência de outros recursos e estratégias que possam favorecer a adoção (como as oficinas preparatórias) e a adaptação (como uma rede de apoio constante). A partir da evocação desses elementos podemos favorecer não apenas que as adoções necessárias, de fato, ocorram, mas possibilitar que essas novas famílias possam ser assistidas adequadamente e encontrem nesse processo reflexivo os recursos necessários para fazer frente às adversidades e demandas que emergem ao longo de todo o ciclo vital, sobretudo quando existem particularidades decorrentes de processos de adoecimento crônico.

Referências

Andrade, L. C. S., Hueb, M. F. D., & Alves, C. M.P . (2017). Era uma vez... Um estudo de caso sobre histórias e estórias adotivas. *Estudos de Psicologia, 34*(1), 173-183.

Barros, R. M. A., Martin, J. I. G., & Pinto, J. F. V. C. (2010). Investigação e prática em Psicologia Positiva. *Psicologia Ciência e Profissão, 30*(2), 318-327. https://doi.org/10.1590/S1414-98932010000200008

Bicca, A., & Grzybowski, L. S. (2014). Adoção tardia: percepções dos adotantes em relação aos períodos iniciais de adaptação. *Contextos Clínicos, 7*(2), 155-167.

Bossa, D. F., & Neves, A. S. (2018). O Unheimlich na adoção da criança com deficiência. *Cadernos de Psicanálise, 40*(8), 97-109.

Brasil (2017). *Lei n. 13.509, de 22 de novembro de 2017. Dispõe sobre adoção e altera a Lei n. 8.069, de 13 de julho de 1990 (Estatuto da Criança e do Adolescente)* [Recuperado de http://www2.camara.leg.br/legin/fed/lei/2017/lei-13509-22-novembro-2017-785783-publicacaooriginal-154279-pl.html].

Brasil (04/08/2009). Lei n. 12.010, de 3 de agosto de 2009. Dispõe sobre adoção. *Diário Oficial da União*, Seção 1.

Dezoti, A. P., Alexandre, A. M. C., Freire, M. H. S., Mercês, N. N. A., & Mazza, V. A. (2015). Apoio social a famílias de crianças com paralisia cerebral. *Acta Paulista de Enfermagem, 28*(2), 172-176.

Finco, M., & Bertoncini, J. H. (2016). Itinerário terapêutico e vivência dos familiares e adolescentes com diabetes mellitus tipo 1. *Revista Brasileira em Promoção da Saúde, 29*(3), 371-379. https://doi.org/10.5020/18061230.2016.p371

Fonsêca, C. M. S. M. S., Santos, C. P., & Dias, C. M. S. B. (2009). A adoção de crianças com necessidades especiais na perspectiva dos pais adotivos. *Paideia* (Ribeirão Preto), *19*(44), 303-311.

Hueb, M. F. D. (2012). Tecendo laços e desatando nós na trama da adoção. In S. M. Barroso, & F. Scorsolini-Comin (orgs.). *Diálogos em Psicologia: Práticas profissionais e produção do conhecimento* (pp. 44-57). UFTM.

Hueb, M. F. D., & Cecílio, M. S. (2015). A preparação de postulantes a adoção é (in) suficiente? A experiência de uma adoção inter-racial de grupos de irmãos. In F. Scorsolini-Comin, A. K. Pereira, & M. L. T. Nunes (orgs.). *Adoção: Legislação, cenários e práticas* (pp. 161-184). Vetor.

Hueb, M. F. D., Farinelli, M. R., Azôr, A. M. G. C. C. V., Cordeiro, E. G., & Ferreira, A. T. D. (2014). A experiência do Grupo Interinstitucional Pró-Adoção na cidade de Uberaba-MG: Compartilhando saberes e práticas. In F. Scorsolini-Comin, L. V. Souza, & S. M. Barroso (orgs.). *Práticas em Psicologia: Saúde, família e comunidade* (pp. 247-271). UFTM.

228 Parte III – Psicologia Positiva e temas especiais

Levinzon, G. K. (2009). *Adoção*. (3a. ed). Casa do Psicólogo.

Machado, L. V., Ferreira, R. R., & Seron, P. C. (2015). Adoção de crianças maiores: sobre aspectos legais e construção do vínculo afetivo. *Estudos Interdisciplinares em Psicologia*, 6(1), 65-81.

Morelli, A. B., Scorsolini-Comin, F., & Santeiro, T. V. (2015). O "lugar" do filho adotivo na dinâmica parental: revisão integrativa de literatura. *Psicologia Clínica*, 27(1), 175-194.

Mozzi, G., & Nuernberg, A. H. (2016). Adoption of children with disabilities: A study with adoptive parents. *Paideia*, 26(63), 101-109. https://doi.org/10.1590/1982-43272663201612

Paludo, S. S., & Koller, S. H. (2007). Psicologia Positiva: uma abordagem para antigas questões. *Paideia*, 17(36), 9-20. https://doi.org/10.1590/S0103-863X2007000100002

Pereira, A. H., & Azambuja, M. R. F. (2015). História e legislação da adoção no Brasil. In F. Scorsolini-Comin, A. K. Pereira, & M. L. T. Nunes (orgs.). *Adoção: legislação, cenários e práticas* (pp. 17-27). Vetor.

Rosa, J. M., Boris, G. D. J. B., Melo, A. K., & Santos, M. A. (2016). A construção dos papéis parentais em casais homoafetivos adotantes. *Psicologia: Ciência e Profissão*, 36(1), 210-223.

Ruiz, J. M., Borges, C. A. P., & Lopes, D. G. (2017). Cuidando de quem cuida: um relato de experiência. In S. M. Barroso (orgs.). *Desafios (In)visíveis dos cuidadores familiares e profissionais* (pp. 149-173). Autografia.

Santos, L. M., Valois, H. R., Santos, S. B. S., Carvalho, E. S. S., Santana, R. C. B., & Sampaio, S. S. (2014). Aplicabilidade de modelo teórico a famílias de crianças com doença crônica em cuidados intensivos. *Revista Brasileira de Enfermagem*, 67(2), 187-194.

Scorsolini-Comin, F., Amato, L. M., & Santos, M. A. (2006). Grupo de apoio para casais pretendentes à adoção: a espera compartilhada do futuro. *Revista da SPAGESP*, 7(2), 40-50.

Scorsolini-Comin, F., Fontaine, A. M. G. V., Koller, S. H., & Santos, M. A. (2013). From authentic happiness to well-being: The flourishing of Positive Psychology. *Psicologia: Reflexão e Crítica*, 26(4), 663-670.

Scorsolini-Comin, F., & Santos, M. A. (2011). Relações entre bem-estar subjetivo e satisfação conjugal na abordagem da Psicologia Positiva. *Psicologia: Reflexão e Crítica*, 24(4), 658-665.

Scorsolini-Comin, F., & Santos, M. A. (2008). Aprender a viver é o viver mesmo: o aprendizado a partir do outro em um grupo de pais candidatos à adoção. *Vínculo*, 5(2), 101-219.

Seibel, B. L. (2016). Forças de caráter: de sua proposição aos dias de hoje. In B. L. Seibel, M. Poletto, & S. H. Koller (orgs.). *Psicologia Positiva: Teoria, pesquisa e intervenção* (pp. 73-83). Juruá.

Sequeira, V. C., & Stella, C. (2014). Preparação para adoção: grupo de apoio para candidatos. *Revista Psicologia: Teoria e Prática*, 16(1), 69-78. https://doi.org/10.15348/1980-6906/psicologia.v16n1p69-78

Silva, F. H. O. B., & Cavalcante, L. I. C. (2015a). Rotinas familiares de crianças com necessidades especiais em família adotiva. *Psicologia: Teoria e Pesquisa, 31*(2), 173-180.

Silva, F. H. O. B., & Cavalcante, L. I. C. (2015b). Adoção de crianças com necessidades especiais: as motivações dos pais adotivos e a rede de apoio social. In F. Scorsolini-Comin, A. K. Pereira, & M. L. T. Nunes (orgs.). *Adoção: Legislação, cenários e práticas* (pp. 63-86). Vetor.

Silva, M. E. A., Moura, F. M., Albuquerque, T. M., Reichert, A. P. S., & Collet, N. (2017). Rede e apoio social na doença crônica infantil: compreendendo a percepção da criança. *Texto e Contexto Enfermagem, 26*(1), 1-10.

Silva, P. S., Cassarino-Perez, L., Sarriera, J. C., & Frizzo, G. B. (2017). A equipe psicossocial na colocação da criança nos processos de adoção. *Psicologia: Ciência e Profissão, 37*(3), 608-623.

Snyder, C. R., & Lopez, S. J. (2009). *Psicologia Positiva: uma abordagem científica e prática das qualidades humanas.* Artmed.

Souza, M. A., & Melo, L. L. (2013). Sendo mãe de criança hospitalizada com doença crônica. *Revista Mineira de Enfermagem, 17*(2), 362- 367.

16
O para sempre nem sempre acaba
Casamentos de longa duração na compreensão
da Psicologia Positiva

SUZANA OLIVEIRA CAMPOS
MANOEL ANTÔNIO DOS SANTOS
FABIO SCORSOLINI-COMIN

Este capítulo aborda o fenômeno da conjugalidade de longa duração na perspectiva da Psicologia Positiva. O texto toma como ponto de partida o *status* atual do conhecimento sobre a conjugalidade e os significados atribuídos ao casamento na era contemporânea. Na sequência são focalizadas as contribuições da Psicologia Positiva para a sedimentação do campo de investigações acerca da conjugalidade de longa duração nas últimas décadas. Adiante, esquadrinha-se o panorama dos estudos recentes realizados com casais longevos. O texto se desdobra na exploração dos fatores psicológicos que favorecem a manutenção do casamento, como o poder da tradição e dos costumes, a constituição familiar, as potencialidades da conjugalidade e o papel da afetividade como força mediadora e catalisadora que contribui para ativação de outras dimensões que se revelam essenciais na manutenção dos laços conjugais, como a habilidade de comunicação e as estratégias de resolução de conflitos utilizadas pelo par conjugal.

A instituição do casamento vem se modificando ao longo da história. Acompanhando essa dinâmica, as motivações para a união e as regras para a escolha do cônjuge também foram se transformando concomitantemente ao contexto histórico-cultural. A conjugalidade evoluiu, gradualmente, de uma unidade de sobrevivência econômica e pertencimento identitário para um local de vivências afetivas e de busca pela felicidade pessoal. Os relacionamentos se tornaram mais flexíveis, a despeito da conjugalidade continuar sustentando sua posição estratégica na manutenção da organização social (Levy, 2009).

Com tantas mudanças, algumas ainda em curso, o casamento passa a ser atravessado por alterações significativas e deixa de ser visto como meio privilegiado para se alcançar a vida adulta, transformando-se em uma escolha de vida de cada um (Carter & Duncan, 2017). Assim, a união conjugal atual parece coroar uma disposição relacional em que os cônjuges têm maior liberdade de experienciar sua realização emocional enquanto compartilham do desejo de construção de uma identidade de casal, considerando as necessidades e o bem-estar de cada um. Nessa medida, trata-se de

16 O para sempre nem sempre acaba – Casamentos de longa duração na... **231**

investir na construção conjunta de uma configuração vincular baseada em um espaço simbólico e singular de interação, no qual ambos os cônjuges podem desenvolver suas potencialidades e realizar seus projetos comuns, além dos anseios individuais (Féres-Carneiro & Diniz Neto, 2010). Desse modo, esse espaço intersticial que é criado para vivenciar a conjugalidade pode fortalecer e sedimentar – sem revogar ou anular – a interioridade psíquica de cada um.

O casamento tem se flexibilizado para abarcar essas mudanças, embora o sentido de estar junto não tenha se alterado em sua essência. A possibilidade do divórcio, que se materializou na década de 1970 no país, e a assunção de diferentes configurações familiares na contemporaneidade têm contribuído para delinear essa compreensão mais fluida da união conjugal, tornando-a menos engessada pelo ideário tradicional (Scorsolini-Comin, Alves-Silva, & Santos, 2018). Houve, concomitantemente, um incremento significativo no número de lares chefiados por mulheres e uma flexibilização do sistema de crenças e valores que regem as relações afetivo-sexuais, o que permitiu dar visibilidade crescente a um considerável número de configurações vinculares que vão muito além do modelo consagrado de família nuclear.

De acordo com dados do Instituto Brasileiro de Geografia e Estatística (IBGE, 2015), o número de divórcios no Brasil aumentou significativamente entre os anos de 2004 e 2014. Em contrapartida, houve expressiva redução na duração dos casamentos, ou seja, as uniões continuaram a acontecer, porém passaram a durar menos, em média 15 anos. Esse aumento sucessivo das dissoluções conjugais revela uma gradual mudança de comportamento da sociedade brasileira, que passou a ser mais tolerante com a noção de duração finita das uniões, o que abriu a possibilidade de se aceitar o divórcio com maior naturalidade. Muitas vezes, o divórcio é percebido como um desfecho libertador por permitir investimento na individualidade, enquanto o casamento ainda permanece ligado, para alguns casais, à limitação e ao "sacrifício" de possibilidades individuais (Borges, Magalhães, & Féres-Carneiro, 2014).

Apesar das transformações destacadas, o casamento ainda é um fenômeno que desfruta de credibilidade e boa reputação no momento atual, simbolizando uma aliança que continua sendo buscada pelas pessoas como uma aquisição desejável e relacionada ao bem-estar pessoal, o que é corroborado pelas altas taxas de nupcialidade no Brasil (IBGE, 2015). Esses dados censitários demonstram que as pessoas continuam considerando o casamento importante e, consequentemente, mantêm o desejo de se casar. Entretanto, algumas características tradicionais das uniões como, por exemplo, a marcada diferenciação e hierarquização que distinguem as relações de gênero e a impossibilidade de dissolução do vínculo matrimonial, têm sido ressignificadas, e algumas vezes abandonadas (Zordan, Wagner, & Mosmann, 2012).

Para Aboim (2009), o aumento do número de divórcios e a recomposição conjugal na contemporaneidade podem ser compreendidos como formas de contestação da perenidade do casamento, ao mesmo tempo em que demonstram a crescente

232 Parte III – Psicologia Positiva e temas especiais

importância atribuída ao bem-estar individual. Ou seja, mesmo não representando um projeto prioritário para a vida dos jovens adultos, o casamento ainda é uma aquisição desejada, apesar de adiada para um momento posterior à realização profissional e aquisição de estabilidade financeira. Assim, a conjugalidade continua sendo uma experiência altamente valorizada e desejada pelas pessoas, como parte dos ideais que dão sentido à vida (Alves-Silva, Scorsolini-Comin, & Santos, 2016; Scorsolini-Comin et al., 2018; Zordan, Falcke, & Wagner, 2009).

O casamento contemporâneo tem se preocupado cada vez mais com a questão da qualidade conjugal, e não necessariamente com a duração da relação (Zordan et al., 2009; Zordan et al., 2012). Dessa maneira, é possível considerar que o aumento do número de divórcios e a redução da durabilidade das uniões não dizem respeito à falência do casamento, mas da forma como ele foi instituído tradicionalmente, a partir de pressupostos religiosos de indissolubilidade e sacralidade do vínculo. Atualmente, os casais prezam pela obtenção da felicidade e satisfação com a relação conjugal e, quando não as encontram, buscam fruir essas experiências em novas uniões.

Isto é confirmado por alguns estudos (Alves-Silva et al., 2016; Scorsolini-Comin et al., 2018; Zordan et al., 2009) que identificaram que, apesar das diversas mudanças sociais, econômicas e culturais, os motivos que fazem com que as pessoas se unam ainda permanecem intactos, conservando o mesmo sentido e função de outrora, ainda que sobre os laços conjugais incida certo sopro de renovação. Segundo o estudo de Zordan et al. (2009), os principais motivos mencionados para a consumação do casamento – amor, origens, interesses em comum e amizade – são os mesmos elencados como benefícios propiciados pelos casamentos longevos, bem como despontam como os fatores motivadores para sua manutenção.

Alves-Silva et al. (2016) apresentam, em sua revisão da literatura científica acerca da conjugalidade de longa duração, a dificuldade de delimitar o que caracteriza um relacionamento desse tipo além da sua óbvia duração em anos, mas perpassando a própria concepção de relacionamento conjugal com a qual convivemos na contemporaneidade. Para além das constatações de que, atualmente, os casamentos têm durado significativamente menos tempo, há necessidade de constante revisão acerca do que é compreendido como laço conjugal.

A conjugalidade de longa duração

A manutenção do casamento tem emergido como uma temática de interesse no campo dos estudos sobre família, bem como na clínica de casal (Scorsolini-Comin, 2014; Scorsolini-Comin & Alves-Silva, 2016). Em um cenário cultural de crescente rompimento nos laços afetivos e relações interpessoais instáveis, inseguras e de curto prazo, torna-se evidente a importância da compreensão e discussão dos fatores relacionados à conjugalidade de longa duração.

16 O para sempre nem sempre acaba – Casamentos de longa duração na... **233**

Estudos recentes têm oportunizado a investigação mais direta desse fenômeno e lançado luz a temas como a durabilidade do casamento e sua manutenção ao longo dos anos (Costa, Mosmann, & Falcke, 2015). Algumas pesquisas apresentam recortes específicos acerca da conjugalidade, como a questão da satisfação conjugal (Norgren, Souza, Kaslow, Hammerschmidt, & Sharlin, 2004), do *coping* (Landis, Peter-Wight, Martin, & Bodenmann, 2013), do cuidado em saúde (Sandberg, Miller, Harper, Robila, & Davey, 2009), do papel da parentalidade (Grizólio, Scorsolini-Comin, & Santos, 2015) e das estratégias de resolução de conflitos desenvolvidas nesses relacionamentos longevos (Ahmadi, Rezazade, Saadat, Kimiaei, & Zade, 2015; Costa et al., 2015). Porém, no contexto nacional, há uma quantidade exígua de trabalhos científicos que possibilitam uma compreensão mais ampla a respeito dessa temática (Costa & Mosmann, 2015; Silva, Scorsolini-Comin, & Santos, 2018), com pouco destaque para as transformações que ocorrem na chamada conjugalidade de longa duração (Campos, Scorsolini-Comin, & Santos, 2017; Margelisch, Schneewind, Violette, & Perrig-Chiello, 2017).

Em relação aos casamentos longevos, definidos como aqueles arranjos conjugais cujas pessoas permanecem casadas/unidas há mais de 15 anos (IBGE, 2013), sugere-se que não haja um padrão generalizável. Compreender a conjugalidade de longa duração passaria, portanto, pela necessidade de apreender como essa noção se estrutura diante de necessidades mais prementes, como a solidificação da família ou o compromisso com a criação dos filhos e a perpetuação do lar centralizado no casal parental (Alves-Silva et al., 2017).

Entretanto, a manutenção do matrimônio não parece assegurar *per se* um marco de validação da satisfação com a relação conjugal, mas pode representar um fator sociocultural (Margelisch et al., 2017; Scorsolini-Comin & Santos, 2012). Esse argumento encontra apoio no estudo de Zordan et al. (2009), que identificou divergência de ideais entre as gerações e de entendimentos do que é ou deve ser o casamento. Para as gerações mais velhas, as quais representam casamentos longevos, o matrimônio é tido como uma instituição, produto de um contrato religioso ou civil, enquanto que a geração mais nova o apreende como produto da relação existente entre os companheiros, vista como estritamente afetiva e de cunho subjetivo.

Para que um casamento se torne duradouro, é necessário que o casal tenha afinidades e objetivos em comum, e que consiga construir um ambiente de interação e intimidade entre eles, não se esquecendo, todavia, da importância de se deixar um espaço reservado para o desenvolvimento da autonomia de cada um. Sendo assim, o casamento passa a ser um convívio entre individualidades e conjugalidade (Féres-Carneiro & Magalhães, 2014), no qual é necessário encontrar um ponto de equilíbrio entre as partes para que o todo funcione bem. Na Psicologia Positiva considera-se que o bem-estar pessoal não depende apenas do fato de os cônjuges manterem um relacionamento amoroso considerado satisfatório, mas de se permitir que o bem-estar seja cotejado e experienciado em outros momentos e situações da vida, como no trabalho (Seligman, 2011).

234 Parte III – Psicologia Positiva e temas especiais

Psicologia Positiva e conjugalidade

Com a maior divulgação da Psicologia Positiva a partir da década de 1990, os questionamentos voltados para o desenvolvimento positivo das pessoas passaram a se aplicar também aos relacionamentos interpessoais, entre eles o casamento. Em termos da saúde, os pesquisadores começavam a investigar não mais as razões pelas quais as pessoas adoeciam, mas quais eram os seus recursos para o enfrentamento das doenças e como as instituições poderiam trabalhar na linha da promoção da saúde, modificando o foco anteriormente colocado nos mecanismos desadaptativos para uma abordagem centrada nos aspectos positivos (Seligman, 2011). Ao seguirem o mesmo raciocínio de mudança de foco, os autores dessa corrente em expansão não mais se perguntavam por que as pessoas estavam se divorciando, mas por que, a despeito do aumento das taxas de divórcio, mais pessoas buscavam o matrimônio (Diener et al., 2000).

A Psicologia Positiva apresenta-se como uma abordagem que se interessa pelos aspectos positivos do indivíduo, relacionados ao bem-estar e aos recursos de enfrentamento, em detrimento da ênfase nos aspectos de adoecimento e mecanismos desadaptativos (Scorsolini-Comin, Fontaine, Koller, & Santos, 2013). Portanto, para a Psicologia Positiva, a conjugalidade mostra-se como potencializadora dos relacionamentos interpessoais positivos, possibilitando a manifestação de emoções positivas e, consequentemente, do bem-estar (Scorsolini-Comin, 2014).

A Psicologia Positiva, ao se debruçar sobre as virtudes e forças humanas como estratégias responsáveis pelo bem-estar e pelo desenvolvimento positivo, tem proporcionado a compreensão da conjugalidade a partir do viés apreciativo, ou seja, o reconhecimento das potencialidades dos cônjuges como estratégias para uma vivência conjugal considerada saudável (Scorsolini-Comin, 2014). De acordo com Seligman (2004), pessoas casadas ou unidas consensualmente, de ambos os sexos, tendem a ser mais felizes e reportar maior bem-estar que aquelas solteiras, divorciadas ou viúvas. Conclui-se, então, que a conjugalidade pode ser uma forma de proteção, haja vista que caracteriza relacionamentos interpessoais considerados importantes para a construção do bem-estar, envolvendo elementos significativos da dimensão humana, ao reforçar as bases da autoestima e da intimidade dos indivíduos por meio do engajamento em relações duradouras e que sejam fonte de suporte social.

Como proposto por Seligman (2011), o bem-estar é um construto composto (e promovido) por cinco fatores: emoção positiva, engajamento, sentido, relacionamentos positivos e realização. Transpondo essas considerações acerca do bem-estar para a noção de satisfação conjugal, há que se compreender, por exemplo, que o investimento pessoal em uma relação de casal requer a potencialização de aspectos como o engajamento, haja vista que este pode ser um dos fatores que contribuem para a continuidade da relação ao longo do tempo. A própria conjugalidade pode ser veículo para a conquista de um relacionamento positivo, considerado pelo sujeito como relevante para

16 O para sempre nem sempre acaba – Casamentos de longa duração na... **235**

a obtenção de realização pessoal, de modo que se pode relacionar diretamente bem-estar e satisfação conjugal (Alves-Silva et al., 2017).

O casamento é compreendido como uma instância que está diretamente associada à promoção do bem-estar, visto que pode reforçar a autoestima e o sentimento de intimidade dos indivíduos por meio das relações duradouras e de apoio (Scorsolini-Comin, 2014). O laço conjugal faz parte do repertório de relacionamentos interpessoais considerados importantes para a construção do bem-estar, uma vez que envolve elementos significativos da dimensão humana. Os relacionamentos duradouros permitem que o sistema conjugal constitua um mecanismo ao mesmo tempo de refúgio e apoio frente às situações estressoras (Norgren et al., 2004).

Assim, inspirada em seus pressupostos, a Psicologia Positiva permite investigar os recursos que favoreçem com que a conjugalidade se estabeleça e de fato se torne um aspecto interessante para os indivíduos implicados nessa relação. Tendo isso em vista, apresentamos na sequência a sumarização de alguns estudos, desenvolvidos no contexto nacional, acerca dos casamentos de longa duração, a fim de destacar seus recursos e suas potencialidades.

Panorama dos estudos realizados com casais longevos

Os estudos aqui sumarizados são resultados de um projeto de pesquisa conduzido com 32 casais longevos, provenientes de cidades do interior dos estados de Minas Gerais e São Paulo, que teve por objetivo compreender os processos de transformação da conjugalidade em casamentos de longa duração. O estudo recebeu apoio da Fundação de Amparo à Pesquisa do Estado de Minas Gerais (Demanda Universal Fapemig, 2015) e do Conselho Nacional de Desenvolvimento Científico e Tecnológico (CNPq), por meio de bolsas de iniciação científica e de Pós-Doutorado Júnior (Processo n. 501391/2013-2014, concedida ao último autor deste capítulo). Trata-se de uma pesquisa qualitativa, de corte transversal e apoiada na perspectiva da Psicologia Positiva. O projeto que deu origem a esses estudos foi aprovado pelo Comitê de Ética em Pesquisa da Universidade Federal do Triângulo Mineiro (Protocolo n. 2011/1936), seguindo as normas éticas de pesquisa com seres humanos. Como correspondem a diferentes recortes do referido projeto, foi utilizado o mesmo banco de dados em todas as pesquisas. Para coletar esses dados foram realizadas três entrevistas com cada casal que consentiu voluntariamente em participar. Em um primeiro momento a entrevista foi conduzida individualmente com cada cônjuge e, posteriormente, com os dois cônjuges juntos, a fim de compreender aspectos interacionais do casal tanto na perspectiva individual como do casal.

Os casais participantes eram casados havia pelo menos 30 anos. Todos tinham filhos. Considerando o referencial teórico da Psicologia Positiva e a produção científica acerca dos casamentos de longa duração, o presente capítulo buscou compilar os principais resultados de pesquisa encontrados na literatura e compreender as motivações dos casais para a manutenção do laço conjugal após tantos anos de vida em comum, a despeito de experimentarem possíveis situações adversas e apesar de o contexto sócio-histórico atual ser mais favorável aos desejos de dissolução do vínculo vivenciado como insatisfatório. Também foi do interesse deste estudo identificar os recursos e as possibilidades que o casamento oferece a essas pessoas que optaram por permanecerem unidas (Alves-Silva et al., 2017; Campos et al., 2017; Grizólio et al., 2015; Scorsolini-Comin et al., 2018; Silva et al., 2017, 2018).

O que faz um casamento durar: O poder da tradição e dos costumes

Depreende-se que os casais longevos tiveram que reorganizar suas concepções sobre o casamento para poderem lidar com as novas possibilidades que emergem na era contemporânea. Não se trata, no entanto, de modificar as bases do próprio casamento, mas de reconhecer que as uniões atuais podem se estruturar sobre fundamentos diferentes, menos rígidos e talvez com mais potencialidade para encontrar o outro em suas diferenças e necessidades (Campos et al., 2017; Scorsolini-Comin et al., 2018).

Nesse sentido, as principais mudanças referidas pelos participantes dos estudos dizem respeito à possibilidade de dissolução do vínculo conjugal insatisfatório e também às mudanças em relação ao papel feminino na sociedade. Sarti (2010) ressalta que, na visão tradicional do gênero masculino, o homem era como o único mantenedor da subsistência material da família, enquanto que a esposa era percebida como o principal pilar responsável pela manutenção do enlace conjugal e da união da família, reforçando os estereótipos de gênero: homem provedor e mulher cuidadora (Alves-Silva et al., 2017; Grizólio et al., 2015; Scorsolini-Comin et al., 2018).

Os entrevistados apresentaram relatos retrospectivos de como era o casamento quando se uniram, destacando determinados valores e características da união que legitimavam o vínculo perante o crivo da sociedade. Dessa forma, o compromisso assumido por ocasião do casamento não se referia apenas ao cônjuge, mas se desdobrava e se afirmava também diante das famílias de origem. Essa responsabilidade para com a família de origem emergiu de modo associado à impossibilidade de se divorciar ou, em outras palavras, ao estigma imposto às pessoas que se separavam, notadamente às mulheres (Scorsolini-Comin et al., 2018).

Em sociedades tradicionais, organizadas sob rígidas prescrições morais e baseadas na cristalização binária dos papéis de gênero, a ruptura de uma instituição normalizadora – casamento – é percebida como perigosa para a continuidade do próprio contexto social. Em outras palavras, o rompimento das uniões conjugais subverte a ordem que imperava tradicionalmente (Scorsolini-Comin et al., 2018). A partir da consideração dessas questões, Silva et al. (2018) questionam se a manutenção dos casamentos longevos está mais associada a movimentos que justificam a não dissolubilidade do que à motivação do casal para permanecer unido, já que as motivações expressas parecem ressaltar o caráter considerado tradicional do casamento em uniões de longa duração (Alves-Silva et al., 2017).

Além da família de origem, a fé e o compromisso assumido frente à religião também são mencionados como motivos para a manutenção do casamento, segundo a crença da indissolubilidade do matrimônio veiculada pelo catolicismo – religião que predomina entre os participantes –, o que inspira os casais a encararem o casamento como uma parceria que deve ser mantida por toda a vida (Alves-Silva et al., 2017).

A responsabilidade para com essas instâncias foi identificada como importante fonte de motivação para a manutenção do casamento ao longo do tempo, enfatizando-se a responsabilidade que o cônjuge sente ter em relação à família nuclear, a necessidade de cumprir o que considera como seu dever de esposo/esposa e pai/mãe, e os laços afetivos entre os familiares. Para os entrevistados, casar significa, essencialmente, estabelecer um vínculo de aliança indissolúvel e o compromisso de cuidar da vida do outro até a morte (Alves-Silva et al., 2017). O caráter de *eterno enquanto dure* não é um valor expresso nos relatos desses casais.

Silva et al. (2018) afirmam que a tradição opera no sentido de não abrir outra possibilidade para além da manutenção do casamento, ainda que o divórcio seja um fenômeno conhecido pelos casais. A tradição é uma grandeza defendida pelos antepassados dos casais, e a transmissão dessa herança às gerações futuras é esperada em igual magnitude.

Assim, o casamento longevo pode se constituir não exatamente como algo prazeroso e satisfatório, mas como campo de segurança emocional e de reafirmação de valores tradicionais transmitidos pelas gerações. Todos esses pontos de discussão sugerem que a consideração tradicional da ideia do matrimônio parece funcionar, para os casais longevos, como fonte e como elemento mantenedor da motivação para persistir no enlace (Silva et al., 2018).

O que faz um casamento durar: A constituição familiar

A concepção de vida em família, para os casais longevos, seria não apenas constituir um casal e assegurar uma relação estável e satisfatória ao longo dos anos, mas agregar filhos ao núcleo doméstico e assumir a função parental. Essa visão revela, novamente, um viés tradicional de família, que também foi encontrada em outras amostras de casais de longa duração (Costa & Mosmann, 2015; Grizólio, Scorsolini-Comin, & Santos, 2015).

A vida a dois ganha outros contornos e características quando uma criança é integrada na família, ou seja, apesar da parentalidade tratar de outra dimensão do indivíduo, tem repercussões importantes para a relação a dois. A transição para a parentalidade escreve um capítulo à parte na história do par conjugal, levando-o a rearranjar as forças internas do sistema familiar. Muitas vezes, o casal terá que se privar de muitos prazeres e

238 Parte III – Psicologia Positiva e temas especiais

atividades para poder cuidar dos filhos, o que pode causar alterações na rotina conjugal, exigindo preparo e maturidade dos pares para poderem passar bem por essa fase (Grizólio et al., 2015).

Mirando por esse vértice, a parentalidade acaba ocupando um lugar de interveniente na conjugalidade. Por isso, o espaço da díade deverá ser flexível para abarcar as exigências que emergem com a parentalidade, de modo que o *ser casal* também possa ser pai e mãe, ampliando e sofisticando os papéis familiares (Cecílio & Scorsolini-Comin, 2013; Féres-Carneiro & Magalhães, 2014). A necessidade de adaptação da relação à parentalidade foi pontuada pelos casais que participaram do estudo de Alves-Silva et al. (2017), que traçaram um paralelo entre a felicidade pela transição ao papel materno/paterno e as dificuldades acarretadas para o relacionamento conjugal.

A maioria dos casais longevos indicou a presença e a importância dos filhos para a manutenção do laço conjugal, bem como para assegurar o lugar da díade na família (Silva et al., 2018). Outro motivo relevante para a manutenção do matrimônio e para o desejo da parentalidade está ligado à tentativa de evitar a solidão, haja vista que o enlace permite a ampliação da família e da noção de pertencimento, o que implica maior número de vínculos que, consequentemente, tornariam menos provável o sentimento de solidão, desamparo e abandono da pessoa e seu isolamento social (Alves-Silva et al., 2017).

Vista a partir desse prisma, a parentalidade parece representar outro fator que justifica o casamento e sua manutenção ao longo do tempo (Silva et al., 2018). Desse modo, os filhos emergem como impeditivos para o rompimento da relação, mesmo em circunstâncias em que a conjugalidade é de baixa qualidade, dificultando a mobilidade facultada pelo divórcio (Grizólio et al., 2015).

Entretanto, o exercício da função parental parece cumprir uma dimensão importante para a determinação da qualidade da relação. Nesse sentido, a parentalidade pode promover uma posição favorável à satisfação conjugal a partir da expectativa de que um pai que exerce adequadamente o seu papel tenderia a exercê-lo também em termos da conjugalidade (Grizólio et al., 2015), o que poderia em tese beneficiar a relação a dois.

A partir desses achados, é possível compreender que a parentalidade exerce importante papel na conjugalidade de longa duração, de modo que ser pai/mãe parece ser uma função que estaria associada inequivocamente à conjugalidade, não se concebendo a ideia de um casal ser feliz sem a presença de filhos. Sendo assim, a parentalidade é empregada tanto como forma de justificar a existência do relacionamento, como condição para que ele perdure com o passar do tempo (Grizólio et al., 2015).

O que faz um casamento durar: As potencialidades da conjugalidade

Os casais admitem a dificuldade de conviver com uma outra pessoa e suas peculiaridades por mais de 20 ou 30 anos, sem que essa convivência diária afete negativamente o funcionamento da própria individualidade. Nesse caso, a compreensão do outro assume um papel de manter os aspectos positivos do casamento, apesar das diferenças individuais reconhecidas. Trata-se de um fluxo de intenções que parte de um cônjuge em direção ao outro para facilitar a convivência e manter o laço conjugal estável (Alves-Silva et al., 2017).

Os participantes trouxeram indicações de características que valorizam como favorecedoras de complementaridade entre os cônjuges, considerando a importância de equilibrar o que há em um e o que falta no outro como motivo para a manutenção do casamento ao longo dos anos. Isso indica que, para esse grupo, é essencialmente a vinculação com o parceiro que favorece a manutenção do casamento por tantos anos (Alves-Silva et al., 2017).

A aprendizagem foi um ponto que apareceu como uma ferramenta de manutenção ou melhoria nos níveis de satisfação conjugal, no sentido de o casal adaptar-se às necessidades mútuas. Mosmann e Wagner (2006) sustentam a necessidade de os casais se adaptarem a eventos estressantes e às circunstâncias adversas que surgem no decorrer do casamento. E salientam que a acumulação dessas experiências resulta na estabilidade da união (Campos et al., 2017).

Além do sentimento de bem-estar, a importância e a permanência da mutualidade sexual entre os parceiros ao longo do tempo funcionam como motivadores da melhora da qualidade conjugal (Alves-Silva et al., 2017). No caso dos casais de longa duração, percebe-se a incidência de processos desfavoráveis advindos da idade ou agravados pelo processo de envelhecimento, que podem interferir na expressão da sexualidade. Porém, o fato de os casais estarem engajados em um relacionamento estável parece permitir que esses reveses tenham seu impacto atenuado pelo valor afetivo atribuído ao vínculo conjugal, sendo ressignificados de modo positivo como uma forma de fortalecer e preservar o laço, além de incrementar formas de intimidade mais baseadas na valorização do companheirismo e do convívio doméstico (Campos et al., 2017).

Dessa maneira, a conjugalidade pode ser compreendida enquanto preditora de elementos e recursos que catalisam o esforço e o comprometimento no sentido de se preservar o relacionamento ao longo do tempo e das imprevisibilidades da vida. O relacionamento conjugal parece fornecer elementos de apoio e conforto que acarretam movimentos dos parceiros para mantê-lo estável, e vice-versa. Assim, jovens que ainda não se casaram e casais de longa duração parecem valorizar aspectos semelhantes em relação ao cônjuge e ao estabelecimento de um vínculo de compromisso (Alves-Silva et al., 2017).

Para os casais longevos, um casamento duradouro necessita de disposição autêntica para renovar o compromisso. A célebre premissa "até que a morte nos separe" é apreciada com seriedade pelos casais católicos de longa duração e definitivamente contribui para sustentar a atitude de fazer perseverar a união, mesmo com todas as dificuldades inevitavelmente impostas pelas circunstâncias de vida (Alves-Silva et al., 2017).

O que faz um casamento durar: O papel da afetividade

O afeto mobiliza forças e energias que fazem com que um cônjuge perceba e reconheça o seu companheiro como alguém que necessita de atenção, contribuindo para a ativação de outros aspectos que são essenciais na manutenção dos laços conjugais, como a compreensão, o apoio e a habilidade de comunicação. O olhar para características que são essencialmente individuais parece configurar atributos que são observados e valorizados pelo cônjuge (Alves-Silva et al., 2017).

O mesmo destaque foi dado a outros aspectos que dizem respeito à relação, como companheirismo, amor e respeito mútuo. Esses pontos podem ser considerados relacionais, ou seja, são construídos a partir da interação com o par, de modo a circunscrever as características da própria relação. As falas dos casais entrevistados trazem indicações do vínculo conjugal, ou seja, da intimidade e parceria que sentem manter com o cônjuge, do amor que une o casal e do respeito mútuo entre os cônjuges, considerando questões emocionais, materiais e relacionais (Alves-Silva et al., 2017).

Os casais longevos sugeriram que a construção da intimidade e da cumplicidade entre os parceiros, quando permeada de afetos positivos correspondentes, e de mútua dedicação, acaba convergindo tanto para o bem-estar individual quanto conjugal. Essa correspondência reafirma o pressuposto de que tanto o casamento quanto o parceiro são percebidos como fontes provedoras de afeto, segurança e bem-estar (Scorsolini-Comin & Santos, 2012; Silva et al., 2018).

O sentimento de pertencimento valida o relacionamento como um espaço saudável para o crescimento de ambos os cônjuges, a partir da partilha de afetos e da mobilização de atitudes de enfrentamento semelhantes. A renúncia, também apontada em alguns casos, está intimamente ligada à atitude altruísta de doação, relatada como essencial para a manutenção do casamento de longa duração.

Para esses casais, o espírito de doação e renúncia é imprescindível para o fortalecimento do laço conjugal, entendido mais como uma atitude constante do que como uma disposição pontual (Alves-Silva et al., 2017). Trata-se de um movimento genuíno ao se considerar que são atitudes assessoradas pela noção de que o parceiro reconhecerá o gesto e, assim, se sentirá legitimado na relação (Silva et al., 2018).

E o amor, visto como símbolo máximo da afetividade entre duas pessoas, é percebido como essencial para a manutenção da harmonia conjugal, uma vez que envolve sentimentos de tolerância, paciência, compreensão e renúncia (Alves-Silva et al., 2017). Entretanto, predomina a concepção de que o vínculo amoroso pode ter um papel secundário, já que o relacionamento deveria ser habilmente construído no cotidiano, por meio da reprodução automática de papéis e funções prescritas, moldadas para encaixar as pessoas no padrão socialmente aceito (Scorsolini-Comin et al., 2018).

Considerações finais

Neste capítulo buscou-se compreender, a partir da Psicologia Positiva, de que forma a conjugalidade vem sendo vivenciada ao longo do tempo, escrutinando suas potencialidades para a manutenção do bem-estar das pessoas engajadas em relacionamentos duradouros que se mantêm, apesar do contexto atual de relações mais fluidas e de curta duração. Para tanto, foram apresentados e discutidos seis estudos realizados nos últimos anos com casais de longa duração no contexto nacional e que abordam questões acerca da manutenção do casamento e das vivências de descontinuidade de cônjuges que representam esse recorte.

É importante destacar que, em muitos casos, a manutenção matrimonial esteve relacionada à impossibilidade da sua dissolução e, não necessariamente, ao desejo e/ou satisfação em dar continuidade ao relacionamento. Entretanto, de modo geral, apesar da singularidade de cada união, os casais consideram o laço conjugal como uma estrutura em constante mutação e reconstrução, que possibilita aprendizagem mútua e contínua, além da vivência de afetos positivos.

Há que se considerar, por fim, o papel das redes de apoio social na manutenção dos relacionamentos afetivos, o que deve ser explorado mais detidamente em estudos vindouros. Desse modo, não apenas a díade pode constituir uma força para a manutenção do casamento, mas também a rede de apoio social que circunda essa relação, oferecendo ajudas instrumentais, apoio psicológico e até mesmo orientações em momentos de maior conflito, favorecendo o engajamento no relacionamento amoroso, a resolução dos problemas e a constante reflexão sobre o ser a dois.

Referências

Aboim, S. (2009). Da pluralidade dos afetos: trajetórias e orientações amorosas nas conjugalidades contemporâneas. *Revista Brasileira de Ciências Sociais, 24*(70), 107-122. https://doi.org/10.1590/S0102-69092009000200007

Ahmadi, K., Rezazade, M., Saadat, H., Kimiaei, S. A., & Zade, N. H. (2015). Contribution of marital conflict to marital quality in short and long-term marriages: An actor-partner interdependence model. *Journal of Education and Health Promotion, 4*, 42.

Alves-Silva, J. D., & Scorsolini-Comin, F. (2016). Conjugalidade e casamentos de longa duração na literatura científica. *Contextos Clínicos, 9*(1), 32-50.

Alves-Silva, J. D., Scorsolini-Comin, F., & Santos, M. A. (2017). Bodas para uma vida: motivos para manter um casamento de longa duração. *Temas em Psicologia, 25*(2), 487-501.

Borges, C. C., Magalhães, A. S., & Féres-Carneiro, T. (2014). Liberdade e desejo de constituir família: percepções de jovens adultos. *Arquivos Brasileiros de Psicologia, 66*(3), 89-103.

242 Parte III – Psicologia Positiva e temas especiais

Campos, S. O., Scorsolini-Comin, F., & Santos, M. A. (2017). Transformações da conjugalidade em casamentos de longa duração. *Psicologia Clínica* (Rio de Janeiro), *29*(1), 69-89.

Carter, J., & Duncan, S. (2017). Wedding paradoxes: Individualized conformity and the perfect day. *The Sociological Review, 65*(1), 3-20. https://doi.org/10.1111/1467-954X.12366

Cecílio, M. S. & Scorsolini-Comin, F. (2013). Relações entre conjugalidade e parentalidades adotiva e biológica. *Psico, 44*(2), 245-256.

Costa, C. B., & Mosmann, C. P. (2015). Relacionamentos conjugais na atualidade: Percepções de indivíduos em casamentos de longa duração. *Revista da SPAGESP, 16*(2), 16-31.

Costa, C. B., Mosmann, C. P., & Falcke, D. (2015). Marital conflicts in long-term marriages: Motives and feelings. *Psicologia em Estudo* (Maringá), *20*(3), 411-423.

Diener, E. (2000). Subjective well-being: The Science of happiness, and a proposal for a national index. *American Psychologist, 55*(1), 34-43. https://doi.org/10.1037/0003-066X.55.1.34

Féres-Carneiro, T., & Diniz Neto, O. (2010). Construção e dissolução da conjugalidade: Padrões relacionais. *Paideia, 20*(46), 269-278. https://doi.org/10.5380/psi.v14i2.15402

Féres-Carneiro, T., & Magalhães, A. S. (2014). Transformations de la parentalité: La clinique auprès de familles séparées et de familles reconstituées. *Subjetividad y Procesos Cognitivos, 18*, 104-121.

Grizólio, T. C., Scorsolini-Comin, F., & Santos, M. A. (2015). A percepção da parentalidade de cônjuges engajados em casamentos de longa duração. *Psicologia em Estudo* (Maringá), *20*(4), 663-674.

Instituto Brasileiro de Geografia e Estatística (IBGE) (2015). *Estatísticas do Registro Civil 2014*. IBGE.

Instituto Brasileiro de Geografia e Estatística (IBGE) (2013). *Estatística do Registro Civil 2013*. IBGE.

Landis, M., Peter-Wight, M., Martin, M., & Bodenmann, G. (2013). Dyadic coping and marital satisfaction of older spouses in long-term marriage. *GeroPsych: The Journal of Gerontopsychology and Geriatric Psychiatry, 26*(1), 39-47.

Levy, M. S. F. (2009). A escolha do cônjuge. *Revista Brasileira de Estudos Populacionais, 26*(1), 117-133. https://doi.org/10.1590/S0102-30982009000100009

Margelisch, K., Schneewind, K. A., Violette, J., & Perrig-Chiello, P. (2017). Marital stability, satisfaction and well-being in old age: Variability and continuity in long-term continuously married older persons. *Aging & Mental Health, 21*(4), 389-398.

Mosmann, C. P., & Wagner, A. (2006). Qualidade conjugal: Mapeando conceitos. *Paideia* (Ribeirão Preto), *16*(35), 315-325. https://doi.org/10.1590/S0103-863X2006000300003

Norgren, M. B. P., Souza, R. M., Kaslow, F., Hammerschmidt, H., & Sharlin, S. A. (2004). Satisfação conjugal em casamentos de longa duração: uma construção possível. *Estudos de Psicologia* (Natal), *9*(3), 575-584.

Sarti, C. A. (2010). *A família como espelho: um estudo sobre a moral dos pobres* (6a. ed.). Cortez.

Sandberg, J. G., Miller, R. B., Harper, J. M., Robila, M., & Davey, A. (2009). The impact of marital conflict on health and health care utilization in older couples. *Journal of Health Psychology, 14*(1), 9-17.

Scorsolini-Comin, F. (2014). Aconselhamento psicológico com casais: interlocuções entre Psicologia Positiva e abordagem centrada na pessoa. *Contextos Clínicos, 7*(2), 192-206.

Scorsolini-Comin, F., & Alves-Silva, J. D. (2016). Casamentos de longa duração: apontamentos a partir da Psicologia Positiva. In B. L. Seibel, M. Poletto, & S. H. Koller (orgs.). *Psicologia Positiva: Teoria, Pesquisa e Intervenção* (pp. 267-287). Juruá.

Scorsolini-Comin, F., Alves-Silva, J. D., & Santos, M. A. (2018). Permanências e descontinuidades nas concepções contemporâneas de casamento na perspectiva de casais longevos. *Psicologia: Teoria e Pesquisa, 34*, e34423.

Scorsolini-Comin, F., Fontaine, A. M. G. V., Koller, S. H., & Santos, M. A. (2013). From authentic Happiness to well-being: The flourishing of positive psychology. *Psicologia: Reflexão e Crítica, 26*(4), 663-670.

Scorsolini-Comin, F., & Santos, M. A. (2012). Correlations between subjective well-being, dyadic adjustment and marital satisfaction in Brazilian married people. *The Spanish Journal of Psychology, 15*(1), 166-176.

Seligman, M. E. P. (2011). *Florescer: uma nova compreensão sobre a natureza da felicidade e do bem-estar* (C. P. Lopes, Trad.). Objetiva.

Seligman, M. E. P. (2004). *Felicidade autêntica: usando a nova Psicologia Positiva para a realização permanente* (N. Capelo, Trad.). Objetiva.

Silva, L. A., Scorsolini-Comin, F., & Santos, M. A. (2018). Motivations for the maintenance of marriage. *Psicologia em Estudo* (Maringá), *23*, 1-17, e41155.

Silva, L. A., Scorsolini-Comin, F., & Santos, M. A. (2017). Casamentos de longa duração: recursos pessoais como estratégias de manutenção do laço conjugal. *Psico-USF, 22*(2), 323-335.

Zordan, E. P., Falcke, D., & Wagner, A. (2009). Casar ou não casar? Motivos e expectativas com relação ao casamento. *Psicologia em Revista, 15*(2), 56-76.

Zordan, E. P., Wagner, A., & Mosmann, C. (2012). O perfil de casais que vivenciam divórcios consensuais e litigiosos: uma análise das demandas judiciais. *Psico USF, 17*(2), 185-194. https://doi.org/10.1590/S1413-82712012000200002

Sobre os autores

Ana Cristina Garcia Dias
Psicóloga e Mestre em Psicologia pela Universidade Federal do Rio Grande do Sul, com Doutorado em Psicologia pela Universidade de São Paulo. Pós-Doutorado em Psicologia pela UFRGS e Especialista em Processos de Ativação de Mudanças no Ensino Superior e em Terapia Cognitivo-comportamental. Professora Associada da Universidade Federal do Rio Grande do Sul. Atualmente, é primeira-secretária da Sociedade Brasileira de Psicologia do Desenvolvimento e membro do Comitê Assessor da Fundação de Amparo à Pesquisa do Rio Grande do Sul. Membro do GT Juventude, Resiliência e Vulnerabilidade da Anpepp. Bolsista de Produtividade em Pesquisa do CNPq.

Anne Marie Germaine Victorine Fontaine
Professora Catedrática da Faculdade de Psicologia e de Ciências da Educação da Universidade do Porto, Portugal. Doutora em Psicologia pela Universidade do Porto e coordenadora do Laboratório de Psicologia Diferencial da mesma instituição. Há alguns anos, vem estabelecendo parceria com pesquisadores brasileiros ligados à Universidade de São Paulo, Universidade Federal de São Carlos, Universidade Federal do Triângulo Mineiro, Universidade Federal do Rio Grande do Sul, Universidade do Estado do Rio de Janeiro e Universidade de Fortaleza, entre outras.

Camila Aparecida Peres Borges
Psicóloga e Mestre em Psicologia pela Universidade Federal do Triângulo Mineiro. Membro do Grupo de Apoio à Adoção do município de Uberaba/MG. Pesquisadora do ORÍ – Laboratório de Pesquisa em Psicologia, Saúde e Sociedade (EERP/USP).

Carla Regina Santos Almeida
Mestre em Psicologia pela Universidade Federal do Rio Grande do Sul e graduada em Psicologia pela Universidade Federal de Sergipe. Atualmente é doutoranda do Programa de Pós-Graduação em Psicologia da Universidade Federal do Rio Grande do Sul.

Carmen Silvia Gabriel
Enfermeira, Mestre em Enfermagem e Doutora em Saúde Pública pela Universidade de São Paulo, com pós-doutorado pela Universidade de Alberta, Canadá. Professora Associada junto ao Departamento de Enfermagem Geral e Especializada da Escola de Enfermagem de Ribeirão Preto da Universidade de São Paulo (EERP/USP). Presidente da Comissão de Graduação da EERP. Docente do Programa de Pós-Graduação em

Enfermagem Fundamental e do Programa de Pós-Graduação em Mestrado Profissional de Tecnologia e Inovação em Enfermagem da EERP/USP. É vice-líder do Núcleo de Apoio à Pesquisa em Liderança, Gestão e Gerenciamento de Serviços de Saúde da USP e do Grupo de Pesquisa Liderança, Gestão e Gerenciamento em Serviços de Saúde e Enfermagem (LIGGEN).

Clarissa Pinto Pizarro de Freitas

Mestre e Doutora em Psicologia pela Universidade Federal do Rio Grande do Sul, Professora do Programa de Pós-Graduação de Psicologia na Universidade Salgado de Oliveira (UNIVERSO) e Especialista em Terapia Cognitivo-comportamental. Membro do Centro de Estudos Psicológicos CEP-Rua, do Núcleo de Estudos e Pesquisas em Psicologia Organizacional e do Trabalho (NEPOT) e Grupo de Pesquisa em Violência, Vulnerabilidade e Intervenções Clínicas (GPeVVIC). Realizou estágio de Doutorado na North-West University (África do Sul), onde desenvolveu atividades de pesquisa, supervisão e docência junto ao Laboratório de Psicologia Positiva Optentia (Optentia Research Focus).

Claudia Hofheinz Giacomoni (org.)

Psicóloga pela Pontifícia Universidade Católica do Rio Grande do Sul (1995), possui mestrado em Psicologia do Desenvolvimento pela Universidade Federal do Rio Grande do Sul (1997) e doutorado em Psicologia pela Universidade Federal do Rio Grande do Sul (2002), com realização de período de estágio sanduíche na Yale University. É professora do Departamento de Psicologia do Desenvolvimento e da Personalidade e do Programa de Pós-Graduação em Psicologia da Universidade Federal do Rio Grande do Sul. Coordenadora do NEPP (Núcleo de Estudos em Psicologia Positiva). Fundadora da Associação Brasileira de Psicologia Positiva (ABP+), membro da Internacional Positive Psychology Association (IPPA), do Instituto Brasileiro de Avaliação Psicológica (IBAP) e da Sociedade Brasileira de Psicologia (SBP). Membro do GT (Grupo de Trabalho) de Avaliação em Psicologia Positiva e Criatividade da Anpepp. Bolsista de Produtividade em Pesquisa do CNPq.

Cyntia Mendes de Oliveira

Psicóloga, especialista em Terapias Cognitivo-comportamentais (INTCC/RS), mestre e doutoranda em Psicologia pela Universidade Federal do Rio Grande do Sul (UFRGS). Membro do Núcleo de Estudos em Psicologia Positiva (NEPP).

Débora Dalbosco Dell'Aglio

Psicóloga pela Pontifícia Universidade Católica do Rio Grande do Sul, mestre e doutora em Psicologia pela Universidade Federal do Rio Grande do Sul. Docente do Programa de Pós-Graduação em Psicologia da Universidade Federal do Rio Grande do Sul e coordenadora do Núcleo de Estudos e Pesquisas em Adolescência (NEPA/UFRGS). Bolsista de Produtividade em Pesquisa do CNPq.

Sobre os autores **247**

Doralúcia Gil da Silva
Psicóloga, mestre e doutora em Psicologia pela Universidade Federal do Rio Grande do Sul. Especialista em Psicologia Clínica, com ênfase em Avaliação Psicológica. Atua como psicóloga hospitalar da linha materno-infantil no Hospital Escola da Universidade Federal de Pelotas (HE/UFPEL) e é membro do Núcleo de Estudos em Psicologia Positiva (NEPP/UFRGS).

Dyane Lombardi-Rech
Psicóloga pelo Centro Universitário da Serra Gaúcha e mestre em Psicologia pela Universidade Federal do Rio Grande do Sul. Membro do Núcleo de Estudos em Psicologia Positiva (NEPP).

Fabio Scorsolini-Comin (org.)
Professor do Departamento de Enfermagem Psiquiátrica e Ciências Humanas da Escola de Enfermagem de Ribeirão Preto da Universidade de São Paulo (EERP/USP) e do Programa de Pós-Graduação em Enfermagem Psiquiátrica da EERP/USP. Psicólogo, mestre e doutor em Psicologia pela Universidade de São Paulo, com doutorado sanduíche na Faculdade de Psicologia e de Ciências da Educação da Universidade do Porto, Portugal, e pós-doutorado pela USP na área de Tratamento e Prevenção Psicológica. Especialista em Gestão da Educação. Líder do ORÍ – Laboratório de Pesquisa em Psicologia, Saúde e Sociedade, ligado à EERP/USP. Coordenador do Centro de Psicologia da Saúde da EERP/USP e do Programa de Tutoria da EERP/USP. Bolsista de Produtividade em Pesquisa do CNPq.

Fábio Spricigo Coser
Psicólogo formado pela Universidade Federal do Rio Grande do Sul (UFRGS). Mestre em Psicologia pelo Programa de Pós-Graduação em Psicologia da UFRGS, vinculado ao Núcleo de Estudos em Psicologia Positiva (NEPP). Colabora como psicólogo voluntário no Instituto de Desenvolvimento Humano (IDH).

Fernanda dos Santos de Macedo
Psicóloga pela Universidade Federal de Santa Maria. Mestre e doutoranda em Psicologia Social e Institucional pela Universidade Federal do Rio Grande do Sul. Membro do Núcleo de Pesquisa em Relações de Gênero e Sexualidade (NUPSEX).

Grazielli Padilha Vieira
Psicóloga pelo Centro Universitário Metodista e mestranda pelo Programa de Pós-Graduação em Psicologia da Universidade Federal do Rio Grande do Sul.

Helen Bedinoto Durgante
Psicóloga pela Goldsmiths University of London, com mestrado em Desenvolvimento e Direitos na mesma instituição. Doutora pela Universidade Federal do Rio Grande do Sul, membro do Grupo de Pesquisa em Psicologia da Saúde (GPPS) e do Núcleo de Estudos e Pesquisas em Adolescência (NEPA) do Programa de Pós-Graduação em Psicologia da UFRGS.

248 Sobre os autores

Inajá Tavares
Graduanda em Psicologia na Universidade Federal do Rio Grande do Sul. Atualmente faz parte do Núcleo de Pesquisas e Intervenções Cognitivo-comportamentais (NUPICC) da Universidade Federal do Rio Grande do Sul.

Isabela Menezes Oliveira
Psicóloga pela Universidade Federal de Sergipe e mestre e doutoranda em Psicologia pela Universidade Federal do Rio Grande do Sul (UFRGS). Membro do Núcleo de Estudos e Intervenções em Carreira (NEIC) e extensionista no Núcleo de Apoio ao Estudante (NAE) e Serviço de Orientação Profissional (SOP) da UFRGS.

Leonardo Régis de Paula
Psicólogo pela Universidade Federal do Rio Grande do Sul, com um semestre de mobilidade acadêmica na Faculdade de Psicologia e de Ciências da Educação da Universidade do Porto (FPCEUP). Integrante do Núcleo de Estudos em Psicologia Positiva (NEPP). Mestrando do Programa de Psicologia Social da UFRGS.

Liriel Weinert Mezejewski
Graduanda em Psicologia pela Universidade Federal do Rio Grande do Sul.

Luciana Fernandes Marques
Psicóloga, mestre em Psicologia Social e da Personalidade e doutora em Psicologia pela Pontifícia Universidade Católica do Rio Grande do Sul, com pós-doutorado em Psicologia pela Universidade Federal do Rio Grande do Sul e pelo ISCTE (Instituto Universitário de Lisboa, Portugal). Professora Associada da Faculdade de Educação da Universidade Federal do Rio Grande do Sul. Participa do Núcleo de Estudos da Religião do Programa de Pós-Graduação em Antropologia Social da Universidade Federal do Rio Grande do Sul.

Manoel Antônio dos Santos
Professor titular da Faculdade de Filosofia, Ciências e Letras de Ribeirão Preto da Universidade de São Paulo (FFCLRP/USP) e do Programa de Pós-Graduação em Psicologia da mesma instituição. Psicólogo, mestre e doutor em Psicologia Clínica pelo Instituto de Psicologia da Universidade de São Paulo. Especialista em Terapia Familiar e de Casal pelo Instituto Familiae (Ribeirão Preto, SP), em Psicologia Clínica (Conselho Federal de Psicologia) e em Psicologia Hospitalar (Conselho Federal de Psicologia). Bolsista de Produtividade do CNPq, nível 1A. Líder do Laboratório de Ensino e Pesquisa em Psicologia da Saúde (LEPPS-CNPq). Coordenador do Grupo de Ação e Pesquisa em Diversidade Sexual e de Gênero – VIDEVERSO, da FFCLRP-USP.

Marco Antônio Pereira Teixeira
Psicólogo, mestre e doutor em Psicologia pela Universidade Federal do Rio Grande do Sul. Professor no Instituto de Psicologia da UFRGS. É coordenador dos programas de extensão continuados do Núcleo de Apoio ao Estudante da UFRGS (desde 2006) e do Serviço de Orientação Profissional (desde 2012). É vice-coordenador do GT Carreiras:

Informação, Orientação e Aconselhamento da ANPEPP e coordenador do PPG em Psicologia da UFRGS.

Mayara Colleti
Psicóloga pela Universidade Federal do Triângulo Mineiro e mestre em Psicologia pela Faculdade de Filosofia, Ciências e Letras de Ribeirão Preto da Universidade de São Paulo.

Michele Poletto
Psicóloga pela Universidade de Caxias do Sul, mestre e doutora em Psicologia pela Universidade Federal do Rio Grande do Sul, com estágio doutoral na Universidad Autonoma de Madrid, Espanha. Docente do curso de Psicologia da Faculdade FTEC/IBGEN. Psicanalista com formação no Centro de Estudos Psicanalíticos de Porto Alegre (CEP/PA).

Mikael Almeida Correa
Psicólogo pela Universidade Federal do Rio Grande, mestre e doutorando em Psicologia pelo Programa de Pós-Graduação em Psicologia da Universidade Federal do Rio Grande do Sul. Especialista em Psicologia do Esporte pelo Centro Universitário Internacional (UNINTER). Integrante do Núcleo de Pesquisas e Intervenções Cognitivo-comportamentais (NUPICC/UFRGS), colaborador do Centro de Estudos Psicológicos (CEP-RUA) na FURG e membro da Associação Brasileira de Psicologia do Esporte (ABRAPESP).

Suzana Oliveira Campos
Psicóloga e mestre em Psicologia pela Universidade Federal do Triângulo Mineiro. Pesquisadora do ORÍ – Laboratório de Pesquisa em Psicologia, Saúde e Sociedade (EERP/USP) e do Centro de Psicologia da Saúde da EERP/USP.

Vincent Pereira Goulart
Psicólogo pela Universidade Federal do Rio Grande do Sul. Ativista no SOMOS – Comunicação, Saúde e Sexualidade. Cofundador da Homens Trans em Ação. Membro do Núcleo de Pesquisa em Sexualidade e Relações de Gênero (NUPSEX/UFRGS).

Vivian Fukumasu da Cunha
Psicóloga e mestre em Psicologia pela Universidade Federal do Triângulo Mineiro. Doutoranda pelo Programa de Pós-Graduação em Enfermagem Psiquiátrica da Escola de Enfermagem de Ribeirão Preto da Universidade de São Paulo. Bolsista de doutorado da CAPES. Pesquisadora do ORÍ – Laboratório de Pesquisa em Psicologia, Saúde e Sociedade (EERP/USP) e do Centro de Psicologia da Saúde da EERP/USP.

LEIA TAMBÉM:

Avaliação psicológica

Aspectos teóricos e práticos

Manuela Ramos Caldas Lins e Juliane Callegaro Borsa
(Organizadoras)

O livro *Avaliação psicológica: aspectos teóricos e práticos* visa discutir questões básicas que permeiam o processo de avaliação psicológica de maneira simples, direta e com linguagem acessível. Foi escrito por renomados autores brasileiros e apresenta informações condizentes com a realidade da área no país, podendo ser usado integralmente em sala de aula, tanto na graduação como na pós-graduação. Com esta obra pretende-se auxiliar psicólogos e estudantes de Psicologia no desenvolvimento das competências e habilidades que caracterizam a formação do profissional que deseja atuar nessa área, minimizando as dúvidas e tornando clara a aplicabilidade da avaliação psicológica em diferentes contextos e campos de inserção.

LEIA TAMBÉM:

Avaliação psicomotora à luz da psicologia e da psicopedagogia

Gislene de Campos Oliveira

O desenvolvimento psicomotor elabora-se desde o nascimento e progride lentamente de acordo com a maturidade neurológica, a vivência e a oportunidade que a criança possui em explorar o mundo que a rodeia. Muitas vezes ela não atinge o que é esperado para sua idade cronológica, e começa então a apresentar algumas defasagens e dificuldades com seu corpo, que podem afetar a aprendizagem escolar. A avaliação psicomotora proposta nesse livro pretende ser uma ferramenta indispensável para todos os profissionais que objetivam avaliar as realizações, habilidades e adaptações psicomotoras da criança. Ela permite que se elabore um perfil psicomotor que servirá de base para estabelecer um plano de orientação terapêutica, que irá propor estratégias para uma educação e reeducação mais adequadas. Por esse instrumento o profissional pode realizar uma análise quantitativa, pormenorizada de todas as habilidades psicomotoras, mas também poderá realizar uma análise quantitativa indispensável para se chegar à idade psicomotora da criança.

Gislene de Campos Oliveira é psicóloga e professora universitária, doutora em Psicologia Educacional pela Unicamp – Universidade Estadual de Campinas. É membro do Gepesp – Grupo de Estudos e Pesquisa em Psicopedagogia da Unicamp. Tem pesquisado e publicado artigos em livros e revistas especializadas e participado de congressos nacionais e internacionais em Psicologia, Psicopedagogia e, particularmente, em Psicomotricidade. É autora do livro *Psicomotricidade – Educação e reeducação num enfoque psicopedagógico*, autora de capítulos e uma das organizadoras dos livros *Leituras de Psicologia para formação de professores* e *Atuação psicopedagógica e aprendizagem escolar*, editados pela Vozes. Atualmente trabalha em clínica psicológica e psicopedagógica, sendo coordenadora e professora do Curso de Especialização em Psicopedagogia Construtivista pela Escola de Extensão da Unicamp.

CULTURAL
Administração
Antropologia
Biografias
Comunicação
Dinâmicas e Jogos
Ecologia e Meio Ambiente
Educação e Pedagogia
Filosofia
História
Letras e Literatura
Obras de referência
Política
Psicologia
Saúde e Nutrição
Serviço Social e Trabalho
Sociologia

CATEQUÉTICO PASTORAL
Catequese
  Geral
  Crisma
  Primeira Eucaristia

Pastoral
  Geral
  Sacramental
  Familiar
  Social
  Ensino Religioso Escolar

TEOLÓGICO ESPIRITUAL
Biografias
Devocionários
Espiritualidade e Mística
Espiritualidade Mariana
Franciscanismo
Autoconhecimento
Liturgia
Obras de referência
Sagrada Escritura e Livros Apócrifos

Teologia
  Bíblica
  Histórica
  Prática
  Sistemática

REVISTAS
Concilium
Estudos Bíblicos
Grande Sinal
REB (Revista Eclesiástica Brasileira)

VOZES NOBILIS
Uma linha editorial especial, com importantes autores, alto valor agregado e qualidade superior.

PRODUTOS SAZONAIS
Folhinha do Sagrado Coração de Jesus
Calendário de mesa do Sagrado Coração de Jesus
Agenda do Sagrado Coração de Jesus
Almanaque Santo Antônio
Agendinha
Diário Vozes
Meditações para o dia a dia
Encontro diário com Deus
Guia Litúrgico

VOZES DE BOLSO
Obras clássicas de Ciências Humanas em formato de bolso.

CADASTRE-SE
www.vozes.com.br

EDITORA VOZES LTDA.
Rua Frei Luís, 100 – Centro – Cep 25689-900 – Petrópolis, RJ
Tel.: (24) 2233-9000 – Fax: (24) 2231-4676 – E-mail: vendas@vozes.com.br

UNIDADES NO BRASIL: Belo Horizonte, MG – Brasília, DF – Campinas, SP – Cuiabá, MT
Curitiba, PR – Fortaleza, CE – Goiânia, GO – Juiz de Fora, MG
Manaus, AM – Petrópolis, RJ – Porto Alegre, RS – Recife, PE – Rio de Janeiro, RJ
Salvador, BA – São Paulo, SP